LA FRANCE EST-ELLE FINIE ?

DU MÊME AUTEUR

L'Énarchie ou les mandarins de la société bourgeoise, La Table ronde, 1967.

Socialisme ou Socialmédiocratie, Le Seuil, 1969.

(Ces deux ouvrages, en collaboration, sous le pseudonyme collectif de Jacques Mandrin.)

Le vieux, la crise, le neuf, Flammarion, 1972.

Les socialistes, les communistes et les autres, Aubier-Montaigne, 1977.

Apprendre pour entreprendre, Hachette, 1985.

Le Pari sur l'intelligence, Flammarion, 1985.

Une certaine idée de la République m'amène à..., Albin Michel, 1992.

Le Temps des citoyens, Le Rocher, 1993.

Le vert et le noir : intégrisme, pétrole, dollar, Grasset, 1995.

France-Allemagne, parlons franc, Plon, 1996.

Le Bêtisier de Maastricht, Arléa, 1997.

La République contre les bien-pensants, Plon, 1999.

La République prend le maquis, Mille et une nuits, 2001.

Le Courage de décider, Robert Laffont, 2002.

Défis républicains, Fayard, 2004.

La Faute de M. Monnet : la République et l'Europe, Fayard, 2006.

Jean-Pierre Chevènement

La France est-elle finie ?

Fayard

Couverture Atelier Didier Thimonier
Photo © Photononstop

ISBN : 978-2-213-65445-4

dépôt légal : janvier 2011.

INTRODUCTION

Cycles et visions

La France qui, il y a un demi-siècle, nourrissait encore des rêves de grandeur avec le général de Gaulle, ou même, il y a trois décennies, l'ambition de « changer la vie » avec François Mitterrand, apparaît aujourd'hui comme un pays sans avenir, désespérant pour sa jeunesse. L'essentiel se passe ailleurs. La France serait-elle sortie de l'Histoire sans s'en apercevoir ?

Quelle est l'énigme de cet effacement ? Pour avoir participé à la vie politique de notre pays au premier rang depuis quarante ans, je sais qu'il ne sera pas possible de réinventer l'avenir de notre peuple sans l'avoir éclaircie.

L'Histoire, selon l'idée que je m'en fais, procède, comme l'économie, par cycles longs. En économie, on parle des « cycles de Kondratieff », du nom d'un économiste russe qui a mis au jour les fluctuations de longue période du capitalisme. Sur leurs raisons, les avis divergent : apparition de nouvelles industries, crises de régulation, etc. En politique aussi, il y a des cycles, certains connectés à l'économie : ainsi le cycle du New Deal de F.D. Roosevelt, inséparable de la crise des années 1930 et de la conquête par les États-Unis de l'hégémonie à travers la Deuxième Guerre mondiale. Ce cycle, nourri de la pensée de John Maynard Keynes, s'est prolongé jusqu'aux années 1970. Ainsi encore le cycle du néo-libéralisme qui, né de l'essoufflement du cycle précédent, en a pris le relais, au début des années 1980, avec l'élection de Margaret Thatcher en Grande-Bretagne, et de Ronald Reagan aux États-Unis. Ce deuxième cycle puise dans la pensée économique de Milton Friedman et de l'École de Chicago. Il culmine avec la chute de l'Union soviétique en 1991. Il est au fondement du capitalisme financier globalisé. Parvenue au pouvoir en 1981, la gauche française a rencontré le néo-libéralisme.

Il y a aussi d'autres périodes historiques qui chevauchent les précédents cycles et qui, à l'échelle d'un pays, traduisent la vision d'un homme supérieur, elle-même souvent enracinée dans la sensibilité d'une génération : ainsi en va-t-il pour Charles de Gaulle et pour François Mitterrand, les deux hommes d'État français qui, selon moi, ont marqué le dernier siècle.

Charles de Gaulle, né en 1890, vingt ans après la défaite de 1871, portait le patriotisme incandescent d'une France qui ne s'avouait pas vaincue. Dans le plus grand désastre que la France ait jamais connu, il a trouvé la force de faire appel au tribunal de l'Histoire. Sur cette base, il a pu remettre la France dans le camp des vainqueurs et rebâtir l'État. La suite ne lui a pas appartenu.

François Mitterrand, né en 1916, année de la bataille de Verdun, au plus fort de l'hécatombe des tranchées, a vécu, lui aussi, l'effondrement de la France en 1940. Il a voulu la dépasser par l'Europe : « La France est notre patrie, l'Europe est notre avenir. » Cet aphorisme pouvait se lire à l'envers : « La France est notre passé, l'Europe sera notre patrie. » Et c'est ainsi que beaucoup l'ont compris. Ce fut ce que j'appelle le « pari pascalien » de François Mitterrand sur l'unité de l'« Europe » et sur un « au-delà des nations ». Cette relégation de la nation au second plan a coïncidé avec le ralliement de la gauche française au néo-libéralisme, inscrit dans les traités européens de Luxembourg[1] (1985) et de Maastricht (1991). Était-ce un hasard ? La suite non plus n'a pas appartenu à François

1. Appelé aussi « Acte unique ».

Mitterrand, bien qu'elle ait été, de mon point de vue, largement prévisible.

Ni la vision de Charles de Gaulle ni celle de François Mitterrand n'ont fait vivre leurs rêves. De Gaulle, en mai 1968, a rencontré l'incompréhension de la jeunesse, et l'idée de la France qui l'animait s'est perdue – provisoirement peut-être – au fil du temps. François Mitterrand était sans doute sincèrement « européen » au sens où l'étaient les hommes de sa génération, marqués par le désastre de deux guerres mondiales. « Plus jamais ça ! » signifiait pour lui : plus jamais ces affrontements de peuple à peuple, et d'abord entre la France et l'Allemagne. Il avait raison de vouloir les associer dans une œuvre commune. La contradiction intime et pas forcément dialectique de François Mitterrand a été d'avoir voulu faire de l'Europe un mythe de substitution au projet de transformation sociale qui l'avait porté au pouvoir en 1981, mais cela en épousant le néo-libéralisme alors triomphant, avec les résultats que l'on voit aujourd'hui, contraires aux aspirations initialement suscitées. L'Europe telle qu'elle a été présentée à l'opinion au moment du référendum sur le traité de Maastricht[1] n'a pas été au rendez-vous. Bien loin de servir de contrepoids au néo-libéralisme anglo-saxon, cette Europe lui a servi de cheval de Troie sur le continent. Ce qu'on ne dit pas, c'est qu'elle a été conçue pour cela. Le texte des traités en fait foi. Leur relecture est consternante. Là est la faute originelle. Contrairement à ce qu'a écrit Jacques Julliard[2], il n'y a pas eu « forfaiture » de l'Europe, parce que les traités de Luxembourg et de Maastricht installaient sur notre continent la déréglementation, qui est l'essence même du néo-libéralisme.

François Mitterrand ne l'a peut-être pas d'emblée mesuré : il lui fallait, en mars 1983, un accord avec Kohl (mais surtout avec l'*establishment* à Paris). Il n'y avait alors personne d'autre à la Chancellerie. Comme Konrad Adenauer le déplorait déjà : « Les

1. Cf. Jean-Pierre Chevènement, *Le Bêtisier de Maastricht*, Arléa, 1997.
2. *Libération*, 18 janvier 2010.

hommes sont ce qu'ils sont et il n'y en a pas d'autres. » François Mitterrand avait l'habitude de « donner du temps au temps ». Le temps a passé. Nous avons récolté le néo-libéralisme, certes aujourd'hui en crise, et une Europe germano-centrée. Ce n'est probablement pas ce que voulait François Mitterrand. Il est vrai que ce n'est peut-être pas la fin de l'Histoire.

Jamais autant qu'aujourd'hui nous n'aurions eu besoin d'une France assurée d'elle-même, capable de faire contrepoids à l'Allemagne dans l'intérêt de l'Europe et de l'Allemagne elle-même. La France manque.

Helmut Schmidt disait en plaisantant : « Quand un homme politique prétend avoir une vision, je lui recommande d'aller voir un psychiatre. » Tel n'est pas mon avis. En France tout au moins, le peuple, parce qu'il se définit comme un peuple de citoyens, a besoin de pouvoir se projeter dans l'avenir. Et c'est bien cette vision qui lui fait tant défaut aujourd'hui. Les nations émergentes – Chine, Inde, Brésil, Vietnam, etc. – ou réémergentes – Russie – ont confiance en elles. C'est cette confiance qui porte leur élan. Les États-Unis, avec Obama comme avec Bush, croient en leur « destinée manifeste ». Quel contraste avec la France et plus généralement les nations européennes, recroquevillées sur elles-mêmes ! Avec une exception, cependant : l'Allemagne, hier brisée et qui, pour cela, s'est rétablie.

À la vision gaullienne, il a manqué une pédagogie. La croissance ne faisait pas rêver, la « participation » non plus. Et en Europe, quelle perspective concrète ouvraient le traité d'amitié franco-allemand de 1963 ou la politique de « détente, d'entente et de coopération » avec l'URSS proclamée en 1966 ? Rien qui ne fût à très long terme. Quant à la contestation de l'Empire américain, elle avait ses limites, et c'était bien ainsi.

La vision mitterrandienne n'a pas duré beaucoup plus longtemps que la vision gaullienne : elle a difficilement passé le cap du référendum sur le traité de Maastricht, en 1992, et François Mitterrand n'a pas davantage vu l'entrée en vigueur de la monnaie unique qu'il n'en a imaginé les actuels soubresauts. Il est vrai que, pour notre pays, l'Europe est d'abord un constat : la France ne peut pas être ailleurs que là où elle est sur la carte, c'est-à-dire en Europe. Mais l'Europe en soi n'est pas un projet au sens où pouvait l'être l'« Europe européenne », c'est-à-dire indépendante, du général de Gaulle. L'Europe en soi est une « entéléchie[1] » : François Mitterrand, lui, a toujours été assez habile pour ne pas donner un contenu précis à l'Europe qu'il invoquait.

Au fond, nous aurions besoin des deux visions, l'une nationale, l'autre européenne, mais l'addition des deux ne fait pas un projet politique : une France forte pour une autre Europe ne nous dit pas encore quelle Europe il faudrait faire pour ne pas être écrasé par la « Chinamérique », l'alliance objective mais conflictuelle de l'hyperpuissance d'hier et de la superpuissance de demain.

La gauche française croyait en 1981, tel Christophe Colomb, découvrir les Indes (le socialisme). Elle a découvert l'Amérique (le néo-libéralisme). Le mirage européen lui a fait perdre de vue le peuple français. Elle n'est guère armée pour comprendre le monde qui vient. Il lui faudrait d'abord décrypter sa propre histoire pour pouvoir en inventer une autre. De même, la droite qui, depuis la mort du général de Gaulle, s'est progressivement détournée de la nation, ne s'est pas encore avisée que l'identité est seulement ce qui reste quand on a abandonné la souveraineté.

C'est à l'inventaire lucide de ces quarante dernières années que je voudrais contribuer. Certes, jamais le mot « inventaire » ne fut plus galvaudé, pour n'avoir, en fait, jamais été véritablement exercé.

Je livrerai ici ma « part de vérité ». Pour avoir mis en garde le parti que j'ai contribué à recréer en 1971, au congrès d'Épinay, contre les impasses et dérives du néo-libéralisme et contre les illusions de l'européisme, je m'y sens plus qu'un droit : une sorte de devoir moral. Comment la gauche française a-t-elle pu

1. Entéléchie : concept aristotélicien dont se gaussait Rabelais, décrivant une réalité virtuelle. Jacques Delors, pourtant expert en scolastique, préférait parler d'OPNI (objet politique non identifié).

passer du « programme commun » au libéralisme, ou, si l'on préfère, au social-libéralisme, entraînant derrière elle une droite trop heureuse de pouvoir épouser la mondialisation financière et célébrer en toute quiétude, après la parenthèse du gaullisme, ses retrouvailles avec l'Argent ? Comment tant d'hommes, dont je ne puis suspecter l'honnêteté, ont-ils pu opérer pareille conversion ? Par quel sortilège ? Cette énigme doit être résolue. Pour inventer l'avenir, il faut rendre le passé lisible. Et pour cela, il n'est pas besoin de parler plusieurs langages : l'un au monde du travail, l'autre à la France, un troisième au reste de la planète. Il suffit de parler vrai.

Ce livre s'efforce de répondre à une question que, jusqu'à une date récente, je ne m'étais jamais posée : la France est-elle finie ?

Il peut se lire comme une plongée spéléologique dans les événements, les souffrances et les mythes du dernier siècle qui, peu à peu, ont amené la France à douter d'elle-même. En creusant toujours plus profond dans notre histoire, j'ai cherché à la réécrire à la lumière des faits pour y trouver une cohérence qui donne à la France l'envie de la continuer.

Ce livre ne confronte pas seulement deux visions et deux paris, l'un sur l'Europe, l'autre sur la France. Il est aussi une méditation sur la relation de la France à l'Allemagne, tant le sort de nos deux pays me paraît lié : ou bien l'un et l'autre se résignent à sortir de l'Histoire, ou bien, dans un contexte radicalement nouveau, ils parviennent ensemble à lui donner sens pour la poursuivre.

Naturellement, à une si lancinante question (la France est-elle finie ?), ce livre esquisse des réponses.

À l'âge auquel je suis parvenu, je sais que l'Histoire est permanente réécriture. « La postérité, cette catin », disait Danton. Tout s'oublie, tout s'efface si nous nous y résignons. Ce n'est que pour éclairer l'avenir que j'ai découvert des gouffres. À l'heure où vacillent les mythes qui l'ont égarée, la France doit recouvrer sa voix, celle de la République, indissociable de sa propre grandeur.

CHAPITRE PREMIER

1971-1983

La gauche perd la bataille qu'elle n'a pas livrée

La gauche française a perdu au début des années quatre-vingt une bataille pour laquelle elle s'était préparée, mais qu'elle n'a pas livrée. Elle s'est ainsi fondue dans une épaisse absence.

Pourtant, tout semblait avoir bien commencé : au sortir d'une décennie de joyeuse contestation – les années soixante –, le Parti socialiste avait fait sa révolution au congrès d'Épinay (juin 1971), et la gauche française s'était unie (1972). Elle avait pris de bonnes résolutions. J'en sais quelque chose : j'étais sa plume à travers les deux programmes du Parti socialiste que François Mitterrand m'avait chargé de rédiger : *Changer la vie* en 1972, le *Projet socialiste* en 1979.

Épinay, contradiction motrice

À vrai dire, la majorité d'Épinay, était, dès le départ, entre le Ceres[1], les « Bouches-du-Nord[2] » et François Mitterrand, à la fois animée et minée de projets contradictoires.

1. Ceres : Centre d'études, de recherches et d'éducation socialiste, que j'ai créé officiellement en janvier 1966 avec Georges Sarre, alors président de

Gaston Defferre[1] et Pierre Mauroy[2] prenaient leur revanche sur Guy Mollet. Épinay était pour le premier le moyen de sortir de la minorité perpétuelle où le secrétaire général de la SFIO l'avait encagé. Le second, en évinçant son rival d'hier à la tête du parti, Alain Savary, et en prenant, à Lille, la relève d'Augustin Laurent, pouvait enfin aspirer aux premiers rôles : la direction du parti d'abord et, dès que possible, la mairie de Lille (mars 1973).

Cette agrégation de forces était soudée par l'antimolletisme, mais c'est François Mitterrand, de l'extérieur, qui lui donna une cohésion qu'elle n'avait pas en elle-même. Seul un homme qui ne venait pas de la gauche pouvait faire l'union de la gauche. Il y fallait de la distance, et François Mitterrand en avait. Il y fallait aussi une certaine empathie à l'égard des hommes : ses goûts littéraires comme son expérience de la captivité et de la Résistance l'avaient préparé à trouver le contact avec chacun. Certes, François Mitterrand charriait déjà derrière lui une bonne dose d'animosités, chez les anciens du PSU notamment. Il les ignorait pour mieux les combattre. Il avait surtout un sens aigu de l'amitié, qui transcendait les opinions politiques. Il s'était ainsi constitué un réseau de fidèles à toute épreuve. Enfin, seul capable d'avoir une vue longue, c'est-à-dire un projet dont il était le centre, François Mitterrand s'est montré un admirable rassembleur.

Les « Bouches-du-Nord » étaient censées être la « droite » du parti. Cela tenait à leur pragmatisme : Gaston Defferre et Pierre Mauroy, peu portés sur la théorie, avaient bien imprudemment laissé à Guy Mollet le soin d'instrumenter

---

l'Association des postiers socialistes, Didier Motchane, qui dirigea les nombreuses revues du mouvement : *Frontière, Repères, Non !* etc., et Alain Gomez, qui, à partir de 1969, fit carrière dans l'industrie. Laboratoire de recherches au départ, le Ceres était devenu la gauche du PS.

2. (de la page 13) Contraction des deux fédérations socialistes des Bouches-du-Rhône et du Nord, les plus puissantes en nombre.

1. Maire de Marseille et « patron » des Bouches-du-Rhône.

2. Secrétaire général adjoint de la SFIO.

la « doctrine » socialiste[1]. Gaston régnait en maître sur Marseille et la Provence, en alliance avec le centre. Il incarnait la légitimité de la Résistance, mais aussi un esprit d'ouverture quant à l'évolution vers l'indépendance des anciens pays colonisés. La situation de Pierre Mauroy était plus complexe : il était à la fois le secrétaire général adjoint de la SFIO, derrière Guy Mollet, et le dauphin putatif d'Augustin Laurent à la mairie de Lille. Mais celui-ci était aussi le principal soutien de Guy Mollet dans le parti : il lui apportait systématiquement, depuis 1946, les mandats de la puissante fédération du Nord.

En fait, les « Bouches-du-Nord », en 1971, ne se distinguaient guère du reste du parti que par un anticommunisme un peu plus affirmé, qui couvrait souvent des alliances électorales locales avec la droite non gaulliste. Mais, sur l'essentiel, elles partageaient avec le reste de la SFIO le même corpus idéologique : fidélité aux valeurs républicaines et d'abord à la laïcité, attachement aux conquêtes sociales du mouvement ouvrier, rejet fondateur du communisme, d'où découlait un atlantisme prononcé, réserve à l'égard de la nation, héritage de l'internationalisme d'avant 1914, du pacifisme de l'entre-deux-guerres et de l'antigaullisme de la IVe République, étrangement mêlé à des bouffées de nationalisme colonial, manifestations d'un européocentrisme rémanent. Tel était le génome de la SFIO, présent dans toutes les tendances et dont la suite allait montrer qu'il n'était pas facile à modifier, fût-ce par une tentative hardie de manipulation génétique, à quoi peut se résumer l'entreprise du Ceres.

Celui-ci, avec 8,5 % des mandats, détenait entre les deux coalitions rivales (46 % et 45 % chacune) la clé du congrès d'Épinay[2]. En la faisant tourner dans le sens d'un programme

1. *Socialisme ou social-médiocratie*, éditions du Seuil, coll. « Combats », 1969, par Jacques Mandrin, pseudonyme collectif de Didier Motchane, Alain Gomez et Jean-Pierre Chevènement.

2. Cf. *Défis républicains*, Fayard, chapitre 1, « Épinay », p. 23-46.

commun avec le Parti communiste, il ouvrait tout le champ des possibles. Le Ceres, tirant parti de l'équation, jouait en effet en dynamique. Avec l'union de la gauche sur un programme commun, il créait le mythe d'un « socialisme à la française » que, bien vite, il décrivit comme « autogestionnaire » pour le distinguer du socialisme « de caserne » des communistes. Son projet, en fait, était moins de réduire le PCF que de le devancer en construisant, avec l'ardente jeunesse issue de Mai, un parti structuré par une idéologie baroque en apparence, mais accordée à l'esprit du temps : une sorte de gaullo-marxisme. Un désir de justice nous avait fait choisir l'enracinement dans le paléomarxisme d'une SFIO moribonde. Nous avions par ailleurs, par ce détour original, la volonté de « survivre à de Gaulle ». Nous voulions relever ensemble et la gauche, et la France.

Nous avions lu nos classiques, et d'abord le discours de Blum au congrès de Tours, auquel Annie Kriegel avait consacré une savante étude, et les prophètes de l'austro-marxisme ou de la social-démocratie allemande, Kautsky, Bebel, Otto Bauer, sans oublier bien sûr l'*Histoire socialiste de la Révolution française* de Jean Jaurès. Notre projet était tout simple : renverser le cours de l'Histoire en rapatriant, au cœur même du système capitaliste, une impulsion transformatrice dévoyée par l'exotisme d'une révolution russe périphérique. C'était, d'une certaine manière, remettre Marx debout. C'était prendre le contrepied de tous ceux qui, avec Gramsci, dans les années vingt, avaient acclamé « la Révolution contre *Le Capital* ». Dans son œuvre maîtresse, Karl Marx faisait procéder le socialisme des contradictions du capitalisme parvenu à son stade supérieur de développement. Lénine, en faisant la révolution dans un pays « arriéré », avait renversé la perspective marxiste orthodoxe. On avait vu ensuite en URSS le résultat de Marx marchant sur sa tête. Il fallait, selon nous, le remettre d'aplomb pour revenir aux sources de sa pensée : le socialisme ne pouvait naître qu'au cœur du système par un dépassement démocratique du capitalisme avancé. C'était ce que les grands leaders socialistes du début du siècle – Kautsky, Blum – avaient théorisé en résistant au diktat de la IIIe Internationale. Ce retour aux sources du marxisme nous rapprochait curieusement de la théorie en vogue au sein du PCF depuis Waldeck-Rochet, celle du « capitalisme monopoliste d'État » : elle était le fondement de l'idée d'une transition progressive et pacifique d'un capitalisme déjà fortement étatisé au socialisme.

Sans doute, dans les années quatre-vingt du siècle dernier, le cœur du système n'était-il plus l'Europe, mais les États-Unis. Un renversement de la logique dominante en Europe aurait néanmoins été une rupture proche et presque centrale, en tout cas de nature à changer la donne à l'échelle mondiale. François Mitterrand n'envisageait évidemment pas une telle rupture, bien que le mot ne lui fît pas peur. Simplement, il ne croyait pas possible de ramener le centre de gravité du monde là où il était cinquante ans auparavant : en Europe !

Et nous-mêmes, étions-nous réformistes ou révolutionnaires ? Les deux, bien entendu, en fidèles lecteurs d'André Gorz, qui prônait en 1966, si je me souviens bien, un « réformisme révolutionnaire ».

En fait, nous tenions une position de repli : celle d'un gaullisme social, au fond acquis aux institutions de la Ve République, dès lors qu'elles servaient le grand dessein de l'indépendance nationale (et donc potentiellement européenne) garanti par la justice sociale. Une forte dose de modernisme industrialiste et un zeste d'esprit soixante-huitard complétaient ce breuvage idéologique, indispensable dans le paquetage du parfait militant de ces années-là.

Que voulions-nous, en fait ? Jeunes gens, nous avions tiré sans regret un trait sous le dernier chapitre de l'Empire – l'Algérie française –, car nous voulions continuer la France, la remettre sur ses pieds après la parenthèse d'exception qu'avait ouverte, en 1940, le général de Gaulle, et qui bientôt allait se refermer : le grand homme avait soixante-quinze ans en 1965. Tel était le projet du Ceres, esquissé dans les derniers soubresauts et au lendemain de la guerre d'Algérie, et porté par ceux qu'on appelait ironiquement ses « chefs historiques », Didier Motchane, Alain Gomez, Georges Sarre, devenu premier secrétaire de la fédération socialiste de Paris en 1969, et Pierre Guidoni, homme aux multiples talents qui nous avait très vite rejoints. Si paradoxal que cela pût paraître, l'union de la gauche devait, à nos yeux, permettre à la France d'écrire à la première personne une nouvelle page de son histoire. Nous ferions ainsi oublier l'incapacité qui avait été celle du Front populaire à rassembler le pays à l'heure du plus grand péril. De Gaulle avait sauvé la France en 1940. Il l'avait remise debout en 1944-45. Il avait restauré l'État en 1958. Il avait redonné à notre pays les moyens d'une politique indépendante. Nulle œuvre humaine n'échappe à l'entropie. En rejetant l'épais manteau du conservatisme qui pesait sur ses épaules, nous voulions inventer un socialisme moderne, renouer avec le rêve de la République sociale, et cependant préserver l'acquis de la Ve République, les institutions, l'indépendance de la politique étrangère, la dissuasion nucléaire. Ainsi la France, ayant changé de base, avec la gauche devenue majoritaire et la justice sociale pour boussole, pourrait néanmoins continuer à tenir la plume d'une Histoire qui serait la sienne. Nous comptions sur François Mitterrand pour que le « je » du « pouvoir personnel » s'incarnât dans le « nous » des citoyens. Didier Motchane théorisait le « mouvement d'en bas » que, par le miracle du « centralisme dialectique », il canalisait vers les objectifs définis par le « mouvement d'en haut », c'est-à-dire en fait par nous-mêmes.

Nous colorions ainsi de romantisme révolutionnaire une réalité plus prosaïque : nous avions aidé François Mitterrand à devenir le patron d'un parti auquel il n'adhérait pas la veille.

Cette idéologie syncrétique permettait aussi de capter les bouillonnements de la jeunesse et de lui imposer l'uniforme du « parti », sous l'écusson du Ceres. J'étais voué, au sein du secrétariat national, au programme et, bien sûr, dans mon esprit, à l'orientation politique. Un an après le congrès d'Épinay, c'était chose faite : le programme commun était signé en juin 1972, dans la foulée du programme socialiste que j'avais poétiquement intitulé « Changer la vie ». Il allait faire se lever dans le pays la dynamique qui, neuf ans plus tard, conduirait à l'alternance. Ce faisant, nous servions aussi les desseins de François Mitterrand.

Notre projet recoupait le sien. Jusqu'à un certain point... En 1973, après mon élection comme député de Belfort, il me dit : « Si je vous suivais, nous aurions peut-être, la prochaine fois, 120 ou 150 députés, mais – écoutez-moi – nous n'aurions pas le pouvoir. Or, le pouvoir est la noblesse de la politique. Ceux-là qui nous assassinent aujourd'hui de leurs critiques acerbes viendraient nous manger dans la main tous les jours. »

Passer à travers les gouttes

Sur le fond, François Mitterrand voyait le Ceres avec une sympathie teintée d'inquiétude. Il prit d'ailleurs soin de m'en prévenir, en avril 1979, avec un mélange d'affection, d'ironie et même d'honnêteté, qualité qu'on ne lui reconnaît pas souvent, car chacun préférait toujours entendre dans sa bouche la part de vérité qui lui convenait. « Entre nous, me dit-il, il n'y a qu'une seule différence : je ne pense pas qu'aujourd'hui, à notre époque, la France puisse faire autre chose, hélas, que passer à travers les gouttes. » Dans l'être complexe qu'était François Mitterrand, il y avait beaucoup de parts qu'il juxtaposait, grâce à la capacité qu'il avait à se mettre à la place des autres et à les comprendre. Des concours bigarrés et quelquefois baroques qu'il avait su réunir, il faisait son miel. Au fond de lui, François Mitterrand pensait peut-être que la France était morte depuis 1940, et même avant. Cette idée, dont Régis Debray a formulé l'hypothèse récemment[1], ne m'avait jamais effleuré. Pour moi-même et pour mes amis, la France vivait, et

1. Cf. Charles de Gaulle, *Les Grands Discours de guerre*, préface de Régis Debray, Perrin, 2010.

d'abord à travers l'élan que nous étions en train de susciter. Et cet élan porterait loin, nous en étions convaincus.

François Mitterrand s'accommodait du mythe et, par conséquent, des jeunes gens du Ceres pour lesquels il éprouvait une paternelle sympathie dans la mesure où le mythe lui paraissait utile à la construction d'un parti qui dépasserait et peut-être réduirait le PCF (il a exprimé cette idée dès 1972, devant le congrès de l'Internationale socialiste réuni à Vienne). Il aimait la jeunesse, le rêve, l'ambition, même collective. Il voyait bien les contradictions d'Épinay, mais comprenait spontanément qu'elles étaient aussi à la source de sa dynamique. Il ne croyait guère aux mythes que nous avions forgés, mais il espérait s'en servir, comme du Ceres, d'ailleurs, auquel il devait son pouvoir mais dont il n'entendait pas rester prisonnier. Il nous le fit savoir dès la campagne présidentielle de 1974, à l'élaboration de laquelle nous ne fûmes pas conviés. La plume fut confiée à Jacques Attali qui, dès janvier 1974, avait remplacé Louis Gallois, secrétaire de la commission économique, comme conseiller du prince en la matière, et à Michel Rocard, qui rallierait bientôt le PS avec, derrière lui, un tronçon minoritaire du PSU : c'est à ce moment-là – en avril 1974 – qu'on vit apparaître ce qui n'était pas encore un programme de substitution : l'idée d'un « franc fort » accroché au mark. L'année suivante, François Mitterrand, au congrès de Pau (janvier 1974), mit le Ceres en minorité. Il m'avait amicalement prévenu huit jours avant : « Si vous dépassez 20 % des mandats dans le parti, je vous mets dans la minorité. » Nous en réunîmes plus de 25 %. C'en était trop ! Cette cure d'opposition allait durer quatre ans.

*

Naturellement, la victoire du néo-libéralisme, au début des années quatre-vingt, a beaucoup tenu à l'épuisement idéologique de ses adversaires, de l'URSS, mais aussi de la social-démocratie traditionnelle. Affaissement de l'Union soviétique d'abord, sensible tout au long des « années Soljénitsyne » : curieusement, c'est au moment où le totalitarisme devenu cacochyme avait cessé d'exercer son effet de terreur qu'il trouva, en France notamment, ses censeurs à retardement les plus vigoureux. L'école des « nouveaux philosophes » y a annoncé, dans l'ordre idéologique, la « révolution néoconservatrice » aux États-Unis dans toute sa morgue et son inculture, la réduction de la France à une « idéologie française » nauséabonde, en vertu d'un « testament de Dieu » instituant un ordre normalisé du monde sous l'égide des États-Unis.

Épuisement aussi de la social-démocratie classique telle que l'incarnait, en Grande-Bretagne, le Parti travailliste de Harold Wilson et de James Callaghan. Peter Sloterdijk[1] a très bien montré comment la social-démocratie des années soixante-dix n'arrivait plus à rentabiliser la menace évanescente d'une URSS à bout de souffle, et comment le néolibéralisme, en définitive, a été aussi un « nouveau calcul des coûts de la paix intérieure » : il était temps de baisser le coût des salaires et de rétablir le niveau des profits, quitte à accepter la charge économique d'une population d'exclus politiquement démotivés.

François Mitterrand n'avait raté le pouvoir, à l'élection présidentielle de 1974, que d'une petite marche (49 % des suffrages). Après la rupture du programme commun et l'échec des législatives de 1978, il dut faire face à la sédition de Michel Rocard, qui l'avait relégué, au soir de la défaite, au rang des « archaïsmes », au nom d'une conception renouvelée de la gauche dont, au congrès de Nantes déjà (1977), il opposait les « deux cultures » : la jacobine (celle d'Épinay) et la décentralisatrice (la sienne), à moins que ce ne fût la marxiste et la proudhonienne, ou encore la « laïque » et la « catho ». Pierre

1. Avec Pierre Dockès, Francis Fukuyama, Marc Guillaume, « Le théâtre mondial des menaces », in *Jours de colère – L'esprit du capitalisme*, Descartes & Cie, 2009, p. 65-69.

Mauroy le soutint mollement dans cette aventure qui tourna court au congrès de Metz en mai 1979.

Toujours tourné vers la théorie sociologique ou géopolitique, le Ceres fustigea la « nouvelle petite bourgeoisie » et la « gauche américaine », concept qui devait s'entendre au double sens du terme (une gauche politico-sondagière déconnectée de la culture du « parti », en même temps qu'une gauche revenue à l'atlantisme en politique étrangère). Nous voyions juste. Mais Cassandre fut-elle jamais payée de retour ?

Au congrès de Metz, François Mitterrand n'avait pas, seul, la majorité dans le parti (40 %). Le Ceres, avec 15 %, en détenait encore la clé. Soucieux de son image dans les médias, Mitterrand nous fit lanterner deux semaines avant de refaire alliance avec nous et de recomposer, sur cette base, le secrétariat national.

Chargé du « Projet socialiste », ma ligne était claire : d'abord « tenir bon » face au PC, « être unitaire pour deux » afin que notre candidat pût coiffer le sien sur le poteau et, parallèlement, attiser, entre la droite gaulliste de Jacques Chirac et la droite giscardienne au pouvoir, les brandons de la discorde, et peut-être, le jour venu, faire lever les ferments d'un élargissement de la gauche qui, je dois le dire, se limita toujours à une poignée de gaullistes de gauche, hommes excellents au demeurant, parmi lesquels seul Michel Jobert, en 1981, accéda à des fonctions gouvernementales. Les conditions seraient alors réunies, dans notre esprit, pour que s'ouvrît une nouvelle page de l'histoire de France.

Une victoire à contre-courant

Nous ne nous en étions pas assez avisés : dans le vaste monde, le vent avait tourné ; un moment ébranlé par la contestation interne et par l'échec de la guerre du Vietnam, la droite américaine avait sonné la contre-attaque. Le rapport de la Trilatérale, « Crise de la démocratie » (1975), en portait témoignage. Le moment était venu de rétablir l'« autorité ». Les idées libérales, jadis discréditées par la grande dépression des années trente, avaient repris vigueur. Quelques économistes – en France Jacques Rueff, en Allemagne Walter Eucken et Wilhelm Röpke, et surtout ceux de l'École autrichienne Ludwig Van Mises et Friedrich Hayek, relayés dans la presse américaine par Walter Lippmann – avaient maintenu la flamme contre l'hégémonie des idées keynésiennes[1].

Les économistes ultralibéraux de l'École de Chicago avaient remis à la mode le modèle du « marché efficace » en modernisant la théorie de l'« équilibre général » formulée en 1874 par Léon Walras. Celui-ci assimilait l'univers économique à l'univers physique décrit par Newton. L'École de Chicago entendait renouer avec la pensée libérale, mise à mal par Marx et Keynes, en lui donnant une formulation mathématique à partir de la croyance fondamentale en un individu rationnel, seul capable d'adapter avantageusement les moyens qu'il emploie aux fins qu'il s'assigne. Le néo-libéralisme, issu des travaux antérieurs des économistes autrichiens, prétendait également pouvoir appliquer le modèle de l'analyse mathématique à la sociologie, à la science politique et à la totalité des comportements humains. Mais rien n'indiquait – bien au contraire – que les « prérequis » de ce modèle du « tout marché », mis en valeur notamment par l'économiste franco-américain Gérard Debreu, se trouvaient réunis dans les faits.

Puissance et misère de la théorie ! Ces esprits brillants ne s'avisaient pas que les postulats sous-tendant leurs modèles mathématisés (concurrence pure et parfaite, transparence de l'information, etc.) n'existaient pas dans la réalité. Ils voyaient naturellement dans le socialisme démocratique l'antichambre du totalitarisme, et dans l'intervention de l'État, l'origine même du Mal. Le combat culturel précède toujours le combat politique. Quand on demandait ses convictions à Mme Thatcher, elle répondait en brandissant l'ouvrage de Hayek : « Constitu-

---

1. Cf. Serge Audier, *Le Colloque Lippmann. Aux origines du néolibéralisme*, Éditions Le Bord de l'eau, 2008.

tion de la liberté » ! Le néo-libéralisme à la fin des années soixante-dix parut comme Athéna sortant tout armée de la cuisse de Jupiter. Il procédait, en fait, d'un combat de longue haleine contre les idées du New Deal. C'est cette version du libéralisme « ultra » qu'importèrent en France, à la fin des années quatre-vingt, les « nouveaux économistes », en même temps que s'organisait l'offensive des soi-disant « nouveaux philosophes », principalement dirigée contre l'union de la gauche.

Soljénitsyne avait redonné des couleurs au vieux combat des démocraties contre un totalitarisme par ailleurs en voie d'épuisement. Enlisée en Afghanistan depuis 1978, l'URSS s'était laissé isoler. Saddam Hussein, avec la bénédiction des États-Unis, venait d'envahir l'Iran de Khomeyni ; le néo-conservatisme libéral triomphait enfin dans les urnes à Londres en 1979, à Washington en 1980.

La victoire de François Mitterrand en mai 1981 dut beaucoup à l'hexagonalisme de l'électorat français. Mais, surtout, François Mitterrand sut jouer avec un art consommé de la dernière vague de la marée montante de la gauche et du ressac de l'anticommunisme. Le score de Georges Marchais au premier tour (15 %) rassura les gaullistes et lui ouvrit les portes du second. Il ne lui restait plus qu'à nous démontrer la « noblesse du pouvoir ». Mais sa tâche n'était pas facile. Il venait « aux affaires » à la fin d'un cycle de progrès et au début d'un autre cycle où la réaction du néo-conservatisme libéral s'affichait sans complexe. Ce n'eût pas été le cas en 1974.

*

Ce n'est pas faire injure à François Mitterrand que de dire qu'en lui coexistaient des mémoires et des sentiments divers. Il se souvenait du jeune homme qu'il avait été avant la guerre et des risques qu'il avait pris pendant celle-ci en passant de Vichy à la Résistance. Je ne pense pas qu'il ait jamais regretté ce parcours, qu'il trouvait légitime et qui était d'ailleurs courageux. François Mitterrand connaissait les faiblesses institutionnelles de la IVe République. Il était résolu à utiliser la Constitution de 1958, dont il disait plaisamment que, mauvaise avant lui, elle le redeviendrait après.

En politique étrangère, François Mitterrand avait choisi l'Amérique depuis 1943. Son hégémonie, à ses yeux, bornait l'horizon pour longtemps. Il ne voulait rien faire qui pût donner à croire qu'il était le moins du monde inféodé à Moscou. Dès 1981, l'affaire Farewell, du nom d'un espion russe travaillant pour la France et dont les révélations furent immédiatement communiquées à Washington, lui permit de s'afficher d'emblée comme un allié loyal et sûr. Plus encore, l'implantation des Pershing face aux SS 20 le conduisit à soutenir les positions de l'OTAN, en février 1983, devant le Bundestag, ce à quoi la France, puissance nucléaire indépendante, n'était pas obligée : « Les fusées sont à l'Est, les pacifistes à l'Ouest. » Kohl ayant pris le pouvoir à l'automne 1982 à Bonn, Mitterrand lui apporta ainsi son soutien contre le SPD d'Oskar Lafontaine, qui enregistra, en mars 1983, une cuisante défaite. Il le fit parce qu'il avait choisi son camp : les États-Unis contre l'URSS. Il rendit ainsi possible, sans s'en être avisé, l'unification allemande telle qu'elle se fit, en 1989-90, derrière la CDU-CSU de Helmut Kohl.

Même s'il s'était résigné à ne plus voir la France, à notre époque, tenir le premier rôle, François Mitterrand restait fondamentalement un patriote. Il imagina, avec Claude Cheysson, une diplomatie orientée vers le Sud (l'Algérie, l'Inde, le Mexique). Il était trop tôt pour renouer avec l'URSS où il se rendit cependant en 1984, occasion de « repérer » Gorbatchev. Sans doute voulut-il ensuite favoriser la perestroïka, mais il était bien tard...

En politique intérieure, François Mitterrand était décidé à faire ce qu'il avait dit : il fit entrer quatre ministres communistes au gouvernement, choisit de faire passer les lois de décentralisation avant les lois de nationalisations, mais fit voter celles-ci dans la foulée. La relance économique procéda, certes, de quelques « distributions de dragées » pour célébrer l'avènement de la gauche, mais davantage encore d'un budget délibérément mis en déséquilibre en 1981-82. Elle fut plus modeste qu'on ne l'a dit, et sans doute « prématurée », eu égard à la conjoncture économique internationale. Elle eût gagné, selon moi, à être accompagnée d'emblée d'une dévaluation forte, comme il avait été procédé, au début des deux septennats précédents, par Pompidou et par Giscard. La gauche a toujours sous-estimé – et elle sous-estime toujours – le poids du facteur monétaire dans les relations économiques internationales. Dans l'ère de flottaison des monnaies où nous sommes entrés depuis 1973 et qu'ont consacrée les accords de la Jamaïque (1976), les tarifs douaniers ayant été gommés et les contingents supprimés, il n'y a plus d'autre moyen de protection ou d'ajustement que l'évolution des parités monétaires. Les milieux dirigeants ont organisé une véritable *omerta* sur cette question pourtant décisive si l'on veut comprendre quelque chose à l'évolution des relations économiques transatlantiques, à celle des échanges intra-européens et, davantage encore, à la forte croissance des pays « émergents ». Mais la France, depuis 1979, était dans le SME et l'idée du « franc fort », déjà dans l'air en 1974, était plus que jamais dans la tête de nos technocrates. On sourira en comparant l'endettement d'alors (20 % du PIB) à celui auquel nous sommes parvenus aujourd'hui (endettement de 80 % du PIB en 2010, prévu à 90 % en 2012). L'opposition de 1981-82, déchaînée et relayée à l'intérieur même du gouvernement, brandissait le spectre d'une France en faillite ! C'est ainsi que Jacques Delors, six mois après l'arrivée de la gauche au pouvoir, siffla la « pause des réformes ». En mars 1982, le mot « rigueur » fit son apparition sans qu'on sût très bien s'il s'agissait de rigueur politique (elle eût été bien nécessaire) ou de rigueur financière, voire salariale. Pierre Mauroy, en juin, bloqua les salaires et les prix. C'était sans doute inévitable, mais cela ne faisait pas une politique.

Aux élections municipales de mars 1983, il était clair que la gauche, au moins au premier tour, n'était plus majoritaire dans le pays. Et c'était déjà vrai en janvier 1982 où elle avait perdu, le même dimanche, quatre élections partielles. « C'est grave », m'avait alors dit François Mitterrand dans un Conseil restreint. On a peine à imaginer de quel poids pesait l'hégémonie des idées libérales dans la société. Un souvenir : Raymond Aron, maître à penser de l'intelligentsia libérale, me demanda un rendez-vous, un jour de 1981. J'étais alors ministre de la Recherche et de la Technologie. Il venait solliciter quelques menus crédits pour achever l'édition complète des œuvres d'Alexis de Tocqueville. Je le vis pénétrer dans mon bureau comme s'il était entré dans l'antre de Jaruzelski. Et comme je venais de lui accorder sans barguigner ce qu'il me demandait, je revois encore, gravée dans mon souvenir, la lueur qui traversa son visage : non, il ne vivait pas encore dans un régime de démocratie populaire... Il faut dire que la presse de droite s'en donnait à cœur joie pour nous dépeindre sous l'aspect de farouches bolcheviks. Cette presse impressionnait même les ministres qui avaient la faiblesse de s'en repaître, et bien sûr leurs cabinets ainsi mis sous les feux de la rampe.

C'est peu dire que cette gauche n'avait pas le moral. Un jour, je me hasardai à dire à François Mitterrand lors d'un déjeuner avec André Rousselet et Georges Fillioud : « C'est le courage qui manque le plus dans votre gouvernement ! » Je me trompais : la plupart de ceux qui avaient, en principe, la charge d'appliquer la politique définie par le Parti socialiste, avec, il est vrai, d'innombrables arrière-pensées, n'y croyaient tout simplement pas.

Ainsi les deux premières années de la gauche au pouvoir, pilotées au plan économique et monétaire par les hommes de Matignon et de Rivoli[1], furent-elles gâchées : tout se passait comme s'il fallait user la gauche au pouvoir, couper le souffle à son projet, appliqué comme un pensum et par bribes décousues, bref, l'amener progressivement à ce « tournant libéral » que la technocratie bien-pensante avait, dès avant 1981, imaginé pour elle. On les appelait de manière générique les « rocardiens ». En fait, ils étaient partout. Et Rocard n'y était pour rien. François Mitterrand s'était même payé le luxe de nommer ce thuriféraire du marché « ministre du Plan » !

1. Rivoli, siège alors du ministère de l'Économie et des Finances, aujourd'hui à Bercy.

Sans doute le projet de la gauche française fut-il d'emblée télescopé par la victoire du néo-conservatisme libéral, celui de Margaret Thatcher en Grande-Bretagne et celui de Ronald Reagan aux États-Unis. À l'automne 1982, les conservateurs allemands prirent le pouvoir à Bonn derrière un chancelier dont la phraséologie européenne et atlantiste dissimulait surtout la farouche volonté de réunifier un jour son pays sous l'égide de son parti. En URSS et en Europe de l'Est, le système communiste donnait des signes de décomposition. Plus à l'est, la Chine de Deng-Xiaoping se rapprochait des États-Unis avant de s'ouvrir aux multinationales américaines.

On aurait pu imaginer un contexte plus favorable pour un projet dont l'élaboration avait commencé quinze ans plus tôt, alors que le grand vent du changement soufflait partout. Le vieux bonhomme capitaliste, qui, à la fin des années soixante, avait le souffle court, avait repris du poil de la bête. Mais on ne choisit pas le moment où on arrive au pouvoir.

Toujours est-il que la déréglementation financière, et pas seulement douanière, impulsée par les néolibéraux anglo-saxons, conjuguée à la concentration financière à travers fonds d'investissement et fonds de pension, commençait de faire émerger le modèle du « capitalisme actionnarial » dressé contre le capitalisme des managers « fordistes ». Cette tendance ne s'épanouit vraiment que dans les années quatre-vingt-dix/deux mille. Elle n'était qu'en germe au début des années quatre-vingt : certes, depuis 1979, les dirigeants du G5 (États-Unis, Allemagne, France, Grande-Bretagne, Italie) s'étaient mis d'accord pour casser l'inflation à deux chiffres qui gangrenait les économies occidentales, et d'abord les profits, et pas seulement du fait des chocs pétroliers de 1973 et 1979. Paul Volcker, le président du Federal Reserve Board, la banque centrale américaine, n'hésita pas, en 1979, à relever jusqu'à 20 % les taux d'intérêt américains. Chiffre astronomique et sans véritable précédent ! Une profonde récession s'ensuivit. Le chômage bondit partout. On se souvient encore en France du vain combat de Pierre Mauroy prétendant en 1982 endiguer le flot « sur la crête des deux millions de chômeurs ».

André Orléan fait remonter à la politique des taux de Paul Volcker le renversement du rapport de force entre créanciers et débiteurs et le début de la domination des marchés financiers. À partir de là, écrit-il, « les détenteurs d'actifs financiers ne risquent plus de voir leur rentabilité rongée par l'inflation. Ils ont le champ libre... La gouvernance des entreprises sera désormais fondée sur leur valeur actionnariale[1] ». Cette vue juste montre comment le capitalisme américain a repris le dessus après le deuxième choc pétrolier. Mais le raisonnement est néanmoins trop rapide. Il omet plusieurs séquences : le développement d'un chômage de masse qui va peser sur les salaires, la déréglementation généralisée, conçue par les néolibéraux, et particulièrement la libération des mouvements de capitaux qui déséquilibrera durablement le rapport de forces entre le travail et le capital.

La politique des taux de Paul Volcker n'a fait que créer les conditions préalables à la mise en place de ce nouveau modèle de régulation qu'on peut appeler indifféremment capitalisme financier, capitalisme actionnarial ou tout simplement, comme le suggère Alain Minc, « patrimonial ». Elle a préludé au renversement, à l'échelle mondiale, du partage de la valeur ajoutée entre les salaires et les profits. Les investisseurs institutionnels (fonds de pension – fonds d'investissements) prennent alors le pouvoir dans les entreprises et relèguent les managers à une fonction subordonnée. La théorie de l'« acquisition de la valeur pour l'actionnaire » devient reine. Le souci de l'avenir des entreprises et de ses salariés, et plus généralement le souci du long terme, par exemple de la recherche, sont évacués. La théorie de l'autorégulation des marchés, notamment financiers, triomphe. L'insatiable exigence de rentabilité du capital va orienter l'ensemble du système.

Cette mutation en profondeur du capitalisme anglo-saxon heurtait de front toutes les idées portées par la gauche française

1. A. Orléan, *Le Monde*, 30 mars 2010.

en 1981. En France, cependant, le danger du capitalisme actionnarial prôné par les doctrinaires de l'École de Chicago, Milton Friedman *et alii*, paraissait encore bien irréel. Ce danger semblait avoir été stoppé net par les nationalisations de février 1982. C'était compter sans le fait qu'au sein même de la technostructure, y compris dite « de gauche », ces nationalisations étaient vécues douloureusement comme des politiques à contre-temps.

Une « alliance en fer » pour démontrer l'inanité d'une « autre politique »

Robert Lion et Jean Peyrelevade, qui dirigeaient le cabinet de Pierre Mauroy, et Philippe Lagayette, celui de Jacques Delors, étaient convaincus – comme tous les hiérarques encore en place au ministère de l'Économie et des Finances : Michel Camdessus, directeur du Trésor, et Renaud de la Genière, gouverneur de la Banque de France – de la véracité du « théorème de Schmidt » : « Les profits d'aujourd'hui font les investissements de demain qui feront les emplois d'après-demain. » Bref, la priorité était à la restauration des profits. Dès lors, les nationalisations à 100 % les effrayaient, la logique de celles-ci étant bien évidemment celle d'une politique industrielle soustraite aux exigences de la rentabilité financière et que n'entraverait pas la constitution de minorités de blocage dans les filiales des groupes nationalisés. Les quinze milliards de francs de dotations annuelles en capital que le Budget devrait, bon an, mal an, leur accorder par mon entremise – j'étais alors ministre de l'Industrie – viendraient s'ajouter au déficit de 1982 : soixante milliards de francs, soit un peu moins de dix milliards d'euros d'aujourd'hui. Relativisons : c'était quatorze fois moins que le déficit prévu par la loi de finances de 2010 ! Le commerce extérieur n'était pas bon : le déficit commercial atteignait cent milliards de francs en 1982, soit quinze milliards d'euros d'aujourd'hui. Relativisons là aussi : cela faisait moins du tiers du déficit commercial actuel (cinquante-trois milliards d'euros en 2009). Cependant, une sourde réprobation se peignait sur le visage de ces grands commis : bientôt, à les en croire, la France devrait rendre des comptes au FMI.

Jacques Delors jouait dans les médias le rôle de saint Sébastien criblé de flèches par ses camarades de parti : un jour, à l'Assemblée nationale, au banc des ministres, lors d'une séance de questions d'actualité, il se pencha à mon oreille pour y glisser : « Je vous sauve tous ! » Il me marchandait rudement les dotations en capital que je lui demandais pour remettre à flot les nouvelles entreprises publiques, se refusait obstinément à entendre parler d'une banque nationale d'investissement destinée à « transformer » l'épargne au bénéfice de l'industrie, et s'obstinait à ne rien faire des nouvelles banques nationalisées dont il avait pris bien involontairement la charge. Bien pis, il s'engagea dans une politique visant à supprimer les bonifications d'intérêt ciblées au bénéfice de l'investissement industriel, trop coûteuses pour le Budget, pour y substituer l'emprunt sur les marchés financiers, réputé plus économique. Avant même la vogue de ceux-ci, la « désintermédiation bancaire » qui visait à remplacer les prêts à moyen et long termes par des émissions de titres, et le désengagement de l'État commencèrent à s'imposer. Cette mystification, qui conduisit à l'explosion des revenus financiers, devint vérité d'Évangile. Quiconque la récusait passait pour un attardé. Le grand vent du libéralisme soufflait fort à Matignon, à Rivoli et même à l'Élysée, sous couvert de « modernisation ». Jacques Delors le reconnaît aujourd'hui volontiers : « Dès le début de 1982, François Mitterrand [qui n'aimait pas la rigueur] avait affaire à une alliance en fer forgé entre le Premier ministre [et moi], même si on ne le disait pas… On se réunissait une fois à dîner par semaine… Nous étions convaincus que notre ligne était la bonne, et nos deux cabinets travaillaient en étroite collaboration[1]. »

1. Les Amis de l'Institut François-Mitterrand, *Entretiens avec Jacques Delors*, Éditions Michel de Maule, 2005, p. 35.

Je ne fais donc aucun procès d'intention en soulignant que l'aile libérale du gouvernement en tenait en fait, dès le départ, le « donjon ». Matignon et Rivoli sont le cœur du pouvoir. Leurs relais au « Château » réduisaient celui-ci, en matière économique et financière du moins, à la passivité. Et quiconque se mettait en travers de ce grand vent libéral relayé dans les médias passait vite, au mieux, pour un « archéo ». Pendant cette première phase du gouvernement de la gauche, les arbitrages présidentiels tombaient de manière aléatoire : oui aux nationalisations à 100 % ; non à une dévaluation forte ; oui à une augmentation massive des crédits de la recherche, à laquelle je n'osais même pas rêver ; non à la création d'une banque nationale d'investissement ; oui au blocage des salaires et des prix en mars 1982, décision qui, nous le verrons, amorça la décrue rapide de la part des salaires dans la valeur ajoutée. Il était difficile, avant mars 1983, de percevoir la logique profonde de la politique gouvernementale. Comme le disait en aparté Jacques Delors : « Le président est comme une vieille commode dans laquelle il y a bien une centaine de tiroirs secrets. » Il n'avait pas entièrement tort.

La gauche française, en fait, allait bientôt céder aux grands coups de boutoir du capitalisme anglo-saxon. Un baroud d'honneur fut à peine esquissé : une politique budgétaire keynésienne mal pensée, car déconnectée du problème essentiel de la compétitivité extérieure de l'économie française (en l'absence d'une dévaluation forte du franc), montra vite d'évidentes limites : reprise molle de l'activité, importations et déficits croissants. Cette politique, incohérente au plan économique, atteignit néanmoins le but pédagogique que lui assignait l'orthodoxie libérale, temporairement réduite à la dissimulation : démontrer l'inanité d'une « autre politique » et discréditer une pensée qui ne fût pas conforme à ses canons. Cette politique économique incohérente de la gauche prépara le terrain au grand retournement de mars 1983. On reste médusé, rétrospectivement, par la facilité avec laquelle la victoire du néo-libéralisme se sera imposée en France et en Europe occidentale. La gauche française, qui avait pris le pouvoir en 1981, abdiqua son droit d'aînesse républicain parmi les social-démocraties européennes. Elle le fit sans vraiment combattre, n'effectuant que quelques moulinets pseudo-keynésiens avant de rendre les armes et de se résigner, sans l'avouer jamais, à l'ordre néolibéral triomphant : la fameuse « parenthèse libérale » fut ouverte pour n'être jamais plus refermée. Ce retournement a montré à quel point les idées venues d'Amérique avaient gangrené la gauche de l'intérieur.

*

Y avait-il place pour une autre politique fondée sur l'industrie, la recherche, la reconquête des marchés à l'exportation ? Je l'ai cru. Je n'étais pas le seul. C'était l'avis de Jean Riboud, de Michel Jobert et, à l'époque, de Bérégovoy et de Fabius, les communistes n'entrant guère dans la querelle. Simplement, cette politique impliquait une sortie du franc du SME, ou du moins une forte dévaluation, au sein de celui-ci, par rapport au mark. Elle exigeait une grande confiance en nous et dans le ressort politique, civique et moral de la France. Elle était jouable : en 1982, la reprise se faisait sentir aux États-Unis et elle allait bientôt passer l'océan.

François Mitterrand avait été plus ou moins rallié au projet « industrialiste » par Jean Riboud[1], qui n'était pourtant pas un gauchiste. Il paraissait même bien introduit au sein de la banque Lazard. Le président de la République n'était pas sûr que cette politique fût possible. Il consulta et donna le sentiment d'hésiter au fond de lui-même. En face de lui : le Premier ministre, Pierre Mauroy, et son cabinet, avec Robert Lion et surtout Jean Peyrelevade, et le ministre de l'Économie et des Finances, Jacques Delors, adossés autant au Trésor et à la Banque de France qu'à la Commission de Bruxelles et à la chancellerie allemande. Bref,

1. Jean Riboud, ancien déporté, était le patron de la firme franco-américaine Schlumberger, l'une des grandes firmes mondiales dans le « parapétrolier ».

il y avait d'un côté quelques hommes isolés, affublés par Pierre Mauroy d'un sobriquet, « les visiteurs du soir », et, de l'autre, tout le poids de l'*establishment* économique et financier. Le Parti socialiste, comme le Parti communiste, était aux abonnés absents. Helmut Kohl voulait bien d'une petite dévaluation du franc, à condition de garder celui-ci prisonnier du SME qu'Otto von Lambsdorf, ministre allemand de l'Économie, m'avait décrit, quelques semaines auparavant, comme un « système de subvention à l'exportation au bénéfice de l'industrie allemande », les mini-dévaluations du franc ne compensant jamais la différence des taux d'inflation entre les deux pays.

François Mitterrand était certainement placé devant un choix difficile. Il pensa un moment à Pierre Bérégovoy pour mener l'« autre politique » après que Pierre Mauroy eut décliné l'offre, « refusant de conduire sur le verglas ». Plusieurs années plus tard, Pierre Bérégovoy me rappelait encore qu'il avait alors été, « pendant quarante-huit heures, Premier ministre de la France ». Après deux semaines d'atermoiements, Pierre Mauroy imposa, sans avoir l'air d'y toucher, sa politique ou plutôt celle de son cabinet et du ministre de l'Économie et des Finances, Jacques Delors. Celui-ci avait négocié l'affaire à Bruxelles après que François Mitterrand lui eut refusé Matignon dès lors qu'il revendiquait Rivoli par surcroît, c'est-à-dire les pleins pouvoirs. Pierre Mauroy demeura Premier ministre. Ce fut l'acte de naissance du « social-libéralisme ». L'essentiel, pour ceux qui avaient imposé ce tournant, était que la France restât accrochée au mark au sein du SME, enserrée dans un carcan que le Parti socialiste, encore dans l'opposition en 1978, avait alors dénoncé. C'est ainsi qu'on réformerait la France « par l'Europe[1] ».

Ou bien François Mitterrand, que sa culture ne portait pas vers les choses de l'économie, n'a pas voulu ce retournement qui lui aura été imposé par la technostructure et par l'aile libérale de son gouvernement ; ou bien il l'a au moins envisagé avant de s'y résigner. On ne saurait cependant que marquer la

1. Titre d'un livre de Jacques Delors, *La France par l'Europe*, Grasset, 1988.

différence avec la pratique de Jacques Chirac. Celui-ci, pour satisfaire aux critères de Maastricht, a renversé sa politique, en octobre 1995, cinq mois après son élection. Le « plan Juppé » qui résulta de cette décision lui a fait perdre les élections législatives de mai 1997. François Mitterrand, lui, a su attendre vingt-deux mois : peut-être était-ce là le laps de temps qu'il fallait pour « fatiguer le poisson », c'est-à-dire la gauche. Mais je ne crois pas que telle fut sa première intention.

Bien sûr, a posteriori, le choix de mars 1983, qui structurera toute la politique, notamment européenne, de François Mitterrand de 1984 à 1995, peut donner à penser le contraire, mais cet arbitrage irréversible en faveur du néo-libéralisme triomphant n'était sûrement pas ce qu'il avait voulu au soir de sa victoire de 1981. « Les hommes font l'histoire, dit Marx, mais ne savent pas l'histoire qu'ils font. »

*

Au reste, sur le moment, François Mitterrand ne parut pas très heureux du résultat. Il le justifia mollement par la nécessité de ne pas rompre la solidarité avec nos partenaires européens. Certes, il avait toujours eu deux fers au feu. Dans un livre de souvenirs[1], Helmut Kohl évoque le sommet de Copenhague de décembre 1982, peu après son accession à la chancellerie allemande, et « la volonté partagée avec [ses] amis français, avec à leur tête François Mitterrand, de donner un nouvel élan [au processus d'unification européenne]. Il fut convenu – poursuit-il – d'intensifier les relations germano-françaises et nous nous fixâmes pour but de créer le marché unique avant la fin 1992 ». Helmut Kohl corrèle étroitement cette décision avec celle prise en 1983 de faire stationner les missiles Pershing sur le sol allemand, et il ajoute : « Si la République fédérale n'avait pas consolidé la confiance de ses partenaires européens et

1. Helmut Kohl, *Je voulais l'unité de l'Allemagne*, Éditions de Fallois, 1997, p. 28.

américain en sa loyauté, ce qui s'est passé dans les années 1989-90 [la réunification allemande] n'aurait pas été possible. »

François Mitterrand n'était pas mû par la même volonté que le « géant noir » de faire l'unité de l'Allemagne. Il visait surtout à arrimer l'Allemagne à l'Ouest, ce qui, le moment venu, permettrait aussi d'encadrer son unité. Toujours est-il que jusqu'en septembre 1983, soit six mois après le « tournant libéral », il resta silencieux. Ce n'est qu'en 1984 qu'il imprima à sa politique le « grand tournant européen » que nous connaissons aujourd'hui : sommet de Fontainebleau et cadeau annuel reconductible du « chèque britannique » à Margaret Thatcher[1], choix de Roland Dumas comme ministre des Affaires européennes, c'est-à-dire comme maître d'œuvre de sa nouvelle politique, négociation de « l'Acte unique » (dit aussi traité de Luxembourg), le « Marché unique » devant ultérieurement conduire à la « monnaie unique ». Hubert Védrine a très bien décrit ce « changement de paradigme[2] ». Un projet en remplaçait un autre. Combien il fut dur, pour nous, d'avoir été vaincus sans avoir combattu !

Un grand intellectuel brésilien, Emir Sader, m'a confié en 2001 à Porto Alegre : « Vous savez, pour nous, ça a été terriblement démoralisant que d'entendre s'élever la voix de la France, en 1983, pour nous dire : "Il n'y a pas d'autre politique possible." Cela voulait dire qu'il n'y avait pas d'autre voie, à l'échelle mondiale, que celle que nous indiquaient M. Reagan et Mme Thatcher. »

---

1. *« I want my money back »* : Mme Thatcher obtint une considérable réduction de la contribution nette que la Grande-Bretagne aurait dû acquitter à la Communauté aux termes des traités européens.
2. Hubert Védrine, *Les Mondes de François Mitterrand*, Fayard, 1996.

CHAPITRE II

1983-1989

Bruxelles-Paris : le chemin le plus court pour la normalisation libérale

De la première période du gouvernement de la gauche (1981-1983) reste un riche bilan législatif (décentralisation, nationalisations, abolition de la peine de mort, vigoureuse impulsion donnée à la recherche et à la culture, etc.), mais aussi une décision prise presque par surprise, aux lueurs de l'aube : le blocage des salaires et des prix en juin 1982. Cette décision, combinée avec l'accrochage du franc au deutschemark décidé par Valéry Giscard d'Estaing en 1978 et confirmé en mars 1983 par François Mitterrand, anticipe sur la profonde modification, en France, du partage de la valeur ajoutée entre les salaires et les profits. On s'accorde à dire que de 1980 à 1990, la part des salaires a régressé de dix points dans le revenu national. Ce fut essentiellement, en France, le rôle de la gauche. Sans doute une correction était-elle nécessaire, car, depuis 1974, la progression des salaires avait continué comme avant, alors que le rythme de la croissance avait diminué de moitié. Mais, après mars 1983, la politique dite de « désinflation compétitive », associée aux noms de Jacques Delors et de Pierre Bérégovoy, déconnecta, en sens inverse, les salaires de la productivité. Après le tournant de la rigueur, la libéralisation de l'économie, le poids du chômage aidant, conduisit à faire des profits les seuls bénéficiaires des gains de productivité. Le balancier était reparti beaucoup trop loin dans l'autre sens.

François Mitterrand a ensuite justifié ce tournant radical comme une manifestation de l'« art de gouverner ». Il parlait comme Clemenceau en 1917, et impressionna les Français. L'Europe, nouveau grand dessein de la France, le commandait. Toute l'autorité qu'il avait acquise comme chef de la gauche depuis 1972 (et, en fait, depuis sa candidature de 1965), il la jeta dans la balance, et son immense prestige dans les couches populaires leur fit avaler – vaille que vaille – la potion amère. L'habileté de François Mitterrand fut de ne jamais admettre qu'il avait changé de cap. D'où, sans doute, l'expression de « parenthèse libérale » utilisée par Lionel Jospin, alors premier secrétaire du Parti socialiste. Ce que le salaire n'obtenait plus fut peut-être en partie compensé par l'augmentation des prestations sociales : tel était l'argument quelquefois employé par Jacques Delors sans qu'on pût se dissimuler que l'augmentation de la part de celles-ci reflétait d'abord celle des allocations de chômage. N'importe, même si le PS perdit les élections législatives de 1986 tout en limitant les dégâts grâce à la proportionnelle et à la bonne tenue d'ensemble du gouvernement Fabius, François Mitterrand garda la cote dans les couches populaires (48 % des ouvriers votèrent encore pour lui au premier tour de l'élection présidentielle de 1988). Et pourtant, le cap avait bel et bien changé, mais la conscience ne s'en fit sentir que plus tard...

Trois cents directives pour déréglementer

Le cap avait changé : on peut dire, pour résumer, que la politique mise en œuvre par Jacques Delors, devenu président de la Commission européenne en 1984, et par son successeur au ministère de l'Économie et des Finances, Pierre Bérégovoy, mit la France à l'heure du néo-libéralisme alors triomphant dans les pays anglo-saxons. Ce que Ronald Reagan faisait aux États-Unis et Margaret Thatcher en Grande-Bretagne – la libéralisation financière et la déréglementation des marchés de capitaux –, Bérégovoy et Delors le firent en France et en Europe en vertu de l'« Acte unique », avec le soutien mais aussi sous la pression de Thatcher et de Kohl. Jacques Delors le reconnaît sans barguigner : « [Arrivant à la tête de la Commission européenne], je leur ai dit [aux chefs d'État et de gouvernement] : "Vous avez fait un traité en 1957 pour faire un marché commun, mais, je regrette, vous ne l'avez pas encore fait… Et si vous l'aviez fait, nous serions plus vigoureux, plus dynamiques, nous ferions plus de croissance." Et cette idée se croisait avec l'époque – on est le Machiavel qu'on peut ! –, une certaine époque de dérégulations, de montée de l'économie de marché. Donc, elle a été acceptée… Madame Thatcher se disait : "En faisant cela, qui correspond à une partie de ma politique en Grande-Bretagne, je me place au cœur de l'Europe[1]." » Jacques Delors semble considérer qu'il a joué un bon tour à Mme Thatcher, mais, en réalité, c'est celle-ci qui a empoché la mise !

François Mitterrand feignait d'être étranger à ces choses compliquées qu'étaient la création du Matif (marché financier à terme) ou la loi de déréglementation des marchés financiers de 1986. J'étais alors ministre de l'Éducation nationale, très occupé à mes fourneaux et par conséquent assez éloigné des questions financières. Un jour, dans son bureau, il me dit : « Lisez cette lettre que m'envoie Bérégovoy [il s'agissait, si je me souviens bien, de mesures de détaxation fiscale dans le contexte européen]. Vous le connaissez assez pour savoir que ce n'est pas lui qui l'a écrite ! Il a simplement signé une lettre rédigée par ses services ! » Je ne demandais au fond qu'à le croire, car je n'imaginais pas que le tournant de 1983, si contraire à la logique d'une gauche fidèle au monde du travail, ne finirait pas un jour par être renversé. Je ne prenais pas assez garde à ce qui se tramait à Luxembourg où l'Acte

1. Les Amis de l'Institut François-Mitterrand, *Entretiens avec Jacques Delors*, *op. cit.*, p. 45-46.

unique négocié en 1985 par Roland Dumas prévoyait, sous le diktat de Mme Thatcher, une totale libéralisation des mouvements de capitaux, y compris à l'égard des pays tiers. Le même traité faisait de la Commission européenne la gardienne de la « concurrence », maître-mot érigé en dogme, au nom duquel furent désormais pourchassées et réprimées les politiques industrielles, et libéralisés les services publics.

En 1987, la droite, revenue au pouvoir, ratifia l'« Acte unique » : quelques mois seulement avant les législatives de 1986, un épais document de plusieurs centaines de pages avait été déposé à la place de chaque ministre, à l'ouverture du Conseil qui devait l'entériner sans qu'aucun des ministres présents n'ait pu le lire. Et quel était son contenu ? Ce n'était rien – nous dit Roland Dumas – que le « Marché unique », simple perfectionnement du « Marché commun » conclu en 1957. Le même discours fut tenu aux députés RPR par Jacques Chirac, alors Premier ministre, et son porte-parole, Jean de Lipkovsky, deux années plus tard, pour les convaincre d'y donner leur accord. Je fus moi-même dupe de cette présentation. Je ne me doutais pas que plus de 300 directives seraient prises en application du traité de Luxembourg afin de déréglementer complètement l'économie. Aussi bien me sentais-je vaguement tenu par l'aval (qui ne dit mot, consent) que j'avais donné en Conseil des ministres. L'« Acte unique » fut ainsi approuvé à la quasi-unanimité du Parlement (à l'exception des communistes). Soutenu par la droite, majoritaire à l'Assemblée, et par la gauche, loyale au précédent gouvernement qui l'avait négocié, le traité passa comme lettre à la poste, dans l'inconscience générale. Les députés n'y comprenaient goutte : nul ne leur expliqua les conséquences qu'allait avoir la libération des capitaux, encore assortie, il est vrai, d'une clause d'harmonisation fiscale préalable. Plus tard, en 1989, celle-ci sauta sous la pression de Helmut Kohl, malgré l'opposition de son ministre des Finances, Gerhard Stoltenberg, qui dut démissionner. On présenta aux députés français, comme une simple application du traité de Rome, le principe de la concurrence qui devint tout autre chose dès lors que la Commission européenne s'en empara pour l'appliquer en tous domaines moyennant le renfort de la Cour de justice des communautés européennes (CJCE) avec un dogmatisme digne de l'Inquisition espagnole. La mystification était complète et elle opère encore aujourd'hui sur beaucoup de bons camarades qui semblent n'y avoir vu que du feu ! Pierre Joxe, qu'un jour Didier Motchane et moi-même interrogions sur son ralliement à « l'Europe », nous répondit avec une moue significative et en levant les bras au ciel : « Il y avait une telle force d'agrégation ! » André Gauron, conseiller au cabinet de Pierre Bérégovoy, a fait justement remarquer qu'en confiant en dernier ressort à la Commission européenne le soin de veiller sur les règles de la concurrence, et en levant toutes les restrictions aux mouvements de capitaux à l'intérieur comme vis-à-vis des pays tiers, les États européens, à commencer par le nôtre, renonçaient à l'idée même d'une politique industrielle.

Un rapport de force déséquilibré entre le travail et le capital résulta de l'Acte unique et de son application. La voie était ouverte aux délocalisations industrielles et à la domination des marchés financiers. Je fus bien le seul à protester, en 1989, en Conseil des ministres, quand fut de surcroît abandonnée la clause d'harmonisation de la fiscalité sur l'épargne qui devait précéder la libération des capitaux. On ne peut pas démissionner tous les jours, mais je me jurai qu'on ne m'y reprendrait plus. Bérégovoy, me fut-il rapporté, aurait tenu en Conseil restreint la même position, mais s'était incliné devant la volonté du président, qui lui-même avait plié devant celle de Kohl[1]. Pour François Mitterrand, il fallait « faire l'Europe ». Pour le contenu, on verrait après. Il faisait spontanément « confiance aux institutions » – c'est-à-dire, j'imagine, aux forces sociales et politiques censées les mouvoir – pour redresser les choses au fil du temps. C'était oublier que, en vertu de la « méthode communautaire »,

---

1. Hubert Védrine, « Réunification allemande : au plus près des faits », in *Lettre de l'Institut François-Mitterrand,* 2009.

seule la technocratie de la Commission pouvait, grâce au monopole de la proposition que lui conféraient les traités, mouvoir les institutions européennes. De surcroît, nul n'avait encore mesuré toutes les conséquences de la jurisprudence de la CJCE qui, dès 1964, les gaullistes étant encore au pouvoir, avait affirmé dans un arrêt devenu célèbre (Costa c. Enel), l'autonomie et par conséquent la supériorité du droit communautaire sur le droit national. Le sujet était subalterne, mais la Ve République naissante n'y trouva pas à redire, alors que les juges de la CJCE s'attendaient à une levée de boucliers, comme leur président, le juge Pescatore, devait le confesser vingt ans après. C'est ainsi que dans la deuxième partie des années quatre-vingt le PS se rallia, sans l'avoir mesuré, à une forme d'intégrisme libéral qu'il se contenta de mâtiner au plan intérieur, quand la conjoncture le permettait, de quelques mesures inspirées par le « remords social » : RMI (revenu minimum d'insertion) en 1988, CMU (couverture médicale universelle) en 1999.

*

L'Acte unique voté en 1987 par un Parlement mystifié fit rapidement voir de quel bois il était fait.

La directive 88/361/EEC prise en 1988 par Jacques Delors et Pascal Lamy (alors son directeur de cabinet) prévoyait une totale libéralisation des mouvements de capitaux à l'été 1990, non seulement à l'intérieur de la Communauté européenne, mais également entre celle-ci et les États non membres (c'est devenu l'article 63 du traité de Lisbonne). Comment dire mieux qu'il n'y a aucune protection contre les agissements des *hedge funds* opérant pour la plupart à partir des paradis fiscaux ? On se plaint aujourd'hui de ce que nos banques sont contaminées par les produits toxiques, « dérivés » ou « structurés[1] », à travers d'obscures « titrisations » si complexes que seuls les mathématiciens

1. « Dérivés » : à partir de créances sous-jacentes ; « structurés » : en fonction d'options intéressant le client.

chevronnés qui les ont élaborées peuvent déterminer où se loge le « risque ». Mais d'où vient cette ouverture à tous les vents, cette porosité organisée, dont on s'avise seulement aujourd'hui, au seul bénéfice de la finance internationale ? Chaque traité européen porte la marque de ce libéralisme dogmatique, jusqu'au traité de Lisbonne qui reprend mot pour mot les termes de l'Acte unique encore répétés par la « Constitution européenne » de 2005 : « Les restrictions aux mouvements de capitaux comme aux paiements sont interdites aussi bien entre les États membres qu'entre ceux-ci et les pays tiers. » Péché capital (si je puis dire) ! Le droit du capital, fût-il étranger, à circuler d'un bout à l'autre du monde à la vitesse de la lumière, passe avant le sort des travailleurs assignés au local, comme jadis les manants à la glèbe ! Le stock des investissements français à l'étranger a été multiplié par onze de 1980 à 2006 (de 80 à 880 milliards d'euros) : faut-il se réjouir de l'exode de notre épargne ?

Cette politique aux effets incommensurables se décida et se fit à bas bruit, du moins dans les premières années. Nul, au départ, ne s'était avisé que Jacques Delors avait de surcroît introduit dans l'Acte unique l'horizon de l'union monétaire. Ce fut, nous dit-il, sa « bataille suprême[1] ». Cette perspective procédait d'un choix mûri par le président depuis qu'il s'était laissé imposer le tournant libéral de mars 1983.

La politique sociale-libérale, véritable tête-à-queue idéologique et politique pour la gauche, était devenue, en 1987, une politique bipartisane soutenue par la droite libérale comme par la gauche légitimiste. Commença l'ère de la pensée unique. Aux rudes affrontements du début du premier septennat succédait une étrange bonace. Les dirigeants socialistes allaient désormais pouvoir faire valoir aux yeux de l'*establishment* économique et financier que, pour faire la même politique que la droite, ils offraient une garantie de stabilité sociale infiniment plus sûre. Le choix européen de François Mitterrand donna au Parti socialiste un sursis de cinq ans. Mais, au-delà de cette

1. Jacques Delors, *Mémoires*, Pocket, 2004, p. 279.

illusoire prolongation, comme Faust, le Parti socialiste, en 1993, serait condamné. C'est le privilège des grands hommes de ne rendre de comptes qu'à l'Histoire, quitte à abandonner l'outil qui leur avait permis d'y accéder.

L'Europe et la vie des saints

« C'est l'Europe ! » nous disait-on. Il faut « faire l'Europe » ! « Foin de vos frilosités ! » Ce qui n'empêchait pas les mêmes de parler de « l'Europe-bouclier », de « l'Europe qui protège », etc. À chaque élection, ils crient « Europe sociale ! Europe sociale ! » en feignant d'oublier que les règles du jeu qu'ils ont eux-mêmes posées à la fin des années quatre-vingt leur interdisent toute initiative. En effet, ces règles, sur l'essentiel, ne peuvent être modifiées aujourd'hui dans le cadre de l'Europe à vingt-sept, sauf le jour où les poules auront des dents : il y faudrait en effet l'unanimité d'un nouveau traité.

J'ai réuni dans un petit livre[1] la somme d'incongruités sorties de la bouche d'à peu près toutes les Excellences socialistes – et bien sûr des autres – au moment du référendum sur le traité de Maastricht. Et les mêmes aujourd'hui nous chantent leur geste antilibérale. Ah, les bonnes âmes ! Ils se drapent dans une vertu que je ne leur ai jamais connue. « La crise est formidable ! » disent-ils : mais leur capacité d'amnésie l'est encore plus ! Il faudrait dresser un florilège comparé de leurs déclarations d'allégeance et de leurs vœux de conversion sincère à l'Europe libérale sur les plateaux de Maastricht, hier, comme autant d'actes de contrition prononcés par de jeunes nonnes au moment de leur prise de voile, rapportés à leurs frénétiques dénégations d'aujourd'hui et à la condamnation sans appel qu'ils font d'un système dont ils ont soutenu la mise en place.

En fait de cohérence, je suis tenté de faire une exception pour Jacques Delors. Jean Boissonnat raconte que, lors du

1. Jean-Pierre Chevènement, *Le Bêtisier de Maastricht*, *op. cit.*

débat opposant François Mitterrand et Valéry Giscard d'Estaing en 1981, il demande au premier : « Vous allez nationaliser toutes les banques ? » François Mitterrand lui répond sans hésiter : « Bien entendu ! » À l'issue de l'émission, Jacques Delors, qui accompagnait François Mitterrand, prend à part Jean Boissonnat et lui dit : « Quelle connerie vous lui avez fait dire ! Maintenant, on est coincés[1]. »

Jacques Delors, que je croisais déjà rue Guynemer, chez François Mitterrand, à la fin des années soixante, a toujours maintenu une cohérence, finalement assez rare, dans son discours, que ce soit au cabinet de Jacques Chaban-Delmas, à l'époque de la « Nouvelle Société », au gouvernement de Pierre Mauroy, de 1981 à 1984, ou comme président de la Commission de Bruxelles de 1984 à 1994. Certes, son bilan réel est dans les « blancs » du discours, et il est ce que nous voyons : il s'est fait le fourrier de la mondialisation libérale avec l'Acte unique, et le rempart de l'orthodoxie en acceptant l'indépendance de la Banque centrale européenne dans les négociations préparatoires au traité de Maastricht. Mais il l'a toujours fait avec une bonne conscience inaltérable : s'il donnait provisoirement les mains libres au capital, c'était pour mieux favoriser ensuite – disait-il – la négociation sociale, quitte à reconnaître ultérieurement l'affaiblissement des syndicats.

Jacques Delors est un maître en idéologie. Comme les communistes qui imputaient jadis les défauts de l'URSS à l'insuffisance de socialisme, il excellait et excelle encore à invoquer l'accélération de la construction européenne comme remède aux conséquences de la libéralisation. « Les conséquences de la mondialisation seraient beaucoup plus lourdes en l'absence de la construction européenne. C'est cela qu'il faut faire comprendre, et c'est une bataille d'idées essentielle. À court terme, le problème est qu'il a fallu, pour relancer l'Europe, accélérer l'unification du marché avec un temps d'avance sur la

1. Vincent Giret, Bernard Pellegrin, *Vingt ans de pouvoir (1981-2001)*, Seuil, 2001, p. 135.

construction de l'espace commun. Cela crée un déséquilibre pour différentes catégories sociales. Mais la réponse ne peut être qu'un effort accru de construction de l'espace social et le développement de la coopération économique[1]. » Cet aveu fait jadis ne l'empêche pas aujourd'hui de se prévaloir d'une prescience imaginaire, comme si les difficultés actuelles procédaient de ce que les dirigeants politiques de l'époque ne l'avaient pas assez écouté.

Dès son élection comme président de la Commission européenne, Jacques Delors déclare devant le Parlement de Strasbourg, le 14 janvier 1985 : « Ayant été à votre Assemblée, ayant présidé une de ses commissions, chargée en particulier de la libre circulation des personnes, des biens, des services et des capitaux, j'ai soutenu les efforts de ceux qui s'indignaient à juste titre de l'ampleur et de la persistance des obstacles. C'était, c'est encore une sorte d'Europe fédérale qui n'offre que barrières, douanes, formalités, embarras bureaucratiques. Dès lors, est-il présomptueux d'annoncer puis d'exécuter la décision de supprimer toutes les frontières à l'intérieur de l'Europe d'ici 1992 ? Huit années pour réaliser cette suppression, c'est le temps de deux Commissions[2]. »

Delors est peu disert sur l'essentiel : « L'Acte unique était… sans graisse… précis, ce qui n'est pas le cas du traité de Maastricht. Il disait bien ce qu'on devait faire et ne pas faire[3]. » Mais Delors est infiniment bavard sur le dialogue social, la décentralisation, les aides régionales – il est vrai substantiellement revalorisées –, l'éducation à la sauce démocrate-chrétienne, toutes politiques censées mettre un peu de confiture sur une tartine sans beurre. Le discours de Delors est un prêche sans fin pour exhorter les malades à supporter leurs

---

1. Jacques Delors, *La France par l'Europe*, *op. cit.*, p. 262.

2. Jacques Delors, *Le Nouveau Concert européen*, Éditions Odile Jacob, 1992, p. 30.

3. Charles Grant, *Delors, architecte de l'Europe*, Éditions Georg, 1995, p. 107, interview de l'intéressé, 19 mai 1993.

souffrances et les agonisants à se tourner vers la vie céleste que leur réservera, s'ils y croient assez, l'Europe supranationale de demain, encore aujourd'hui menacée par « le retour des démons[1] » (sic).

Jacques Delors a fait l'objet d'une abondante et assommante littérature. On croirait lire un chapitre (que dis-je, plusieurs chapitres !) de la vie des saints. Il apparaît lui-même en couverture, le front nimbé d'étoiles d'or… Son discours pieux déconnectait parfaitement l'économique et le social. Sans doute était-il persuadé que l'autorégulation des marchés tendait naturellement à favoriser la croissance qui, seule, pouvait nourrir le social. Il ne s'avisait pas que la libération des capitaux à l'échelle mondiale favoriserait sans doute la croissance en Chine et dans les pays à bas salaires, mais aussi les délocalisations industrielles en France. Son disciple Pascal Lamy, à la tête de l'OMC, raisonne pareillement dans une économie libérale mondialisée, pure et parfaite, en s'imaginant qu'on peut délocaliser les agricultures, les paysanneries et les sociétés pour permettre l'allocation optimale des ressources. À l'un comme à l'autre, l'idéologie dominante ne demandera jamais de comptes. Ils ont déjà leur place dans l'Histoire, vêtus de probité candide et de lin blanc. L'histoire telle qu'on l'écrit et qu'ils l'ont écrite les a déjà transformés en icônes. Tout au plus concèdent-ils que, pour avancer, ils ont dû composer avec les « vents dominants » de la mondialisation.

J'aime ces deux-là : leur dogmatisme libéral sans peur et sans reproche, tout enrobé qu'il puisse être de bonne conscience chrétienne moralisante, fait plaisir à voir, comme l'archétype d'une totale inconscience (car je ne puis retenir l'hypothèse d'une hypocrisie parfaite qui pourrait s'exercer ainsi à découvert, de manière « libre et non faussée »).

Outre la liberté totale des mouvements de capitaux et l'indépendance de la Banque centrale européenne – leurs deux péchés capitaux –, les sociaux-libéraux ont posé toutes les

1. *Ibid.*, p. 285.

règles sur lesquelles prospèrent les inégalités qu'eux ou leurs successeurs font aujourd'hui profession de vouloir combattre :

- une fiscalité minorée pour les revenus du capital (Bérégovoy, 1990) ;
- un régime plus que confortable pour les stock-options (Strauss-Kahn, 1998) ;
- l'interdiction de toute défense « nationale » contre les OPA, formulée par la directive Bolkestein, elle-même votée à Strasbourg par le PSE, y compris par les socialistes français.

Une douce amnésie recouvre ce riche bilan qu'il me serait facile d'étoffer. Nul ne s'étonne que ces grands prêtres de l'orthodoxie sociale-libérale puissent aujourd'hui s'ériger en procureurs du néo-libéralisme en crise sans qu'au sein du Parti socialiste une voix claire se soit fait entendre pour leur demander d'abjurer d'abord leurs erreurs, ou du moins de procéder à un petit examen de conscience. Ce serait la moindre des choses pour des sociaux-chrétiens !

CHAPITRE III

1989-1995
Le pari pascalien de François Mitterrand

François Mitterrand n'a certainement pas vu qu'il ouvrait la voie, au milieu des années quatre-vingt, à la mondialisation financière. Il flétrissait dans ses discours « ceux qui s'enrichissent en dormant », mais ne semblait pas mesurer la fragilité d'une croissance alimentée par la Bourse. Les vagues de la spéculation venaient battre sa porte : c'était un phénomène naturel dont il ne paraissait avoir cure. C'est ainsi qu'il a fait son ministre de la Ville d'un repreneur d'entreprises dont les dons éclatants en matière de communication semblaient éclipser le reste à ses yeux. Il fit sien, après 1983, le mythe de la Silicon Valley (start-up, capital-risque, etc.) ; il ne s'est pas avisé que ce mythe allait de pair avec le modèle du capitalisme financier et que ces « start-up » ne pourraient décoller que portées par l'envol de la Bourse.

La malchance des temps a voulu que François Mitterrand inscrive son action dans le cycle du néo-libéralisme américain. Il est mort trop tôt pour avoir vu l'éclatement de la bulle technologique (2000), et plus encore la crise des subprimes (2008). Les a-t-il pressentis ? Les accents vengeurs du discours d'Épinay contre « l'argent qui pourrit tout, jusqu'à la conscience des hommes », retentiront encore longtemps dans le souvenir de ceux qui les entendirent. De temps à autre, ces accents familiers revenaient : ils rappelaient les temps anciens, mais surtout les électeurs de gauche à leur devoir électoral…

François Mitterrand n'a pas pu anticiper la mondialisation dont, avec l'Acte unique, il avait pourtant institué le cadre en Europe. Il n'a pu mesurer la portée de l'accord sino-américain ni la ruée des multinationales vers la Chine, ses bas coûts de production et son immense marché. Sans doute a-t-il pressenti la montée de la Chine, mais pas l'effet d'éviction qu'allait provoquer, dans les vieux pays industriels, l'invasion de produits fabriqués à très bas coûts par des multinationales mettant les territoires en concurrence. Il n'a pas vu venir les délocalisations industrielles, qui étaient pourtant le résultat mécanique de la politique mise en œuvre à partir du tournant de 1983 (libéralisation de l'économie, monnaie forte, fin de la « politique industrielle »). Mais pouvait-il faire autrement qu'« épouser le cycle » ? Le temps d'une génération sépare le tournant libéral des années quatre-vingt et la crise « systémique » de 2008-2009.

Il y a – mais ce n'est là que mon point de vue – plusieurs manières de faire, avec son temps. L'essentiel est d'abord de le comprendre.

François Mitterrand a, de fait, installé la France dans un chômage de masse sans remettre en cause les postulats du néolibéralisme. Il prétendait « avoir tout essayé ». En fait, il n'a pas cru praticable la politique industrialiste que je lui proposais en 1983, pourtant parfaitement compatible avec l'ouverture sur le marché mondial. A-t-il vraiment anticipé ce que pouvaient être l'effet d'entraînement des entreprises publiques sur le tissu industriel, et les synergies qu'à l'aide des financements publics on pouvait créer entre l'industrie et la recherche ? C'était une « autre politique » qui eût constitué une vraie rupture avec la logique du capitalisme financier, mais François Mitterrand n'a pas voulu d'une politique qui, disait-il, nous eût « isolés en Europe ». « Vous vouliez faire le Gosplan ! » me dit-il quelques années plus tard pour me taquiner. Mais cette boutade reflétait l'idée constamment rebattue, et dont il avait fini par se convaincre, qu'il n'y avait « pas d'autre politique possible ».

Je me souviens qu'il était venu, fin avril 1968, à un colloque du Ceres intitulé « Pour une politique industrielle », à Saint-Germain-des-Prés[1] : nous y explicitions le sens des nationalisations industrielles, auxquelles il fut procédé quatorze ans plus tard, à travers le projet de créer des champions français compétitifs à l'échelle mondiale dans une stratégie de croissance « à la japonaise ». François Mitterrand, qui avait alors autre chose à faire, ne détestait cependant pas perdre son temps en compagnie de jeunes gens qui, de surcroît, à l'époque, ne l'abreuvaient pas d'injures. Il loua notre esprit imaginatif. Mais quand, en février 1982, la loi portant les nationalisations fut promulguée, il posa, le jour même, le principe de « l'autonomie de gestion » des entreprises nationales. Ce faisant, il ne rendait pas facile la tâche du ministre de l'Industrie !...

Que peut-on faire, dans ces conditions ? François Mitterrand n'a pas cru que la France pouvait jouer son propre jeu entre l'Allemagne, le Japon et les États-Unis, ni inventer son propre modèle. Le paradoxe veut qu'en déclarant « choisir l'Europe » il ait finalement ouvert la voie au capitalisme financier anglo-saxon sur le continent.

L'Europe est aux nations ce que l'infini est au fini

Comme Pascal pariant sur l'au-delà, François Mitterrand a parié sur « l'Europe », quand il a choisi de composer avec ce que Jacques Delors a appelé « les vents dominants » de la mondialisation. Pour abandonner le dessein de la transformation de la société française qui l'avait porté au pouvoir, il argua moins de la désuétude du cadre national qu'il ne reporta sur l'Europe l'espoir en des « lendemains qui chantent ». Au « projet socialiste » petit-bras succédait le pari grandiose sur un au-delà des

1. *Cahiers du Ceres* n° 3, « Pour une politique industrielle », avril 1968.

nations appelé « Europe ». François Mitterrand intima à sa manière aux Français, comme Pascal l'avait enseigné aux gens de bonne foi : « Dieu est ou il n'est pas. De quel côté pencherons-nous ? Il faut parier ! Cela n'est pas volontaire. Vous êtes embarqué... Pesons le gain ou la perte. Si vous gagnez, vous gagnez tout ; si vous perdez, vous ne perdez rien. Gagez donc qu'il est, sans hésiter[1] ! »

À côté de la misère des nations telle que les deux guerres mondiales du XXe siècle l'avaient révélée, l'Europe, selon François Mitterrand, apparaissait, comme Dieu chez Pascal, « une infinité de vie infiniment humaine à gagner ». Il conforta la téléologie de l'Europe : une finalité supérieure dispense de s'interroger sur les maux qu'elle fait endurer pour y parvenir. L'Europe est aux nations ce que l'infini est au fini. Et pour ceux qui refusent de croire à l'Europe, là encore Pascal apporte la solution : « Votre impuissance à croire [...] vient de vos passions [nationales] » [...] « Travaillez donc à vous convaincre par la diminution de vos passions. Vous voulez aller à la foi, mais vous n'en savez pas le chemin. Suivez la manière dont ceux qui parient ont commencé : c'est en faisant tout comme s'ils croyaient, en prenant de l'eau bénite, en faisant dire des messes, etc. »

Ainsi non seulement la gauche mais le peuple tout entier furent-ils conviés à communier dans le nouveau culte : on sortit, aux frontons des mairies, les drapeaux européens (douze étoiles d'or sur fond bleu, le drapeau de Marie). L'Association des maires de France, dans ses congrès, fit retentir, après *La Marseillaise*, *L'Hymne à la joie*. Jean Monnet panthéonisé, Robert Schuman sera bientôt béatifié. Chacun doit comprendre qu'il n'y a rien de commun entre les horreurs perpétrées hier par le choc des nationalismes et la félicité à laquelle nous promet l'Europe postnationale. « Dans ce chemin, vous verrez tant de certitude du gain et tant de néant de ce que vous hasardez, que vous connaîtrez à la fin que vous avez parié pour

1. Pascal, *Pensées*, Gallimard, « La Pléiade », p. 953-957.

une chose certaine, infinie, pour laquelle vous n'avez rien donné... »

Ce pari pascalien était le seul moyen, pour François Mitterrand, de donner sens à son premier septennat arrivé à mi-parcours. Et ce fut plus vrai encore du second : son dernier sursaut – celui de Maastricht – en 1991-92 fut celui d'une bête blessée qui ne voyait plus de salut pour la France que dans la fuite en avant dans « l'Europe ».

La question allemande

Ce fut certainement aussi pour lui une façon de conjurer ce que certains appréhendèrent bientôt comme « le retour de Bismarck ». François Mitterrand ne croyait sans doute pas possible la réunification de l'Allemagne à si bref délai (six ans après le « tournant libéral » de 1983). Il pensait que la division allemande était ancrée dans le partage de l'Europe entre les deux blocs. En soutenant Kohl contre Lafontaine dans la crise des euromissiles de 1983, il ne pensait nullement rapprocher l'échéance de la réunification, et son souci de maintenir l'Allemagne dans l'OTAN, exprimé dans une lettre à Bush père, à la fin de 1989, visait plutôt à canaliser et contrôler le processus.

Mais François Mitterrand, si hanté qu'il fût par le souvenir de la « Grande Allemagne », était un homme beaucoup trop avisé pour s'opposer à l'unification allemande dès lors que l'Histoire, à nouveau, s'était remise en marche. Il savait non seulement ne pas en avoir les moyens, mais que c'eût été pécher contre l'esprit qui devait désormais prévaloir dans les relations entre les deux peuples. Quelques jours avant la chute du Mur – je l'accompagnais à Bonn –, il s'y déclara favorable à condition que la réunification se passe « démocratiquement et pacifiquement ». Cela ne veut pas dire qu'il la désirait, à l'instar de Kohl, mais il savait, en homme d'État, que la France ne devait pas s'y opposer. C'eût été faire resurgir un conflit de peuple à peuple dont il ne voulait pas. La clé était en fait à Moscou. Cela, François Mitterrand ne pouvait pas l'ignorer : d'où sa rencontre à Kiev avec Gorbatchev, début décembre 1989 et sa prise de distance progressive avec les positions de Mme Thatcher, carrément hostile à cette réunification.

*

François Mitterrand a conçu sa politique européenne à une époque – au début et au milieu des années quatre-vingt – où la France exerçait encore, pour des raisons géopolitiques liées à la guerre froide, un rôle militaire et politique majeur sur le continent : l'Allemagne, divisée, restait tributaire de ses alliés occidentaux pour sa sécurité.

Depuis les débuts de la construction européenne, la France était, en Europe continentale, l'incontestable leader politique. Sa situation, depuis 1945, avait été en apparence rétablie. À côté de l'Allemagne nazie et de l'Italie fasciste vaincues, elle se retrouvait, grâce au général de Gaulle et à Churchill, au rang des vainqueurs : deux zones d'occupation lui avaient été dévolues, en Allemagne et en Autriche. Elle était membre permanent du Conseil de sécurité. Son empire, enfin, lui avait été – momentanément au moins – conservé. Au fil des décennies, cependant, ce leadership s'était affaibli. À l'« Union française » avait succédé, en Asie et en Afrique, l'ère des indépendances (1954-1962). Surtout, l'Allemagne avait rétabli son économie et sa monnaie plus vite qu'elle. Certes, il y eut aussi des réalisations françaises remarquables sous les « Trente Glorieuses », et cela dès la IVe République, mais le redressement économique allemand avait été si spectaculaire que, très rapidement, le mark s'affirma comme une devise forte. À côté, le franc faisait pâle figure. En 1958, cependant, le retour au pouvoir du général de Gaulle parut mettre un terme aux années de faiblesse qui avaient caractérisé la IVe République. La France fut dotée d'institutions stables et fortes, d'une défense et d'une politique étrangère indépendantes, et d'un nouveau franc plus fiable que l'ancien. Le traité de l'Élysée, en 1963, tenta de donner à l'Europe une tête indépendante. Mais ce fut un échec dans lequel Jean Monnet eut sa part[1], car l'Allemagne, divisée, attendait de Washington, et non de Paris, sa réunification.

Sur le plan monétaire, enfin, on le vit dès 1968-69, le franc et le mark ne jouaient pas dans la même catégorie : dans la crise monétaire de l'automne 1968, la Bundesbank se refusa à soutenir le franc, et tous les successeurs du général de Gaulle durent le dévaluer tour à tour.

*

François Mitterrand savait bien qu'en politique il n'y a jamais rien d'« irréversible ». La question allemande était posée depuis 1945 avec la division de l'Allemagne entre les deux blocs. C'était par excellence celle dont dépendait l'avenir de l'Europe. L'Union soviétique, depuis la fin de la Deuxième Guerre mondiale, avait toujours pensé à monnayer l'unité de l'Allemagne contre sa neutralisation. Cette politique, initiée par Staline, avait subi un premier échec, en 1949, avec le blocus de Berlin, qu'il lui avait fallu lever, et un deuxième, en 1961, quand ses successeurs avaient dû se résigner à construire un mur à travers la ville pour consolider le régime de la RDA.

Mais cette idée – la neutralisation de l'Allemagne contre sa réunification – n'avait jamais quitté l'esprit des dirigeants soviétiques : après Staline et Beria, Khrouchtchev avait tenté un moment, en 1963-64, d'en reprendre le dessein avec le chancelier allemand Ludwig Erhard. Il avait même envoyé son gendre, Adjoubei, en septembre 1964, à Bonn pour « tâter le terrain ». C'était un mois avant son éviction, dont la raison pourrait bien avoir été le retournement stratégique qu'il entendait opérer : rompre avec la Chine, renouer avec l'Allemagne[2].

---

1. J.P. Chevènement, *La Faute de M. Monnet*, Fayard, collection « L'Idée républicaine », 2006.

2. Benedikt Schoenborn, *La Mésentente apprivoisée. De Gaulle et les Allemands, 1963-1969*, Publications de l'IHEI de Genève, PUF, 2007.

Cette politique allemande de l'Union soviétique, que caressait encore Andropov au début des années quatre-vingt, avait trouvé un certain répondant en Allemagne même : au sein du SPD, Kurt Schumacher, son premier président, avait évoqué quelquefois l'hypothèse d'une Allemagne neutre dans l'immédiat après-guerre, mais c'est surtout l'« Ostpolitik » initiée par Willy Brandt et Egon Bahr dans les années soixante-dix qui avait tenté d'explorer les voies d'un rapprochement germano-soviétique au travers de la reconnaissance des régimes de l'Est et la conclusion de traités d'État à État.

Cette orientation fut défaite au début des années quatre-vingt à travers la crise des euromissiles et la victoire de Helmut Kohl aux élections de mars 1983. Kohl n'hésitait pas à faire le procès de cette politique du SPD, propre, selon lui, à consolider le statu quo, et donc la division de l'Allemagne. Ses adversaires sociaux-démocrates voyaient bien sûr les choses tout autrement. Querelle de politique intérieure : en fait, les deux grands partis, le SPD et la CDU, divergeaient surtout sur la méthode qui permettrait de rapprocher l'heure de l'unité allemande. Le SPD comptait sur la diplomatie ; Helmut Kohl faisait d'abord confiance à la puissance économique sans cesse croissante de l'Allemagne pour pouvoir un jour monnayer l'unité allemande vis-à-vis d'une URSS déclinante. Et l'Histoire lui a donné raison.

C'est en effet une URSS affaiblie qui est venue à sa rencontre. Mais, quand Gorbatchev se rendit à Bonn en juin 1989, il n'en était pas encore conscient. L'URSS était affaiblie par la contestation politique dans les démocraties populaires, et d'abord en Pologne, en Tchécoslovaquie et en Hongrie. Affaiblie aussi, économiquement, par l'inconsistance des « réformes » envisagées au nom de la *perestroïka*. Affaiblie politiquement, enfin, en URSS même, par le surgissement d'adversaires et de rivaux de Gorbatchev au fur et à mesure que le régime s'ouvrait au pluralisme et à la liberté d'expression, mais laissait aussi s'installer un certain désordre. C'est pour résoudre le problème de ses « oppositions » dans les démocraties populaires, et d'abord dans la RDA de Honecker, que Gorbatchev a repris la vieille politique soviétique envers l'Allemagne, conçue au temps de Staline, mais dans un contexte tout différent : alors que Staline voulait dissocier l'Allemagne et plus généralement l'Europe occidentale des États-Unis, Gorbatchev souhaitait se rapprocher de l'Occident en général, c'est-à-dire à la fois de l'Allemagne et des États-Unis. Gorbatchev a donc joué simultanément la carte allemande et la carte de la libéralisation du camp soviétique, au prix de la liquidation des vieilles équipes néostaliniennes (Ceausescu) ou brejnéviennes (Honecker). Pour faire bref, on dira qu'il s'est pris les pieds dans le tapis en appliquant la politique qui était encore celle d'Andropov, quelques années plus tôt, mais dans une perspective radicalement différente.

L'Allemagne fédérale réserva un accueil triomphal à Gorbatchev en juin 1989. Quand Helmut Kohl, en août-septembre de la même année, négocia un accord avec les dirigeants gorbatchéviens de la Hongrie, Gyula Horn et Klaus Nemeth, pour permettre le passage des réfugiés est-allemands à la frontière austro-hongroise, ce fut avec la bénédiction de Gorbatchev, sans doute encore enivré de ses succès médiatiques sur les bords du Rhin. Helmut Kohl sut récompenser la Hongrie de la brèche ainsi créée dans le rideau de fer par un prêt de 500 millions de DM et par la promesse de faciliter son adhésion ultérieure à la Communauté économique européenne. « Dans le triangle Moscou-Budapest-Bonn, écrit Helmut Kohl dans ses mémoires, se prennent en secret des décisions historiques[1]. » De là va en effet découler l'éviction de Honecker au profit d'Egon Krenz : « Celui qui arrive en retard est puni par la vie », avait déclaré Gorbatchev à Berlin pour le quarantième anniversaire de la RDA, en octobre 1989. Le mois suivant, ce fut la chute du Mur.

1. Helmut Kohl, *Je voulais l'unité de l'Allemagne*, *op. cit.*, p. 66.

Enlever à l'Allemagne son mark

François Mitterrand comprit très vite, en 1989, que l'Allemagne allait devenir, grâce à sa population, son industrie et sa position géocentrée au cœur du continent, le « numéro un » en Europe, comme le murmurait déjà Helmut Kohl. À travers le projet d'union monétaire européenne, dès avant la réunification allemande, François Mitterrand déclarait déjà – en privé – vouloir enlever à l'Allemagne son mark, dans lequel il voyait le ressort essentiel de sa puissance. S'est-il avisé que l'Allemagne, à travers l'euro et l'indépendance de la Banque centrale, allait imposer un mark-bis à toute l'Europe ?

Cette idée ne devait pas le gêner outre mesure, car, comme l'a bien montré André Gauron, François Mitterrand avait accepté les conditions allemandes avant même la réunification de l'Allemagne. Jacques Delors rapporte benoîtement dans ses mémoires que Helmut Kohl, au début de 1988, l'ayant invité à déjeuner avec Pascal Lamy dans un très bon restaurant de Ludwigshafen dont la spécialité, appréciée du chancelier, était la panse farcie, lui dit à propos du comité chargé de faire des propositions sur l'union monétaire : « C'est à toi de le présider ! » À quoi Jacques Delors lui répondit : « Dans ce cas, il faut parler de sa composition. » « Et j'ajoute, poursuit Jacques Delors, que j'y verrais les gouverneurs des banques centrales[1]. » La proposition fut avalisée au Conseil européen de Hanovre en juin 1988.

Jacques Delors minimise son rôle en rappelant les remarques publiques de Karl Otto Pöhl à l'issue des travaux du Comité : « Delors a été plus souple que je ne l'avais pensé, et mes craintes ne se sont pas pleinement matérialisées. La substance du rapport vient des gouverneurs, non de Delors. Sa contribution a été modeste et pourtant c'est nous qui avons fait sa réputation[2]. »

1. Jacques Delors, *Mémoires*, Plon, 2003, p. 412.
2. *Ibid.*, p. 421.

Le « rapport Delors », qui reprend les règles annoncées préalablement par le président de la Bundesbank, Karl Otto Pöhl[1], a été adopté au Conseil européen de Madrid en juin 1989. Ce rapport distingue entre, d'une part, l'« union monétaire » (fixation irrévocable des parités) et, d'autre part, la « monnaie unique » (qui implique l'abandon des monnaies nationales), les échéances étant renvoyées à une date ultérieure. Il rejette l'idée d'une monnaie commune (ou « parallèle » aux monnaies nationales) soutenue par la Grande-Bretagne, mais relayée en France, *mezza voce*, par Pierre Bérégovoy. D'autres voix se sont élevées dans le même sens à cette époque : celle d'Edouard Balladur et la mienne, car le choix de la monnaie unique impliquait une unité politique, c'est-à-dire un saut dans le fédéralisme, complètement irréaliste. Le « rapport Delors » organise ensuite un système européen de banques centrales auquel il fixe un objectif unique : la lutte contre l'inflation. Il ne mentionne pas la possibilité d'une politique de change commune. Il pose la règle de l'indépendance absolue de la Banque centrale européenne et proscrit le financement des États par la « planche à billets ». Seul – mais, pour les Allemands, c'était capital – le calendrier de la monnaie unique n'était pas alors fixé.

« La France ne peut pas s'isoler »

« Lorsque Pierre Bérégovoy, rapporte André Gauron, alors son conseiller, fait part au président de la République des réserves que lui inspire le rapport Delors, François Mitterrand lui demande simplement s'il dispose d'alliés susceptibles de soutenir une autre solution. » « La France ne peut pas s'isoler », ajoute le président[2]. C'est avec un tel raisonnement que la

1. K.O. Pöhl, « La vision d'un espace monétaire », in *Frankfurter Allgemeine Zeitung,* 28 mai 1988.
2. André Gauron, *L'Empire de l'argent*, Desclée de Brouwer, 2002, p. 173.

France avait déjà accepté de Margaret Thatcher la liberté complète des mouvements de capitaux, y compris vis-à-vis des pays tiers (traité de Luxembourg (1985), dit « Acte unique »), et, du gouvernement allemand, l'absence d'harmonisation préalable de la fiscalité de l'épargne (1988). Ainsi donc, dès juin 1989, la France avait déjà accepté un projet de monnaie unique aux conditions fixées par l'Allemagne. Rien ne permet aujourd'hui à Jacques Delors de prétendre avoir proposé un gouvernement économique et financier en face de la Banque centrale[1]. Seul manquait au projet du comité Delors le calendrier de la monnaie unique. Serait-ce pour Pâques ou pour la Trinité ? Karl Otto Pöhl, conscient que la monnaie unique, dans un espace économique hétérogène, était avant tout une monnaie politique, répétait à qui voulait l'entendre qu'en 2000, c'est-à-dire onze ans plus tard, les Allemands continueraient de « payer en marks ». Bref, rien encore n'était fait.

La chute du Mur et le forcing de Helmut Kohl

Au sommet européen de Strasbourg des 8 et 9 décembre 1989, François Mitterrand va engager toutes ses forces, vis-à-vis du chancelier allemand, pour obtenir, à travers la réunion d'une conférence sur l'unité monétaire européenne, la fixation d'un calendrier pour la réalisation de la monnaie unique. Tout s'est passé comme s'il avait voulu devancer – et accompagner – la réunification de l'Allemagne par une accélération de l'intégration monétaire européenne. Le moins qu'on puisse dire est que le chancelier Kohl et le président de la Bundesbank, eux, n'étaient pas pressés : les épargnants allemands se souvenaient encore, paraît-il, de la confiscation de l'essentiel de leurs avoirs en banque à l'occasion de la création du deutschemark, quand elle leur avait été imposée par les Américains en octobre 1948. Ils tenaient au mark fort et craignaient sa dissolution dans une

1. Jacques Delors, *Le Nouvel Observateur* du 13 au 19 mai 2010, p. 62.

monnaie européenne plus faible. André Gauron a expliqué cette préférence ancienne pour le mark fort par le fait que les Allemands prenaient leurs vacances dans les pays méditerranéens traditionnellement à monnaie faible, mais il est à cet attachement bien d'autres raisons sur lesquelles nous reviendrons. Kohl aurait bien voulu traîner les pieds, mais il était prisonnier d'une contradiction : pour mener à bien la réunification, il avait besoin du soutien des autres pays européens, à commencer par la France.

Or, François Mitterrand a été surpris par le forcing avec lequel le chancelier orchestra les événements qui devaient conduire à l'unité allemande, par glissements successifs, après la chute du Mur, au fur et à mesure que se précipitait la désagrégation de la RDA : le chancelier annonce son plan en dix points en novembre 1989 – il réclame et obtient de Hans Modrow, successeur d'Egon Krenz à la tête de la RDA, l'organisation d'élections libres en Allemagne de l'Est le 18 mars 1990. Auparavant, le 17 janvier 1990, Jacques Delors lui avait donné un sérieux coup de main en proposant officiellement d'accueillir l'Allemagne de l'Est dans la Communauté européenne. Le chancelier Kohl prend alors sur lui d'annoncer l'unification monétaire allemande pour le 1er juillet. Les Länder de l'Est reconstitués votent leur adhésion à la RFA le 3 octobre, devenu depuis lors « jour de l'Unité » et fête nationale de l'Allemagne. Ainsi, moins d'un an sépare la chute du Mur de la réunification allemande.

Il n'est pas sans intérêt de remarquer que Helmut Kohl a toujours su faire jouer l'argument des « espèces sonnantes et trébuchantes », tant vis-à-vis d'Egon Krenz, le successeur de Honecker, dès avant la chute du Mur, qu'ultérieurement, vis-à-vis des nouveaux dirigeants de la RDA, pour arracher leur acquiescement aux modalités de la réunification. Et, de la même manière, il a obtenu l'accord de Gorbatchev, en juillet 1990, sur le maintien de l'Allemagne dans l'OTAN et le retrait accéléré des troupes soviétiques stationnées en RDA, pour la somme finalement assez modique de 15 milliards de DM.

Il suffit de mettre en regard les transferts annuels de 100 à 120 milliards de DM opérés de la RFA à l'ex-RDA tout au long des deux décennies qui ont suivi la réunification : c'est presque l'équivalent de son PNB annuel que l'Allemagne fédérale a tiré d'elle-même pour intégrer les Länder de l'Est. Prodigieux effort, qui n'a été en définitive guère contesté par les électeurs, pour acquitter le prix de l'unité allemande ! Puissance du sentiment national !

Que sont, en regard, les quelques kopeks obtenus, à la veille de l'effondrement de l'Union soviétique, par Gorbatchev ? À peine 1 % des transferts interallemands ! Le PNB de la Russie allait quant à lui régresser de moitié de 1990 à 2000 ! Le prix des thérapies de choc libérales s'est révélé infiniment plus lourd que, en sens inverse, les aumônes consenties à Gorbatchev par la RFA.

Rétrospectivement, Helmut Kohl évoque le chantage que Gorbatchev aurait pu exercer à son encontre au début de 1990 en lui mettant clairement en main le marché : la réunification, oui, mais en échange d'une neutralisation qui eût conduit l'Allemagne à sortir de l'OTAN. Si Gorbatchev ne l'a pas fait, c'est que l'Union soviétique, au stade terminal, voulait à tout prix se rapprocher des États-Unis et n'avait plus la force de concevoir une politique qui eût consisté à opposer l'Allemagne à ceux-ci. Fallait-il que la décadence de l'Empire soviétique fût extrême pour que cette politique, encore jouable au début de 1989, ait été jugée périmée un an plus tard !

La suprême habileté de Helmut Kohl aura été de comprendre beaucoup plus vite que les autres dirigeants occidentaux la profondeur de la débâcle soviétique, et d'utiliser à fond la relation personnelle qu'il avait su adroitement tisser avec Gorbatchev. Face au défi qu'était une réunification de l'Allemagne inévitablement déstabilisatrice pour l'équilibre européen, et dont l'issue aurait pu être une nouvelle guerre avec l'URSS sur notre continent, François Mitterrand, pour sa part, chercha une réponse dans l'accélération du processus, déjà engagé, de l'unification monétaire et politique de l'Europe.

François Mitterrand était trop fin politique pour ne pas mesurer non seulement l'inéluctabilité de la réunification allemande, mais l'irréversibilité du processus engagé en RDA dès lors que Gorbatchev lui fit comprendre, dès le 14 novembre 1989, qu'il ne réagirait pas à la chute du Mur. Dans ses mémoires, Helmut Kohl dresse un tableau assez suspicieux de l'action de François Mitterrand, qui n'aurait, selon lui, souhaité l'intégration de l'Allemagne unifiée dans l'OTAN (lettre du 24 novembre 1989 de François Mitterrand à George Bush père) que dans l'espoir que Gorbatchev s'y opposerait. Cette interprétation en dit long sur le procès d'intention que nourrissait à cette époque le chancelier à l'endroit du président français, qu'il décrit comme un personnage « pour le moins indéchiffrable ».

En réalité, François Mitterrand avait intégré depuis longtemps l'idée qu'un jour l'Allemagne recouvrerait son unité. Moi-même, qui avais émis, à la fin des années soixante, l'idée d'« une confédération, puis d'une réunion des Allemands » dans le cadre d'un rapprochement des deux parties de l'Europe, j'avais pressenti l'idée, en 1987, que la réunification de l'Allemagne serait le principal problème de notre politique étrangère « dans les dix ans qui viennent[1] ». Mais il n'est guère douteux que, venue l'heure de la réunification, François Mitterrand vit aussi les obstacles, les risques de dérapage et le bouleversement du rapport de force qui allaient en résulter pour l'Europe. Il fut certainement blessé de ne pas avoir été consulté – même pas un coup de fil – quand le chancelier, au lendemain de la chute du Mur, annonça son plan de réunification en dix points. Le chancelier ne communiqua celui-ci qu'à Washington, mais on ne sut jamais, compte tenu du décalage horaire et des délais de traduction, si le président Bush put en prendre connaissance. François Mitterrand était conscient de la puissance que l'Allemagne réunifiée allait recouvrer au cœur

1. Discours prononcé à Belfort le 27 juin 1987. Publication du club « République moderne ».

de l'Europe. Ce n'était pas le moment de laisser se distendre la relation de la France avec ses alliés anglo-saxons. C'est, à mon sens, la raison profonde pour laquelle il se rallia, selon Roland Dumas[1], dès le 3 août 1990, c'est-à-dire au lendemain même de l'invasion du Koweit par l'Irak, au projet américain de guerre du Golfe dont le président Bush père l'avait avisé pendant la nuit. « Bon, vous êtes pour que nous suivions ? – Je pense que nous ne pouvons pas faire autrement. » « Il a été d'une fidélité exemplaire, poursuit Roland Dumas, c'est-à-dire que les Américains ne peuvent rien nous reprocher. » La hantise de l'Allemagne a ainsi fait faire bien des bêtises…

Le marché Mitterrand-Kohl

C'est peu dire que l'unité allemande a bouleversé la donne européenne. Un temps, peut-être, François Mitterrand s'arrêta-t-il, à la fin de 1989, à l'idée d'une nouvelle « Confédération germanique » entre les deux Allemagnes. Mais la RDA s'effondra rapidement quand les Allemands, dans la rue, cessèrent de dire : « *Wir sind das Volk* », pour dire tout simplement « *Wir sind ein Volk*[2]. » La puissance du sentiment national était irrésistible. Et nul ne pouvait s'opposer – la France moins que tout autre – au droit du peuple allemand à l'autodétermination. Le gouvernement de la RDA accepta d'organiser des élections dès mars 1990 dans les Länder de l'Est. Elles donnèrent le pouvoir à la CDU de Lothar de Maizière – en fait, un faux nez de la CDU de Bonn. Helmut Kohl fit au printemps 1990 un choix historique : il imposa la parité du deutschemark et de l'ostmark, sans consulter les autres Européens ni d'ailleurs Karl Otto Pöhl, le président de la Bundesbank. Tout cela alla très vite : François Mitterrand dut faire preuve de plasticité. Sur la

1. Roland Dumas, *Entretiens,* Institut François-Mitterrand, Éditions Michel de Maule, 2010, p. 56.

2. Après « nous serons le peuple », « nous sommes un peuple ».

forme, nul ne lui contestera d'avoir choisi rapidement une ligne directrice : canaliser le mouvement irrésistible de la réunification allemande vers une plus grande intégration européenne – et de s'y être tenu. Helmut Kohl avait décidé, quant à lui, de donner le pas à la réunification allemande sur une unité européenne qui ne pouvait se faire que dans la durée. La politique commande, et l'unité de la nation allemande passait avant le reste. On pouvait le comprendre, et qui aujourd'hui le lui reprocherait ? La détermination de Helmut Kohl a été récompensée. Comme l'a écrit Hegel : « L'Histoire du monde est le tribunal du monde. » Mais, en même temps, l'Allemagne de Helmut Kohl a été obligée d'accepter le traité de Maastricht. Il est vrai qu'elle avait déjà fixé les règles de l'Union économique et monétaire au sommet de Madrid de juin 1989. Mais que vaut un traité hors de son contexte ?

L'Allemagne a mis plus de dix ans à absorber le choc de l'intégration des Länder de l'Est. Ce choix a failli compromettre la construction monétaire de l'Europe. Pour financer 120 milliards de DM de transferts annuels vers l'Est, la Bundesbank dut relever ses taux à des niveaux astronomiques : incapables de suivre, les autres pays européens dévaluèrent tous leur monnaie en septembre 1992, sauf la France qui s'accrochait à la parité franc-mark comme à un talisman. Cette décision, coûteuse en termes économiques, répondait à une logique politique profonde pour qu'en échange de sa réunification l'Allemagne s'engage irréversiblement dans une union monétaire où elle abandonnerait son mark.

Dès l'automne 1989, à Strasbourg, François Mitterrand a imposé le rythme à un Helmut Kohl réticent, en précipitant la réunion de deux conférences, l'une consacrée à l'union économique et monétaire, l'autre à l'union politique. Le « marché » Mitterrand-Kohl était clair : c'était l'Allemagne unifiée aujourd'hui contre l'Europe unie demain. C'est ce marchandage obscur qui a peut-être nourri le ressentiment à peine dissimulé de Helmut Kohl à l'encontre de son ami Mitterrand. L'unité allemande fut faite en octobre 1990, et le traité de Maastricht signé en décembre 1991. C'est lui qui fixa la date d'introduction définitive de la monnaie unique : au plus tôt au 1er janvier 1997, au plus tard au 1er janvier 1999. Cette dernière date vit en effet la mise en circulation de l'euro comme monnaie scripturale. Curieusement, la France, pour mener à bien le grand dessein d'unification monétaire européen et pour « chiper » à l'Allemagne son mark, accepta – sans, à mon sens, en mesurer les conséquences – le schéma de Banque centrale indépendante que Karl Otto Pöhl, président de la Buba, avait dicté à Jacques Delors en 1988. Elle acceptait en fait un mark-bis.

Plus tard, en 1991, la conférence intergouvernementale consacrée à l'union économique et monétaire a fixé les cinq conditions indispensables pour entrer dans l'Union et la faire prospérer. Jacques Delors les rappelle :

- « le déficit public ne doit pas être supérieur à 3 % du produit national brut ;
- la dette ne doit pas excéder 60 % du même produit ;
- l'inflation ne doit pas être supérieure de plus de 1,5 point aux trois meilleures performances réalisées au sein du SME ;
- le taux d'intérêt à long terme ne doit pas être supérieur de 2 % aux trois meilleures performances ;
- enfin, il fallait être depuis deux ans dans le SME dans la bande étroite de 2,25 % sans avoir dévalué pendant cette période[1]. »

Le caractère passablement arbitraire et même rudimentaire de ces critères n'apparaîtra que plus tard. En 1991, il ne semblait pas évident que beaucoup de pays pourraient satisfaire à ces performances. Pour l'*establishment* français et pour la plupart des responsables politiques, la fusion du franc et du mark faisait figure de saint Graal, l'objectif auquel ils avaient sacrifié et étaient prêts à sacrifier tout le reste, le grand dessein secret, bien que partagé, de la gauche et de la droite françaises. C'était, à la fin du XXe siècle, le rêve de nos élites et, à coup sûr, l'intérêt des détenteurs d'actifs financiers. À ceux qui lui objectaient que la

1. Jacques Delors, *Mémoires*, *op. cit.*, p. 429.

monnaie unique allait nous placer sous la coupe d'une instance purement technocratique – la Banque centrale européenne –, François Mitterrand répondait : « Je préfère dépendre de la Banque européenne plutôt que de la Bundesbank », ou encore : « Je préfère dépendre de l'écu plutôt que du mark, comme c'est aujourd'hui le cas. » Je ne l'ai jamais entendu dire que le fait, pour la France, d'avoir sa propre monnaie – le franc – présentait pour elle quelque avantage. Je ne puis m'empêcher de penser qu'il y avait là la marque d'un pessimisme foncier sur la capacité de la France à gérer de manière responsable ses propres affaires. François Mitterrand, à vrai dire, n'était pas le seul dans son cas.

Nos dirigeants crurent ainsi nécessaire de faire coller le franc au mark durant toute la période de transition (1991-1999). Choix lourd de conséquences : il en résulta pour la France des taux d'intérêt asphyxiants, une croissance ralentie et même une récession (en 1993), un fort chômage, un déficit budgétaire impossible à réduire et, au total, un taux d'endettement qui bondit de 32 % du PIB en 1992 à 58 % en 1998. Ainsi l'euro fut-il cher payé par la France. C'était le prix du mythe et sans doute aussi d'un calcul, à mon sens borné, qui visait à priver l'Allemagne de son marqueur identitaire, le deutschemark, réputé être, à tort ou à raison, son atout maître dans la politique européenne et mondiale. Ce choix a surtout privé durablement la France de toute marge de manœuvre monétaire et économique. Que faut-il penser en effet d'une parité monétaire qui a abouti à réduire la part de l'industrie française de 22 à 14 % dans le produit national de 1998 à 2009, et à quadrupler le déficit des échanges franco-allemands de 1982 à 2009 ?

*

Avant d'apporter son entière caution à l'unité allemande, François Mitterrand prit deux autres précautions qui montrent, à mon sens, à quel point il était prudent : il s'interposa entre la Pologne et l'Allemagne, au printemps 1990, pour obtenir de celle-ci la reconnaissance de la frontière Oder-Neisse. Cela n'alla pas sans quelques difficultés. Mais – souvenir de Locarno ? – il ne voulait pas que l'Allemagne ne reconnût en bonne et due forme que ses frontières à l'ouest. Confronté à la grogne des associations de réfugiés et soucieux d'introduire en Pologne une législation protectrice des minorités, Helmut Kohl céda de mauvais gré. Par ailleurs, François Mitterrand vérifia, à l'occasion de la conférence dite à 4+2 (États-Unis, URSS, Grande-Bretagne, France et les deux Allemagnes), que l'Allemagne réunifiée reprenait bien les engagements de la RFA contractés au traité de Paris (1954), par lequel elle renonçait aux armes nucléaires, biologiques et chimiques. J'étais à l'époque ministre de la Défense. Ce fut l'une des clauses du traité de Moscou (septembre 1990) que l'Allemagne ne chercha pas à discuter. Elle figurait déjà dans le communiqué officiel que Gorbatchev et Kohl avaient rendu public après leur rencontre dans le Caucase (juillet 1990). C'était la modeste contrepartie du droit consenti à l'Allemagne réunifiée de choisir ses alliances (c'est-à-dire en fait l'OTAN). Le traité 4+2 n'a fait en réalité qu'entériner les dispositions arrêtées par l'accord Kohl-Gorbatchev.

Pour le reste, il était évident que l'Allemagne, avec 82 millions d'habitants, était redevenue, comme le disait le chancelier Kohl, « le numéro un en Europe », mais, ajoutait-il, « il ne faut pas le dire ». Au contraire, Kohl se répandit ostensiblement sur le thème cher à Thomas Mann : « Nous voulons une "Allemagne européenne" et non pas une "Europe allemande". » La mystique européenne du traité de Maastricht correspond donc à cette volonté d'habiller la réunification allemande aux couleurs de l'Europe.

C'est pour ne pas troubler cette ambiance idyllique que la France et la Grande-Bretagne n'osèrent pas mettre leur veto à la reconnaissance unilatérale de l'indépendance de la Croatie par l'Allemagne, huit jours à peine après la conclusion du traité, en contravention formelle avec les accords de la CSCE passés un an plus tôt (novembre 1990), qui proclamaient l'intangibilité des frontières en Europe. Cette reconnaissance donna le branle à celle des autres républiques yougoslaves et acheva d'ouvrir la boîte de Pandore des guerres balkaniques.

Tel était peut-être le prix à payer pour le « pari pascalien » de François Mitterrand sur l'unité future de l'Europe. Il avait fait un choix quasi métaphysique. Il ne pouvait guère se renier à une semaine d'intervalle...

« Ou vous changez d'attitude, ou vous abandonnez la politique ! »

Je n'ai pas partagé le choix de Maastricht. À vrai dire, c'est seulement après avoir lu le traité, dans les premiers mois de 1992, que je me résolus à voter contre : l'abandon de la souveraineté monétaire de la France me paraissait grosse de périls, et je ne croyais pas qu'on pût ligoter l'Allemagne en se ligotant d'abord soi-même. Fallait-il aussi bien « ligoter » l'Allemagne ? Si l'Allemagne avait conservé son mark, celui-ci eût été durablement affaibli pendant toute la période de la remise à niveau des Länder de l'Est, et la France aurait pu sans peine élargir ses marges de croissance. En quoi la réunification de l'Allemagne impliquait-elle une rétrogradation de la France dans les relations internationales ? La France et l'Allemagne sont deux grandes nations dont la coopération, pour être féconde, n'avait pas besoin d'une monnaie unique. La bonne réponse était de fortifier la France plutôt que de l'enserrer dans les rets d'une monnaie contraignante et lourde de contradictions à venir. Le projet de monnaie unique était avant tout une construction politique qui, pour faire avancer l'idée d'une Europe fédérale, faisait litière des nations et de leurs irréductibles différences.

Je restais fondamentalement « républicain » et, par conséquent, attaché à la souveraineté nationale, condition de la démocratie, l'une et l'autre étant, comme l'a dit le général de Gaulle, comme l'avers et l'envers d'une même médaille. Je votai sans états d'âme, avec quelques députés de « Socialisme et République », l'exception d'irrecevabilité déposée par

Philippe Séguin, le 5 mai 1992, contre le traité de Maastricht. Ses arguments touchaient juste, et sur un point essentiel à mes yeux : c'était l'« anti-1789 » ! Pour moi, la geste gaullienne avait relevé la France de la honte de la défaite et des crimes de Vichy. Je n'acceptais pas que la France fût renvoyée au magasin des antiquités. Aussi bien m'étranglai-je, trois ans plus tard, quand Jacques Chirac, devenu président, déclara, sans mesurer sans doute la portée de ses propos, que la France et non pas l'État français de Vichy avait commis l'« irréparable » avec la rafle du Vel' d'Hiv' de 1942. Il n'était pas question pour moi de tirer un trait sur la République en faisant à Vichy ce superbe cadeau de le confondre avec la France[1]. Ce que François Mitterrand avait encore refusé – malgré les pressions exercées sur lui tout au long de son second septennat –, Jacques Chirac le fit : il admit inconsciemment, je le crois, cinquante-cinq ans après le 10 juillet 1940, la tautologie : « Pétain, c'est la France ! La France, c'est Pétain ! ». Pour qui voulait bien y réfléchir, c'était la suite logique de la mise en congé de la nation à laquelle il avait été solennellement procédé, trois ans auparavant, par le référendum du 21 septembre 1992.

Ma réaction à la lecture du traité de Maastricht a été un rejet viscéral : je pris parti sans retour, pour le combattre, à l'occasion du référendum du 21 septembre 1992, n'ignorant pas que je coupais ainsi politiquement les ponts non seulement avec François Mitterrand, mais aussi avec le Parti socialiste. Le « Mouvement des citoyens » prit naissance le 30 août 1992, à Belfort, lors d'un meeting auquel participèrent aussi de nombreux « gaullistes de gauche » : Léo Hamon, Paul Marie de la Gorce, Pierre Dabezies. Deux jours auparavant, le 28 août 1992, s'exprimant à Quimper, Jacques Delors avait déclaré avec superbe : « Les partisans du "non" sont des apprentis sorciers. Moi, je leur ferais un seul conseil : Messieurs, ou vous changez d'attitude, ou vous abandonnez la politique ! Il n'y a

1. Cf. tribune libre de Jean-Pierre Chevènement dans *Libération*, le 7 août 1995.

pas de place pour un tel discours, de tels comportements, dans une vraie démocratie qui respecte l'intelligence et le bons sens des citoyens ! » La séparation officielle intervint en mars 1993 à l'occasion d'un comité directeur du Parti socialiste, qui renversa Laurent Fabius et intronisa Michel Rocard premier secrétaire. Ce ne fut là qu'une coïncidence, car notre résolution était prise depuis plusieurs mois.

Je n'ai jamais regretté cet acte de rupture, même si j'ai cherché à comprendre ultérieurement les ressorts du « pari pascalien » de François Mitterrand sur l'Europe : s'il existe un au-delà des nations (allègrement confondues par lui avec les nationalismes), alors, de fait, il faut parier résolument sur cet au-delà qu'on appelle l'« Europe » ; il faut croire et s'embarquer sans retour, car l'Europe, dans cette perspective, est un bien incommensurable, rapporté à la misère des nations. Dans l'un de ses derniers discours, prononcé à Strasbourg le 17 janvier 1995 dans l'enceinte du Parlement européen, François Mitterrand nous dit-il autre chose ? « Ma génération achève son cours, ce sont ses derniers actes, c'est l'un de mes derniers actes publics. Il faut donc absolument transmettre. Vous êtes vous-mêmes nombreux à garder l'enseignement de vos pères, à avoir éprouvé les blessures de vos pays, à avoir connu le chagrin, la douleur des séparations, la présence de la mort, tout simplement par l'inimitié des hommes d'Europe entre eux. Il faut transmettre non pas cette haine, mais, au contraire, la chance des réconciliations que nous devons, il faut le dire, à ceux qui, dès 1944-45, eux-mêmes ensanglantés, déchirés dans leur vie personnelle le plus souvent, ont eu l'audace de concevoir ce que pouvait être un avenir plus radieux, qui serait fondé sur la réconciliation et sur la paix. »

Comment ne pas partager l'émotion de cette envolée ? Mais vient la chute : « Ce que je vous demande est presque impossible, car il faut vaincre notre histoire. Et pourtant, si on ne la vainc pas, il faut savoir qu'une règle s'impose, mesdames et messieurs : le nationalisme, c'est la guerre ! »

C'est cette confusion de la nation avec le nationalisme que, pour ma part, je récuse. Le nationalisme est une maladie de la nation, c'est vrai, mais il n'en est pas la fatalité. Les nations, surtout dans notre Europe, peuvent vivre en paix après tant de déchirements. Puisqu'il est question de transmission, les nations, dans la conception républicaine qui est la nôtre, restent le socle de la démocratie et des valeurs que nous devons transmettre. Le patriotisme, qui est l'amour des siens, n'implique pas le nationalisme, qui est la haine des autres. Je crois en la raison des nations. Le passage du patriotisme au nationalisme n'a rien d'inéluctable, au contraire. C'est la leçon de Jaurès : « Un peu d'internationalisme éloigne de la patrie. Beaucoup y ramène. »

Confondre la nation avec le nationalisme, c'est répudier la conception républicaine de la nation, fondée sur la souveraineté populaire et le vouloir-vivre-ensemble des citoyens. C'est renier la Révolution française dans le sillage de laquelle s'est imposé le modèle de l'État-nation en Amérique latine d'abord – on l'oublie souvent –, en Europe ensuite, au XIXe siècle et par les traités de Versailles, et dans le reste du monde enfin, après 1945 et les luttes de décolonisation. C'est confondre la nation républicaine, cadre indispensable de démocratie et de solidarité, avec la conception ethnique, celle de la communauté de souche. Cette formidable réalité de la nation est aujourd'hui démonisée au lieu d'être pensée : rien, dans leur principe, n'empêche les nations de coopérer, et même de mettre ensemble certaines de leurs compétences si l'exercice de celles-ci peut être démocratiquement contrôlé. Beaucoup de problèmes ne sont solubles qu'à travers la coopération internationale. En ce sens, l'idée de République transcende la nation. L'ancien internationalisme d'avant 1914 avait tragiquement sous-estimé la réalité nationale. Pas plus aujourd'hui qu'hier, certains socialistes ne semblent en avoir pris la mesure. Le traité de Maastricht entendait ainsi donner congé aux peuples. Aussi bien d'ailleurs et peut-être davantage dans l'esprit de la plupart de ses négociateurs, au peuple allemand qu'aux autres peuples. On ne redira jamais assez combien a pesé dans l'élaboration du traité de Maastricht la hantise de l'Allemagne.

Pour ma part, je n'ai pas voté le traité de Maastricht parce que j'y ai lu en filigrane « *Finis Franciae* ». Je ne crois pas à l'au-delà des nations. Comme saint Thomas, je ne crois qu'à ce que je vois. Peut-on construire l'Europe en la coupant de son passé et de la réalité de ses nations ? Quel « au-delà », aussi bien, me consolerait de la perte de ma patrie ?

CHAPITRE IV

1916-1992

Aux racines du « pari pascalien » de François Mitterrand

Je ne ferai pas à François Mitterrand le procès de l'insincérité. J'ai longtemps cru que l'Europe n'était qu'une corde à son arc dans son long cheminement vers le pouvoir. Aussi bien pensais-je que l'Europe serait ce qu'on en ferait : « L'Europe sera socialiste ou ne sera pas », disait la motion du congrès de Bagnolet de 1973. Bref, cela pouvait attendre.

Chez un être aussi complexe que François Mitterrand, il était difficile de faire la part entre la tactique et la stratégie ; il était proprement inimaginable, avant 1981, que l'Europe deviendrait plus qu'un axe central, même important : la couverture d'un retournement politique complet, un thème quasi obsessionnel de la politique de François Mitterrand, dans un crescendo que la réunification allemande rendit, à la fin, assourdissant. Le ralliement au néo-libéralisme ne pouvait se donner pour tel. Il s'est donc fait au nom de l'Europe. Ce choix a été un choix volontariste. Mais ce n'était pas un artifice.

Ni la libéralisation à tous crins induite par l'Acte unique, ni le traité de Maastricht n'auraient été possibles sans l'exceptionnelle détermination de François Mitterrand et l'efficacité du trio mis en place, en 1984, avec Helmut Kohl et Jacques Delors, le président de la Commission européenne que le chancelier avait sinon choisi, du moins « pressenti ». « Le chancelier

Kohl [avant le sommet de Fontainebleau en 1984] m'a dit : "Je crois que ce ne serait pas habile d'avoir un Allemand maintenant [à la tête de la Commission européenne], je voudrais bien que ce soit un Français, mais pas n'importe quel Français… Ce serait bien qu'il ait comme initiales J.D., le Français en question[1]." »

Archéologie de la « vision » mitterrandienne

Pour faire basculer l'ordre juridique, monétaire et même politique de l'Europe, il fallait davantage une « vision ». Chez François Mitterrand, né en 1916, celle-ci était sous-tendue par le souvenir de deux guerres mondiales : la première, qui avait vidé la France de son sang, la seconde, qui l'avait politiquement et moralement anéantie à travers la défaite de 1940 et la collaboration de Vichy avec l'occupant. Et, bien entendu, ce désir propre aux élites françaises de gommer le passé était encore plus présent dans le peuple allemand qui, à travers l'Europe, entendait exorciser les douze années de la période nazie, comme une parenthèse n'appartenant pas vraiment à son histoire.

Il a fallu que je lise, au printemps 2010, la préface que Régis Debray a donnée aux discours de guerre du général de Gaulle[2] pour en arriver à me demander : et si même Régis pense que la France est morte le 17 juin 1940 (quand Pétain demande l'armistice) et que de Gaulle ensuite n'a fait que refermer « le livre d'heures de l'Histoire de France », ne me serais-je pas trompé alors ? N'aurais-je pas vécu dans un autre siècle ? La France, que j'avais investie d'un amour intact, n'était-elle donc que ce « petit pays » dont l'effacement était si contraire à l'essence et donc à l'exigence de mon patriotisme ? Et si Régis

1. Les Amis de l'Institut François-Mitterrand, *Entretiens avec Jacques Delors*, *op. cit.*, p. 37.

2. Cf. Charles de Gaulle, *Les Grands Discours de guerre*, préface de Régis Debray, *op. cit.*

Debray en venait à penser que la France était « sortie de l'Histoire », comme l'Égypte ou la Grèce avant elle, alors c'est François Mitterrand qui, peut-être, aurait eu raison de vouloir « faire l'Europe » à la place. Mon entêtement à vouloir maintenir l'idée de la France aurait été tout simplement au rebours de l'Histoire.

Peut-être François Mitterrand a-t-il simplement pris acte de ce que les Français étaient devenus : ce que, pour avoir vécu la défaite et la honte, il connaissait mieux que d'autres ? Peut-être a-t-il choisi de « vivre avec son temps » et de ne pas mener une guerre de retardement inutile ? Pour « faire l'Europe », il a joué le jeu du Capital, pensant qu'à la fin il serait le plus malin. Il a fait le pari de l'euro, un pari vraiment pascalien, sur les rapports de la monnaie et de l'identité : « En payant en euros, j'accomplis le rite qui fera de moi un Européen. » Je prête là peut-être beaucoup à François Mitterrand, mais il me semble qu'on ne peut comprendre son choix de l'Europe comme le vulgaire déguisement d'un ralliement au néo-libéralisme triomphant. Ce choix procède d'un cheminement et d'une vision du monde qui lui sont propres. Le « pari pascalien » qu'il a fait sur l'Europe ne peut se comprendre que d'une seule façon : il part du jugement qu'après l'effondrement de la France, il y a soixante-dix ans, sans précédent et sans équivalent dans notre histoire, rien ne peut plus être comme avant. « *Finis Franciae* », avait alors décrété le maréchal Smuts[1].

La France libre et la Résistance n'acceptèrent pas ce verdict que le parti de la collaboration aura fait sien. Dans un texte de 1944, « La nation française a une âme », François Mauriac fustigeait ceux qui, comme Drieu, à l'époque, refaisaient sans cesse le compte des habitants de chaque empire, comparaient le nombre de kilomètres carrés pour vouer la France, chiffres en main, à n'être plus que le « satellite misérable d'un des mastodontes triomphants ». « S'ils avaient atteint à nous persua-

1. Jan Christiaan Smuts (1870-1950), maréchal et homme d'État sud-africain.

der que la “grande nation” de naguère ne serait plus désormais qu'une impasse, dans le conflit des empires, du même coup ils eussent été absous à leurs yeux et aux nôtres : là où les nations n'existent plus, le mot trahison n'a plus de sens. Quel eût été leur bonheur, si vraiment la France avait pu passer pour morte ! Car on ne saurait trahir une morte. » Et de décrire ainsi le système médiatique du temps de l'Occupation : « Entre juin 1940 et 1944, une immense risée s'élève de toutes les salles de rédaction vers la patrie liée au poteau et bâillonnée : “Tu n'es plus rien !”, c'est le thème qu'ils orchestrent tous. »

La France s'est redressée à l'appel du général de Gaulle et avec le concours des meilleurs de ses fils. Mais rien ne peut faire, hélas, que cette histoire n'ait pas été. Brasillach écrivait en 1945 : « Rien ne pourra faire que la France n'ait pas couché avec l'Allemagne. »

*

Nulle image ne symbolise mieux que la photo de François Mitterrand et de Helmut Kohl se tenant la main, à Verdun, ce profond désir de réconciliation et plus encore de refoulement d'un passé traumatisant pour l'un et l'autre peuples.

Et, naturellement, tous ceux qui se disent « européens » aujourd'hui parce que, selon François Mitterrand, « l'Europe, c'est la paix », le font si sincèrement et avec une telle bonne conscience qu'il est impossible de leur expliquer que, en croyant choisir l'Europe, ils ont surtout choisi la globalisation financière et la mondialisation libérale.

Peut-être auraient-ils pu s'arrêter un instant sur l'étrange impression que donne la photo, prise de dos, de la fine silhouette de François Mitterrand donnant la main au « géant noir ». Comme si l'image du déséquilibre à venir, non seulement entre la France et l'Allemagne, mais entre deux conceptions de l'Europe, l'une politique, l'autre « ordo-libérale », s'inscrivait déjà sur la pellicule. Mais tous nos « bons Européens » ont chassé cette impression fortuite et par conséquent passagère. Un surmoi écrasant, à l'enseigne du « Plus jamais ça ! », pèse sur leur conscience, car il s'agit d'enfouir la honte en même temps que l'horreur. Ce refoulement compréhensible (sauf peut-être chez les Français libres et chez les résistants allemands antinazis qui n'ont, ni les uns ni les autres, aucune raison d'effacer leur passé) altère la faculté de jugement de nos « bons Européens ». Ils communient toujours dans cet amour rétrospectif de la paix qui les rend aveugles à l'avenir mortifère que, selon moi, le choix d'un libéralisme biaisé induit pour l'Europe.

J'ai déjà évoqué l'aphorisme mémorable : « La France est notre patrie, l'Europe est notre avenir », qui résumait la vision européenne de François Mitterrand. Je ne compris que plus tard – après avoir lu le traité de Maastricht (1991-92) – ce que signifiait réellement cette formule. Certes, jamais François Mitterrand ne l'eût énoncée comme je l'ai comprise (« La France est notre passé, l'Europe est notre patrie »). Il était trop profondément patriote, au sens barrésien du terme. Il s'identifiait trop à la France, une France charnelle dont il aimait le peuple et les paysages, plus d'ailleurs qu'à « une certaine idée de la France ». Sans doute avait-il mesuré l'impasse de la « France seule », maxime prétendument réaliste par laquelle Maurras trouvait l'ultime justification de son soutien à Vichy. Prisonnier en juin 1940, François Mitterrand n'avait pas rallié de Gaulle, dont il contesta toujours la légitimité, même après qu'il eut rejoint, en 1943, les rangs de la Résistance. Pierre Péan rapporte un de ses propos : « De Gaulle a entrepris une conquête des pouvoirs dès le départ… il y avait un véritable acharnement gaulliste à éliminer tous les résistants de l'intérieur, ceux qui n'étaient politiquement pas sûrs[1]. » L'homme d'État qu'était François Mitterrand ne s'est sans doute avisé que sur le tard que seule une légitimité française intacte dès le départ, comme celle de l'homme du 18-Juin, pouvait empêcher les Américains de traiter la France, après le Débarquement, comme un pays vaincu et occupé, ce que comprit Jean Moulin.

1. Pierre Péan, *Une jeunesse française*, Fayard, 1994.

C'est celui-ci qui a apporté à de Gaulle le soutien de la Résistance intérieure et par conséquent la légitimité. Le fait est que la Résistance « maréchaliste », elle, a basculé en 1943 vers Giraud et les Américains. Dans cet affrontement de Giraud avec de Gaulle, deux lectures de l'Histoire s'opposaient : l'une avait pris acte du désastre de 1940 et intégrait Pétain, l'autre non. Pourtant, jusqu'au bout, François Mitterrand a toujours refusé de dire que la République – c'est-à-dire la France – avait « commis l'irréparable ».

Mesure de la France

J'ai cru pouvoir anticiper, dès la fin des années soixante, avec mes amis du Ceres, qu'élu président de la République François Mitterrand épouserait la fonction que de Gaulle avait conçue pour être celle de « l'Homme de la nation ». C'était ne pas comprendre François Mitterrand et même sous-estimer la complexité de son personnage. Certes, il était profondément patriote, comme pouvait l'être un jeune homme issu d'une famille de droite provinciale dans l'entre-deux-guerres, mais il ne voulait pas seulement être l'homme de la France. Le rôle avait déjà été tenu, et de Gaulle, dans celui-ci, était insurpassable. François Mitterrand voulait être « l'Homme de l'Europe ». Il voulait créer, à partir des nations européennes, ce « corps politique » qu'évoquait déjà Saint-Simon dans la première moitié du XIXe siècle. Plus encore, il retrouvait la tradition de Briand, qui, en 1929, voulait « faire l'Europe », comme l'écrit un de ses biographes, Bernard Oudin[1].

« Faire l'Europe », d'une façon ou d'une autre, on y songe depuis toujours. Sans remonter au XVIIIe siècle, à l'abbé de Saint-Pierre et à son fameux projet de paix perpétuelle, Victor Hugo avait parlé d'une République européenne fédérale avec, il est vrai, Paris pour capitale, et au début du XXe siècle,

---

1. Bernard Oudin, *Aristide Briand*, Perrin, 2004, p. 522.

Anatole Leroy-Beaulieu avait lancé la formule des « États-Unis d'Europe ». Plus récemment, en 1922, le comte Richard de Coudenhove-Kalergi avait créé l'« Union paneuropéenne ». Plus près de nous, François Mitterrand mettait ses pas dans ceux de Robert Schuman et de Jean Monnet à la tête de son « Comité d'action pour les États-Unis d'Europe ». Et puis, il y avait les traités signés en 1951 et 1957 par un gouvernement auquel il participait : la CECA, le Marché commun, Euratom, et que la Vᵉ République appliquait. Bref, François Mitterrand ne partait pas de rien.

Son prédécesseur immédiat, Valéry Giscard d'Estaing, de concert avec le chancelier allemand Helmut Schmidt, venait lui-même d'instituer le système monétaire européen (1978) et de procéder à l'élection – en juin 1979 – du Parlement européen au suffrage universel. Mes amis et moi ne nous doutions guère que François Mitterrand mettrait ses pas dans ceux de son prédécesseur. En réalité, il rêvait d'aller beaucoup plus loin, en opérant une véritable « transsubstantiation » des nations. Sans doute souhaitait-il donner, pour ce faire, un rôle moteur à la France. « Nous nous en sortirons toujours parce que nous sommes les plus malins » : telle fut sa réponse alors que je l'interrogeais sur l'engrenage des guerres balkaniques où la diplomatie de M. Genscher n'avait pas peu contribué à nous entraîner. Ce devait être en 1994. François Mitterrand affirmait croire, comme Jean Monnet, en « la force des institutions ». Cette croyance explique l'ardeur qu'il mit, alors qu'il était miné par la maladie, à négocier et à faire approuver par le peuple le traité de Maastricht créant l'« Union politique européenne » alors que l'unité allemande venait à peine d'être proclamée. Il lui est, paraît-il, arrivé de confier : « Je serai le dernier grand président. Après, il y aura l'Europe. »

À mon sens, la vision européenne de François Mitterrand procède d'une certaine philosophie de l'Histoire qu'il s'était lui-même forgée à la lumière des épreuves traversées par la France dans la première moitié du XXᵉ siècle. Telle est du moins la conviction à laquelle je suis parvenu après y avoir beaucoup réfléchi. J'ai tenté de comprendre, à travers ceux qui l'avaient connu, ce qu'avaient pu être les années de formation du jeune Mitterrand. J'ai essayé de reconstituer son itinéraire intellectuel et politique. Je ne suis pas sûr d'y avoir complètement réussi, car il était d'abord un être sensible, un romantique porté sur la littérature et dont les affinités politiques étaient celles d'une famille catholique de province.

François Mitterrand, me semble-t-il, avait, comme Drieu la Rochelle au lendemain de la Première Guerre mondiale, pris la « mesure de la France[1] ». Il ne croyait plus qu'elle pouvait à nouveau jouer un rôle dominant sur le continent. Je reviens toujours sur cette confidence d'avril 1979 : « Elle ne peut plus, hélas, à notre époque, que passer à travers les gouttes. » Il avait ajouté : « C'est au fond la seule chose qui nous sépare vraiment. » C'était un moment de vérité. Je ne l'ai perçu qu'insuffisamment, notant cependant cette phrase sur un carnet. Mais j'étais loin de la prendre au pied de la lettre, comme l'expression d'une différence, hélas, irrémédiable. J'admire rétrospectivement cette lucidité qui faisait litière des discussions de congrès et des positionnements tactiques et allait directement à l'essentiel, à ce que Nietzsche appelle l'*Urinstinkt*, l'instinct fondamental. Il est vrai que François Mitterrand avait vécu l'effondrement de 1940 et tout ce qui y avait conduit.

Né l'année même de la bataille de Verdun, il avait sans doute pris, comme Drieu, la mesure de ce que la France ne pouvait plus faire. Si elle en avait encore porté le fardeau le plus lourd, elle n'avait pas gagné seule la Première Guerre mondiale. Grâce à l'alliance russe, nous avions remporté la bataille de la Marne, et l'appoint américain, en 1918, avait été décisif pour contraindre le grand état-major allemand à demander l'armistice. Mais la France était sortie exsangue du conflit. Hitler a déclaré un jour qu'il avait été surpris par la prodigieuse combativité française de 1914 à 1918. Alors que la France était déjà un pays qui se renouvelait à peine à travers ses

1. Titre de l'essai que Drieu publia au début des années 1920.

jeunes générations, il fallait qu'elle se souvînt encore d'avoir dominé l'Europe, disait-il, pour avoir tiré d'elle-même l'incroyable énergie qui lui avait permis de résister.

Le tragique isolement de notre pays dans les années trente

Mais à quel prix ! Un pays épuisé et désespérément seul sur un continent qu'il semblait – mais en apparence seulement – à nouveau dominer ; les États-Unis retournés après Wilson à leur isolationnisme et boycottant la SDN ; la perspective d'une alliance de revers avec la Russie évanouie depuis que le communisme, y ayant imposé sa loi, dressait contre lui toutes les bourgeoisies d'Europe ; l'Allemagne humiliée, mais maintenue dans son unité et dans sa force au cœur de l'espace continental, et ruminant son rêve de revanche ; autour d'elle, de jeunes États bâtis sur le principe des nationalités, souvent bien disposés à l'égard de la France, mais dont la fragile coalition, « la Petite Entente », ne pouvait fournir un substitut à l'alliance russe. Tout au contraire, l'existence de minorités allemandes dispersées allait offrir à l'Allemagne, au nom même du principe des nationalités, un prétexte à ses invasions, puis, au mépris du même principe, à ses annexions. À Rome, le fascisme triomphait : il n'était pas l'ami de la République française. Enfin l'Angleterre elle-même, à nouveau méfiante à l'égard d'un hégémonisme dont la France n'avait pourtant plus les moyens, reprenait le large. Et c'était, pour la France, une nouvelle source de faiblesse que de s'accrocher à l'alliance anglaise comme à la dernière bouée de sauvetage. C'était mettre d'emblée nos choix à la discrétion de la diplomatie britannique, elle-même tributaire de la politique américaine : de la passivité face à la réoccupation par Hitler de la rive gauche du Rhin à la non-intervention en Espagne, de la politique d'*apeasement* à Munich à la « drôle de guerre » qui suivit l'invasion de la Pologne…

François Mitterrand, jeune homme, devait ressentir le tragique de l'isolement de notre pays dans les années trente. Et comment ne pas comprendre l'anxiété pour la France de tous ceux qui ne partageaient pas l'insouciance de ces années-là ? Que signifiait, dans l'état de l'Europe, l'enterrement sous la ligne Maginot ? Négligeant les révolutions stratégiques à l'œuvre à travers les avions et les chars, l'armée française s'enfermait dans la vision de la guerre précédente. Elle était le dernier recours de la France et elle faisait comme si elle pouvait à nouveau compter sur des alliés puissants, alors qu'elle n'avait plus d'alliés ! Cette incohérence entre notre diplomatie et notre doctrine de défense m'a toujours frappé. J'imagine que François Mitterrand, quand il avait vingt ans, devait ressentir lui aussi le tragique de la situation de la France. D'anciennes photographies le montrent manifestant, jeune étudiant, contre le doyen Jèze, avocat de l'Éthiopie d'Hailé Sélassié dressée contre l'invasion italienne. Sans doute le jeune homme rieur qu'on voit sur la photo, au premier rang des manifestants, partage-t-il le raisonnement de la droite française : il faut laisser les mains libres à Mussolini en Éthiopie pour s'en faire, si possible, un allié contre Hitler ou, en tout cas, pour acheter sa neutralité. Ce raisonnement avait sa cohérence. Il était à courte vue, car la guerre allait bientôt opposer deux camps : celui des démocraties et celui des fascismes.

Mais on peut admettre que, dans cette période incertaine pour la France, les esprits fussent partagés. Dans un pays qui avait perdu 1,4 million de ses fils au combat, la hantise d'une nouvelle guerre était compréhensible. Le pacifisme s'était répandu à droite comme à gauche. À droite, il était redoublé par l'anticommunisme : qu'est-ce que la stratégie de Munich, en effet, sinon l'idée qu'il vaut mieux laisser Hitler et Staline en découdre ? Celui-ci nous rendit la monnaie de cette pièce, moins d'un an plus tard, avec le pacte germano-soviétique. Ce calcul était suicidaire : quand Hitler, laissé libre de ses mouvements, aurait absorbé la Tchécoslovaquie puis la Pologne pour écraser l'URSS, il serait alors devenu maître du continent. Il aurait ainsi réalisé le rêve d'un grand empire continental qui aurait mis la France à genoux.

Le raisonnement des pacifistes et des munichois avait pour lui un argument paré de la force de l'évidence : la France n'était pas prête pour une nouvelle guerre. Prenons, à gauche, le cas de Marcel Déat, qui, encore élève à l'École normale supérieure en 1914, avait terminé la guerre avec le grade de capitaine et la Légion d'honneur. Déat ne voulait plus revoir la guerre. Il animait, à l'intérieur de la SFIO, un courant moderniste mais fondamentalement pacifiste. On l'imagine sensible au discours d'Aristide Briand : « Arrière les canons, arrière les mitrailleuses ! » Rétrospectivement, la politique de Briand – le pacte de Locarno, en 1925, par lequel l'Allemagne reconnaissait ses frontières (mais seulement à l'ouest), la « mise de la guerre hors la loi », en 1928, avec le pacte Briand-Kellog –, toutes ces initiatives peuvent paraître n'avoir pas préparé la France aux épreuves qui l'attendaient. Mais on peut aussi les voir comme une tentative désespérée de conjurer le péril qu'on devinait à l'horizon. Le 17 mai 1930, Aristide Briand adresse à tous les gouvernements européens, membres de la SDN, un mémorandum proposant une « Conférence européenne » pourvue d'un secrétariat et d'un comité politique permanent. Il évoquera même, au début d'une phrase, les mots « marché commun » et « communauté européenne[1] », sans doute pour répondre au souci exprimé par Stresemann, le ministre allemand des Affaires étrangères : « Si Briand veut imposer de l'extérieur la forme de l'Union européenne au lieu de l'extraire de la réalité, il échouera... il aurait dû partir d'un terrain solide où la Fédération européenne a déjà commencé à se faire d'elle-même, le terrain économique[2]. » Cette « autre politique » envers l'Allemagne était-elle jouable ? Sans doute pas, car la France, à la fin des années vingt, avait accepté le rééchelonnement des dettes de guerre allemandes et elle avait évacué, en 1930, cinq ans avant le terme fixé par Versailles, la rive gauche du Rhin. Or, cette politique de la « main tendue »

1. B. Oudin, *Aristide Briand*, *op. cit.*, p. 532.
2. *Ibid.*, p. 525.

n'avait pas trouvé sa récompense. On peut comprendre intellectuellement la forme de pensée des pacifistes : puisque la donne européenne était pour la France impossible, il fallait la bouleverser par une répudiation des clauses les plus dures du traité de Versailles, celles relatives aux réparations notamment. Cette logique, qui aurait peut-être eu un sens au début des années vingt, était devenue contre-productive dix ans après. Les États-Unis invoquèrent le pacte Briand-Kellog, en mars 1936, pour refuser de soutenir, si elle avait été décidée, l'intervention de l'armée française qui eût pu empêcher la remilitarisation de la rive gauche du Rhin par Hitler. Au pacifisme politiquement orienté de la droite faisait pendant le pacifisme idéologique de la gauche, porté notamment par le Syndicat national des instituteurs. Son secrétaire général, Georges Lapierre, mort en captivité, en fera, dans ses lettres, une autocritique bouleversante de sincérité. L'impasse du pacifisme en conduisit d'autres – et Marcel Déat, pour commencer – au refus à tout prix de la guerre, puis à la collaboration.

L'erreur de Déat n'est pas d'avoir prôné, en 1932, la participation des socialistes au gouvernement sur un programme de réformes de structures – il avait alors raison contre Blum, qui se perdait en ratiocinations subtiles distinguant entre l'« occupation du pouvoir » (c'est-à-dire la révolution), qu'il jugeait impossible, et sa simple « gestion », qu'il ne considérait pas (encore) comme souhaitable. Il est vrai que Hitler n'avait alors pas encore pris le pouvoir. L'erreur insigne, on pourrait dire le péché capital de Déat, est de n'avoir pas compris la nature de l'Allemagne nazie. En 1936, il voyait une forme de « planisme » dans des régimes aussi différents que l'URSS de Staline, l'Allemagne nationale-socialiste et les États-Unis du New Deal rooseveltien. Vingt ans plus tard, on nous faisait encore lire, à Sciences-po, l'essai d'un jeune intellectuel trotskiste, James Burnham, publié au début des années quarante – *L'Ère des organisateurs* –, qui communiait dans la même vision erronée. Les idées fausses ont la vie dure : elles survivent longtemps à la démonstration de leur inanité.

On mesure mal aujourd'hui, me semble-t-il, ce qu'était le désordre des esprits dans les années trente. Sans doute sa formation et ses goûts littéraires mettaient-ils le jeune François Mitterrand à l'abri de la vogue des « planismes » (le Belge Henri de Man, le groupe « X Crise » de Jules Moch, le mouvement « Ordre nouveau » d'Arnaud Dandieu et Robert Aron). Mais, quand on lit sa correspondance pendant la « drôle de guerre », on le sent déjà très désabusé, conscient de l'impréparation de l'armée française à l'épreuve imminente. Il raconte quelque part une drôle d'histoire de bandes molletières pour illustrer cette impréparation. Où se situe-t-il alors politiquement ? Je répondrai : « ailleurs ». L'illustre à sa manière l'incroyable méditation intitulée « Pélerinage en Thuringe », où, alors même qu'il venait d'être fait prisonnier en 1940, il livre sa philosophie sur « cent cinquante ans d'erreurs » dans les rapports franco-allemands[1]. C'est dire que la réflexion de François Mitterrand sur l'Europe est ancienne. Il s'essaie à réécrire l'Histoire pour imaginer comment auraient pu être évitées l'unité allemande et la rivalité mortelle entre l'Allemagne et la France, de la bataille d'Iéna en 1806 à l'effondrement français de 1940. La réflexion est nourrie d'une culture historique qui puise dans Jacques Bainville sans sombrer pour autant dans l'antigermanisme : j'ai toujours senti, chez lui, la considération qu'il portait à l'Allemagne et à son peuple. Sa sensibilité chrétienne le retenait par ailleurs d'adhérer aux idées fascistes ou même au maurrassisme dont le rayonnement intellectuel influençait la droite d'avant-guerre.

L'énigme de la dissolution en cinq semaines de l'armée française

Le parcours de François Mitterrand pendant l'Occupation reflète, en les amplifiant, les mouvements qui, dans ces années

1. Cf. Pierre Péan, *Une jeunesse française*, *op. cit.*, p. 119-123.

terribles, ont agité l'âme du peuple français : d'abord, dans sa majorité, pétainiste de résignation, puis bientôt résistant. Il résume toute l'ambivalence d'un peuple assommé par une défaite sans précédent dans son histoire.

L'énigme de l'histoire de la France au XXe siècle tient dans la dissolution en cinq semaines, du 10 mai au 17 juin 1940, de l'armée française, qui passait alors pour la première du monde. L'isolement de la France en Europe et son impréparation à la guerre n'expliquent pas tout. Marc Bloch a pressenti « les intrigues menées chez nous, de 1933 à 1939, en faveur de l'axe Rome-Berlin pour lui livrer la domination de l'Europe en détruisant tout l'édifice de nos alliances et de nos amitiés ». Et de citer, outre « les responsabilités des militaires français », « celles des politiciens comme Laval, des journalistes comme Brinon, des hommes d'affaires comme ceux du Creusot [...], des agitateurs du 6 février[1] ». Annie Lacroix-Riz a développé longuement et systématiquement, sur la base de documents d'archives nombreux mais de valeur inégale, incriminant notamment la « Synarchie », la thèse du « choix de la défaite » par les élites françaises[2]. Pour celles-ci, l'ennemi n'est pas Hitler, c'est le communisme, c'est-à-dire à la fois l'URSS et le Front populaire. La France ne compte plus dans ce duel européen et planétaire. La haute banque, le Comité des forges, l'état-major général n'ont qu'une idée : laisser à Hitler les mains libres à l'Est. Cette thèse comporte une grande part de vérité. En 1936, la remilitarisation de la rive gauche du Rhin laisse la France sans réaction. Le traité de Versailles et le pacte de Locarno sont foulés aux pieds ? La France ne bouge pas ! En 1938, c'est l'Anschluss, puis Munich et, en 1939, la drôle de guerre. L'Autriche est annexée, la Tchécoslovaquie démembrée, la Pologne envahie : la France ne bouge toujours pas.

1. Marc Bloch, *Cahiers politiques* n° 8, « À propos d'un livre trop peu connu », p. 253.

2. Annie Lacroix-Riz, *Le Choix de la défaite. Les élites françaises dans les années 1930*, Armand Colin, 2006, p. 671.

En réalité, la plus grande partie de nos élites ne souhaite nullement un conflit avec l'Allemagne nazie. La guerre à peine déclarée, beaucoup pensent déjà à une paix blanche, voire à l'armistice : Pétain revient pour cela de Madrid en mars 1940. Daladier, Paul Reynaud n'ont aucune prise sur l'état-major général. Celui-ci, après la percée allemande à Sedan, veut en finir au plus vite. Aucune résistance à ses yeux n'est possible : ni dans le « réduit breton », ni par le repli sur l'« Empire[1] ». La France n'a aucun allié : l'URSS est, depuis le « pacte Molotov-Ribbentrop », du côté de l'Allemagne. Les États-Unis sont encore réfugiés dans l'isolationnisme. L'Angleterre ne nous envoie que neuf divisions, à côté des soixante françaises, et n'engage que parcimonieusement son aviation. L'Italie même nous agresse. Cet isolement n'excuse rien. Il est le fruit d'un choix politique : face à Hitler, les élites, dans leur majorité, ont depuis longtemps capitulé dans leur tête. Elles sont vichystes avant l'heure. L'assassinat de Barthou, en même temps que celui du roi Alexandre Ier de Yougoslavie, à Marseille, en 1934, marqua à cet égard un tournant. Bien sûr, il y aura des exceptions. Rares sont d'ailleurs ceux qui imaginent un effondrement aussi total. Celui-ci procède du « logiciel » présent, consciemment ou non, dans l'esprit des généraux qui commandaient l'armée française : il fallait laisser le champ libre à Hitler à l'Est et, pour cela, cesser le combat à l'Ouest aussi vite que possible. L'armistice devint leur projet. Comment expliquer autrement, en dehors des effets hautement aléatoires d'un blocus censé permettre l'arrivée d'une aide américaine massive, les grotesques plans élaborés par les états-majors durant la drôle de guerre ? Débarquement à Narvik pour porter secours à la Finlande, bombardement de Bakou ? Pour la plupart, nos généraux ne faisaient pas la guerre à l'Allemagne. Dans leurs têtes, ils rêvaient d'en faire une autre, à l'URSS, qui leur plaisait davantage. Marc Bloch a révélé dans *L'Étrange Défaite* cette volonté de capituler dès les

1. Lire, à cet égard, l'édifiant témoignage du directeur du cabinet de Paul Reynaud, Dominique Leca, *La Rupture de 1940*, Fayard, 1978.

premiers combats. Livre révéré, mais dont la conclusion logique, s'agissant de la trahison des élites, n'a jamais pleinement été tirée, même si de Gaulle, qui sera trahi à son tour, déclarait le 18 juin 1942 : « Pour la France en particulier, où le désastre, la trahison, l'attentisme ont disqualifié beaucoup de dirigeants et de privilégiés, et où les masses profondes du peuple sont, au contraire, restées les plus vaillantes et les plus fidèles, il ne serait pas acceptable que la terrible épreuve laissât debout un régime social et moral qui a joué contre la nation[1]. » La France avait offert un million quatre cent mille jeunes gens pour sa survie, vingt ans plus tôt. Immense sacrifice gâché en moins de quarante jours ! Rétrospectivement, l'anticommunisme, dans la majorité des élites bourgeoises, a submergé le patriotisme. C'est encore l'argument qu'invoquait Laval, en avril 1942, pour justifier la collaboration : « Je souhaite la victoire de l'Allemagne parce que, sans elle, le bolchevisme triompherait partout. » Dans cette submersion du patriotisme par l'anticommunisme gît, en fait, depuis 1936, la principale explication de la paralysie de notre diplomatie. Elle est la clé essentielle de l'énigme tragique de l'effondrement de la France à la fin des années 1930. Le calcul inavouable de beaucoup de nos élites : faire se coucher la France devant Hitler pour lui laisser les mains libres à l'Est ne pouvait que semer un immense désarroi dans l'âme du peuple français et saper durablement son patriotisme.

Il y a une autre explication, donnée par René Girard, qui relativise quelque peu la responsabilité des élites françaises d'avant-guerre. Girard décrit le ressentiment allemand contre la France qui court après Iéna tout au long du XIXe siècle et s'exaspère après Versailles jusqu'en 1940. Il montre très bien comment le pacifisme français dans les années trente n'a pas calmé, mais, au contraire, excité le bellicisme de Hitler : « C'est en voulant éviter à tout prix Verdun qu'on l'a reconduit. » Mais, surtout, René Girard analyse précisément le

1. Charles de Gaulle, *Discours de guerre*, *op. cit.*, p. 86.

moment où le destin bascule : mars 1936, quand Hitler réoccupe militairement la rive gauche du Rhin en violation des clauses du traité de Versailles. Si Albert Sarraut, alors encore président du Conseil, avait donné l'ordre à l'armée française de passer la frontière, l'armée allemande eût été défaite, de l'avis de ses propres généraux, ou alors aurait dû rapidement rebrousser chemin.

René Girard, qui n'est pas suspect d'antiaméricanisme, écrit : « Hitler jouait son va-tout. Il jouait sur le fait que les Français n'entreraient pas ; et ils ne sont pas entrés. Sarraut a téléphoné à l'Angleterre, et l'Angleterre a téléphoné à l'Amérique. La réponse a été "non évidemment", un non très ferme. Si la France était entrée en Allemagne, elle aurait été celle qui aurait refusé le pacte Briand-Kellog de 1928, par lequel cinquante-sept pays condamnaient la guerre. Il n'y aurait jamais eu de Hitler, mais personne ne l'aurait jamais su[1]. »

Aux yeux des Anglo-Saxons, les Allemands passaient encore pour des « victimes », et l'armée française restait « la première du monde ». La France se trouvait dans une situation impossible. Elle ne pensait pas pouvoir s'isoler des Anglo-Saxons, et ceux-ci lui interdisaient de réagir en l'unique occasion où elle pouvait le faire sans coup férir. Les Américains n'ont pas vu venir Hitler. Encore en 1940, « ils auraient voulu, selon René Girard, que la France refît ce qu'elle avait fait à Verdun : qu'elle absorbât le choc principal de l'armée allemande sans s'affaisser. Ils étaient incapables de comprendre qu'on ne fait pas Verdun deux fois ».

La myopie des Anglo-Saxons ne suffit cependant pas à justifier la paralysie nationale. Certes, Albert Sarraut n'exerçait que l'intérim de la présidence du Conseil dans l'attente des élections législatives de juin 1936. Mais Clemenceau n'aurait pas reculé en pareilles circonstances. Peu avant sa mort en 1929, il avait déjà flétri « l'affaissement des caractères[2] » et prévu la guerre, « sous dix ans ».

1. René Girard, *Achever Clausewitz*, Carnets Nord, 2007, p. 308-319.

2. Georges Clemenceau, *Grandeurs et misères d'une victoire*, 1930, Éditions Perrin, 2010.

Curieusement, il n'y a pas, en France, de réflexion englobante sur cette période qui va de la Première Guerre mondiale à 1940. Probablement parce que la Première Guerre mondiale a été trop cher payée, eu égard à la suite et à la terrible responsabilité des élites françaises dans l'effondrement de 1940. Que pouvaient encore signifier, après la défaite, ces milliers de monuments aux morts dressés, tragiques et dérisoires, dans nos villages occupés ?

Toujours est-il que François Mitterrand a sans doute éprouvé, lui aussi, la terrible indécision de la fin des années trente, l'impasse qui en résultait pour la France, et le profond désarroi né de la défaite de 1940. L'hypothèse que je formule est que ces années-là furent pour lui des « années d'apprentissage », comme on dit en Allemagne : on ne peut comprendre autrement le Mitterrand des années 1980-90.

*

En 1940, François Mitterrand a continué le combat à sa manière : dans un camp de prisonniers d'abord (cette expérience compta beaucoup pour lui), puis, après son évasion, à Vichy où, sans doute, il a cru distinguer, de loin, l'espoir d'une reconstruction française, comme la Prusse s'était refaite après Iéna, avant de s'apercevoir, selon ses propres termes, que « ce n'était qu'une pétaudière ».

En janvier 1943, il fait en tout cas le choix qui, ensuite, orientera toute sa vie : celui de la Résistance – mais pas celui du général de Gaulle. Il choisit l'avenir et, à ce moment-là, l'avenir c'est l'Amérique, dont les troupes viennent de débarquer en Afrique du Nord. Il paraît évident que la France libérée devra se refaire avec elle. C'est le calcul de Jean Monnet qui échafaude à Alger un plan de reconstruction européenne passant par la marginalisation des nations, à commencer par celle de la France. C'est l'idée de recommencer à zéro l'histoire de l'Europe, de tourner définitivement la page des antagonismes et des conflits nationaux.

Dans une note du 5 août 1943, Jean Monnet écrit : « Pour éviter une paix négative comme en 1918, l'organisation politique et économique d'une "entité européenne" est nécessaire. Il n'y aura pas de paix en Europe si les États se reconstituent sur une base de souveraineté nationale. Les pays d'Europe sont trop étroits pour assurer à leurs peuples la prospérité[1]. »

Il est certain que François Mitterrand, féru d'histoire, ne pouvait pas se reconnaître dans cette démarche de « table rase », essentiellement économiciste, et dont, au demeurant, il ignorait l'existence au moment où elle s'élaborait. Mais il se situait à l'époque dans le même camp que Jean Monnet, celui des « giraudistes », c'est-à-dire contre de Gaulle. Celui-ci, qui n'avait en tête que de rétablir la souveraineté nationale, dut bien composer avec Jean Monnet, qui était l'homme de Roosevelt à Alger. Il en fit son commissaire au Ravitaillement au sein du Comité français de libération nationale.

Mais c'est Jean Monnet qui souffla ensuite à Robert Schuman, en 1950, l'idée de la CECA. Schuman, qui avait fait entrer dans son gouvernement, en novembre 1947, au poste de ministre des Anciens Combattants et Victimes de guerre, un jeune homme presque inconnu : François Mitterrand[2]. Et c'est celui-ci qui, quarante ans plus tard, fera entrer Jean Monnet au Panthéon !

« Vaincre notre histoire » ou « passer le témoin » ?

François Mitterrand s'est beaucoup targué, par la suite, d'avoir été un « Européen de la première heure » en participant à la conférence de La Haye en 1946. Je n'ai pas l'impression que l'Histoire en aurait tellement gardé la trace s'il ne l'avait ensuite si souvent revendiqué et surtout assumé en donnant le coup d'accélérateur décisif des traités de Luxembourg

1. J.-P. Chevènement *La Faute de M. Monnet, op. cit.*, p. 24.
2. François Roth, *Robert Schuman,* Fayard, 2008, p. 310.

en 1985 et de Maastricht en 1991. À coup sûr, il était, comme la plupart des hommes de la IVe République, partisan d'une Europe occidentale alliée du monde anglo-saxon, mais le sentiment et le souvenir de la guerre encore proche le tournaient plus, me semble-t-il, vers l'Angleterre que vers l'Allemagne, même si celle-ci occupait dans sa réflexion une place qu'avait nourrie l'expérience de la captivité.

Ministre de la France d'outre-mer, François Mitterrand rêvait encore, dans les années cinquante, d'une plus grande France, des Flandres au Congo. Quand Pierre Mendès France, à l'été 1954, laissa libre l'Assemblée nationale et sa propre majorité, y compris ses ministres députés, de voter, chacun selon sa conscience, sur le projet de Communauté européenne de défense (CED), il s'abstint délibérément, comme le président du Conseil lui-même. Trois ans plus tard, Pierre Mendès France vota contre le traité de Rome (à la différence, cette fois, de François Mitterrand).

Sa « mystique européenne » s'enracine dans ses souvenirs de jeunesse, mais ne lui vint réellement, me semble-t-il, que sur le tard. Dès 1965, le candidat unique de la gauche fit de l'Europe un thème fort de sa campagne, mais c'est en 1972 qu'il trouva dans la social-démocratie européenne le contrepoids nécessaire à l'engagement qu'il avait pris en signant le programme commun de la gauche. Il fit de l'Europe, au sein du Parti socialiste, un usage qui n'était pas modéré : dès 1973, il imposa à ses amis de la Convention des institutions républicaines (Joxe, Estier), plus qu'au Ceres, d'ailleurs, le dogme européen. Ce fut le congrès de Bagnolet, où il dut encore concéder – miracle de la synthèse – que « l'Europe serait socialiste ou ne serait pas ». Mais le ralliement à l'Europe devint dès lors le grand discriminant au sein du Parti socialiste : il valait ralliement à sa personne. On ne pouvait pas être « mitterrandiste » si on n'était pas aussi « européen ». François Mitterrand s'était laissé gagner par l'idée, redevenue à la mode, que non seulement la France réduite à elle-même – 1 % de la population mondiale, selon Giscard – ne faisait plus le poids, mais – c'était le pas décisif – qu'elle ne pèserait plus, désormais, à l'échelle du monde que par le biais de « l'Europe » et par la magie des « institutions » auxquelles il prêtait une vertu créatrice. Ce qu'il reprochait le plus à de Gaulle, nous disait-il, c'était d'avoir empêché l'Europe de se faire « institutionnellement », quand c'était possible, c'est-à-dire, selon lui, dans les années soixante. Curieusement, il ne reprocha pas à Pompidou d'avoir fait entrer la Grande-Bretagne dans le Marché commun en 1972 (sujet sur lequel il opta pour une très « politique » abstention). Et pourtant, l'adhésion de la Grande-Bretagne enterrait d'avance toute visée fédéraliste !

Bien évidemment, la « vision européenne » que François Mitterrand a imposée de 1983 à 1992, avec toute la force de son imperium, n'est pas séparable d'un mouvement plus ancien et plus profond : la plus grande partie des socialistes, les démocrates-chrétiens et la droite libérale s'étaient ralliés d'emblée au dessein de Robert Schuman et de Jean Monnet. À aucun moment, cependant, ceux-ci ne tentèrent de forcer le destin – sauf en 1954 avec le projet de Communauté européenne de défense (CED). Mais là où ils échouèrent – sur la défense – face à l'opposition conjuguée des gaullistes, des communistes et des républicains de gauche, François Mitterrand ne pressa pas le rythme. Il contourna l'obstacle : c'est sur la monnaie qu'à Maastricht il força le passage. Le droit de battre monnaie, privilège du suzerain, fut retiré aux nations. Pour le meilleur ou pour le pire ?

Deux ans après Maastricht, François Mitterrand m'a déclaré avoir constaté qu'en Yougoslavie l'Allemagne avait hérité à la fois de la diplomatie du Reich et de la diplomatie de l'Empire austro-hongrois. Comme je lui exprimais mon inquiétude de voir l'Allemagne revenir dans les Balkans à ses anciens tropismes, il m'interrompit d'une boutade : « Mais où croyez-vous que la France en était, sous Charles Quint, quand elle était encerclée de toutes parts : à l'est l'Allemagne, au nord les Pays-Bas, et au sud l'Espagne et l'Italie ? » Quel « Européen » était donc François Mitterrand ? Au fond de lui, il restait très français. Il imaginait certainement que la France se continuerait dans l'Europe. Il se trompait sans doute, car l'Europe n'a pas été, comme beaucoup de Français l'imaginaient, un « prolongement de la France », une « France en plus grand ». Tout cela date d'une autre époque dont l'unification allemande et l'élargissement à l'Est ont sonné le glas. Évidemment, il ne le reconnaîtrait pas : « Avions-nous un autre choix ? » Plaidoyer interrompu…

Dans son dernier discours, cependant, à Berlin, le 9 mai 1995, pour le cinquantième anniversaire de la victoire de 1945, François Mitterrand montre combien, au fond de lui-même, il est resté hésitant : « Je ne suis pas venu souligner la défaite, parce que j'ai su ce qu'il y avait de fort dans le peuple allemand, ses vertus, son courage, et peu m'importe son uniforme, et même l'idée qui habitait l'esprit de ces soldats qui allaient mourir en si grand nombre. Ils étaient courageux. Ils acceptaient la perte de leur vie. Pour une cause mauvaise, mais leur geste à eux n'avait rien à voir avec cela. Ils aimaient leur patrie… L'Europe, nous la faisons, nous aimons nos patries. Restons fidèles à nous-mêmes. Relions le passé et le futur et nous pourrons passer, l'esprit en paix, le témoin à ceux qui vont nous suivre. »

Nous sommes assez loin, ici, de l'idée qu'il avait développée quatre mois plus tôt devant le Parlement européen, à Strasbourg, selon laquelle « il faut vaincre notre Histoire ! ».

N'importe ! François Mitterrand a imposé sa « vision » parce qu'il se vivait comme un « grand homme d'État » ayant peut-être des comptes à rendre dans l'au-delà, certainement devant l'Histoire, mais sûrement pas aux « simples » – comme il me le dit un jour – qui composaient les sections du Parti socialiste en Haute-Garonne. François Mitterrand voulait rester comme un « grand Européen ». Et il le restera sans doute, à long terme, quand nous serons tous morts.

CHAPITRE V

1990-2008
Le triomphe de l'inégalité

Sur quel monde le grand ralliement au néo-libéralisme triomphant, effectué dans les années quatre-vingt au nom de « l'Europe », a-t-il débouché vingt ans plus tard ?

L'avènement du capitalisme financier se manifesta alors d'abord par l'explosion des cours boursiers. En résulta un effet d'enrichissement incontestable... chez les plus riches. À Paris, la Bourse stagnait depuis deux décennies : elle reprit de vives couleurs à partir de 1984. Au vieux système qu'on qualifiait, non sans condescendance, de « fordiste », parce qu'il assurait aux salariés des emplois stables et bien rémunérés, et que l'État régulait, se substitua progressivement un monde nouveau où l'État laissait les marchés faire la loi grâce à l'informatisation. Il y flottait comme une odeur de sang : les profits rapides y étaient à nouveau rendus possibles. L'État déréglementait à tout-va. La sphère financière se développa démesurément et d'abord dans le monde anglo-saxon. Les banques américaines réalisaient 10 % des profits en 1980 ; elles en faisaient 40 % en 2007. Le total des actifs financiers, au niveau mondial, a plus que triplé, passant de 110 % du PNB mondial en 1980 à 346 % en 2006. En France, Alain Minc se ferait alors le barde de la « mondialisation heureuse[1] ».

1. Alain Minc, *La Mondialisation heureuse,* Plon, 1997.

*De la mondialisation heureuse à l'*hubris

À l'euphorie intérieure provoquée par l'envol des plus-values répondit à l'extérieur le triomphe de l'Hyperpuissance. On se souvient de ce moment (1992) où Francis Fukuyama put se croire autorisé à proclamer « la fin de l'Histoire » avec la victoire définitive, à l'échelle mondiale, du « marché » et de la « démocratie ». Que pouvait-il désormais arriver d'autre ? Après la guerre du Golfe qui, selon George Bush père, « avait enterré pour toujours le syndrôme du Vietnam dans les sables de l'Arabie » et où la « politique arabe » de la France, enrôlée sous la bannière américaine, fit définitivement naufrage, après l'effondrement de l'Union soviétique et enfin la signature, en 1994, des accords de Marrakech créant l'OMC[1], le triomphe de l'Hyperpuissance et du capitalisme anglo-saxon paraissait sans rivage. Le traité de Maastricht marquait pareillement, en Europe, la victoire conjointe du marché et d'une démocratie dite « post-nationale », c'est-à-dire virtuelle. Avec Georges Sarre et Jean-Pierre Michel, députés du Mouvement des citoyens, et de concert avec Pierre Mazeaud, l'un des derniers gaullistes, et les députés communistes, je défendis alors à l'Assemblée nationale des motions d'irrecevabilité contre les accords de Marrakech et la dénationalisation de la Banque de France. L'horizon étant borné, nous témoignions pour l'Histoire...

Dans la « globalisation financière », les grands fonds d'investissement mettaient en musique la valorisation du capital selon les secteurs et les contrées. De plus en plus, ils régentaient les grands choix de société. Comme on dit en langage marxiste, ils gouvernaient la « reproduction sociale ». La globalisation s'appuyait sur une économie dominante et sur une monnaie mondiale. Derrière le marché mondial, il y avait la puissance des États-Unis. Elle gageait le modèle néolibéral

1. Organisation mondiale du commerce.

comme le géant Atlas portant le ciel sur ses épaules. Peu importait que, avec le capitalisme financier mondialisé, le centre de gravité du monde passât de l'Atlantique au Pacifique : entre les deux, il y avait toujours les États-Unis. Le marché a toujours été un mode de gestion contrôlé, en dernier ressort, par la puissance politique dominante. Sa neutralité supposée est évidemment un leurre. Sauf si l'imperium vient à vaciller… Nous n'en étions pas là.

Dans le même temps, la Russie était livrée aux thérapies de choc libérales à l'instigation des émules de Milton Friedman.

La voie était, de fait, ouverte à l'*hubris*, à la démesure, seul véritable péché aux yeux des Grecs anciens. Les dernières réglementations issues du New Deal volèrent en éclats : ainsi le « Glass Steagall Act », qui obligeait à dissocier banques d'affaires et banques de dépôt et qu'abrogea, en 1996, Robert Rubin, le secrétaire d'État au Trésor de Bill Clinton. De même, les États-Unis définirent des normes comptables et prudentielles ajustées à la valeur du marché, c'est-à-dire naturellement procycliques : ça marche avec l'expansion (les valeurs montent), mais pas en temps de crise (elles s'effondrent)…

L'avènement du capitalisme financier avait fait émerger un « système d'avidité » (Joseph Stiglitz). La libéralisation des marchés, justifiée par l'abaissement théorique des coûts, débouchait, tout au contraire, sur l'explosion des bonus et des inégalités. Le marché financier, curieusement, finançait les actionnaires et non l'inverse, grâce notamment aux rachats d'actions : ainsi, depuis le début des années quatre-vingt-dix, l'émission nette d'actions aux États-Unis était devenue négative !

La rémunération qu'exige le capital pour s'investir « à risque » atteint, avant 2007, des niveaux faramineux : 15 % est alors le chiffre le plus couramment cité. Dans le capitalisme financier mondialisé, ce paramètre s'impose comme une exigence sans frontière. Tel est le rendement que les managers doivent tirer des fonds propres qui leur sont confiés : s'ils « percent » vers le bas ce plancher, les « marchés » se détournent d'eux. Bien entendu, les « managers » sont plus que correctement rémunérés : leurs salaires astronomiques, quand on y ajoute les bonus et les parachutes dorés, les assimilent complètement à la caste financière. L'éventail des salaires s'élargit. Le mot « salaire » cesse de recouvrir des réalités homogènes. Si la part des salaires dans la valeur ajoutée régresse fortement jusqu'au début des années quatre-vingt-dix, ce mouvement se double, depuis lors, d'un creusement des inégalités salariales. Chacun veut sa part des profits qui explosent et de la croissance globale qui bondit, même si, à y regarder de près, elle est bien inégalement répartie selon les régions du monde. C'est la grande illusion. Des fortunes colossales s'édifient.

Les sociaux-libéraux eux-mêmes, malgré leurs déconvenues électorales (en France : 1993, 2002, 2007), sont éblouis par le même mirage que les chantres de la mondialisation heureuse. Une sorte de compagnonnage discret s'établit avec les élites financières.

Un monde darwinien

En mettant en concurrence les territoires et les systèmes sociaux, la « globalisation » est la source principale de l'accroissement des inégalités. Les exigences de rentabilité à 15 % entraînent les délocalisations notamment dans les pays à bas coût salarial et la baisse de l'emploi industriel dans la plupart des pays développés. Les gains de productivité sont confisqués par les actionnaires et la caste des hauts dirigeants. Mais cette société du lucre n'est pas sans failles, lesquelles se creusent en profondeur : la stagnation de la masse des salaires conduit en effet à l'endettement des ménages. L'entrée de centaines de millions d'hommes dans le circuit de l'économie mondiale, l'urbanisation galopante au Sud, l'explosion du chômage dans les vieux pays industriels concourent à la recréation d'une immense « armée industrielle de réserve »

– pour parler comme Marx – qui va peser sur les coûts salariaux. À l'extension du paupérisme ou à la stagnation du pouvoir d'achat répond le développement du crédit à la consommation et des prêts immobiliers. Une bombe à retardement se constitue dans les tréfonds de la société. Les possibilités de placement dans les paradis fiscaux qui s'offrent aux riches de tous les pays et la course au « moins-disant fiscal » altèrent – on le voit en France comme aux États-Unis – l'effet redistributeur de l'impôt.

La limitation des prélèvements obligatoires et la paupérisation des États entraînent parallèlement la crise des services publics et le déclin de leur rôle correcteur des inégalités. L'ascenseur social se bloque… L'École, en particulier, entre en crise. L'« échec scolaire » masque l'échec social. Le « pédagogisme » fleurit – j'entends par là les « pédagogies nouvelles » (en fait, pas si nouvelles que cela), dites encore « constructivistes », qui mettent l'enfant, et non plus le savoir, « au centre de l'École », et lui laissent le soin de « construire » ses connaissances, tandis que l'exigence de rigueur dans l'apprentissage des savoirs se relâche. Les pédagogues sont conviés à « apprendre à apprendre ». À quoi bon apprendre quelque chose, en effet, quand l'horizon social se rétrécit dans une économie qui ne crée plus d'emplois ? L'École est délibérément mise en crise. Les classes aisées, pour leurs rejetons, trouveront toujours des substituts… La mondialisation débouche ainsi sur une société toujours plus dure. Pierre Bourdieu a souligné que le néo-libéralisme était en fait une utopie convertie en programme politique : « un programme de destruction des collectifs[1] »… « débouchant sur un monde darwinien fait de flexibilité, d'insécurité, de stress et de souffrances, sur fond d'individualisation de la relation salariale[2] ».

1. Pierre Bourdieu, « Le néolibéralisme, utopie d'une exploitation sans limites », *Contrefeux*, 1998.

2. Pierre Bourdieu, *La Misère du monde,* Seuil, 1993.

Sans doute une observation plus fine de la société française montrerait-elle que la « pauvreté » s'est d'abord réduite, notamment chez les personnes âgées, avec l'arrivée à maturité des régimes de retraite. Mais l'événement fort et massif des trente dernières années est la montée de la pauvreté chez les « actifs » : chômeurs d'abord pour un tiers, le système d'indemnisation ne prenant en charge que la moitié des demandeurs d'emploi ; mais, pour les deux tiers, développement de la précarité (CDD, intérims, contrats aidés, travail à temps partiel contraint, notamment chez les femmes).

La pauvreté croît curieusement quand le chômage recule, comme on l'observe encore aujourd'hui en Allemagne. C'est, comme l'explique Jacques Rigaudiat, que la « précarité de l'emploi dissout le chômage[1] ». Ainsi s'éclaire le sens de ce que les institutions européennes appellent les « réformes structurelles du marché du travail » : au nom de la « compétitivité », le patronat exige ainsi des syndicats l'allongement ou l'annualisation du temps de travail.

Avec la suppression, en France, de plus de deux millions d'emplois industriels depuis trente ans, ce qu'on appelle les « couches populaires » ont été profondément transformées : effondrement des bastions traditionnels de la classe ouvrière, tertiarisation, féminisation, exode dans la périphérie urbaine, atomisation dans les services et les bureaux. La transformation de l'organisation du travail répond à l'exigence de flexibilité, inséparable de la recherche de rentabilité.

Sans doute peut-on encore faire observer que l'inégalité est moins grande en France qu'aux États-Unis : la part des revenus avant impôt du 1 % de la population la plus riche atteint ici 8,2 % contre 17 % là-bas (14 % au Royaume-Uni, 11 % en Allemagne, 6,3 % en Suède[2]). Mais ce qui compte, c'est le sens

1. In *Mondialisation et inégalités en France*, Fondation Res Publica, 2009, p. 18.

2. A. Atkinson, T. Piketty, E. Saez, « Top incomes in the long run of history », *Journal of Economic Literature*, 2010.

de l'évolution : partout elle se fait dans le sens de l'inégalité, les États-Unis imposant leur rythme.

Moutons

Les pays d'Europe vont suivre moutonnièrement. Loin de constituer une protection, comme le prétendaient les auteurs du traité de Maastricht, les directives européennes ont anticipé les mesures prises à l'OMC, avec l'accord et bien souvent sous l'impulsion de la Commission européenne. On a l'impression que nos responsables perdent l'idée d'un intérêt national ou même européen spécifique. On aura ainsi vu la Bourse de Paris fusionnée avec celle d'Amsterdam, puis de New York, pour finir délocalisée à Londres. Au nom de la concurrence, une directive européenne de 2007 a supprimé le monopole des Bourses nationales. Aussitôt Euronext, pour conserver sa « part de marché » et gagner quelques millièmes de seconde par rapport aux spéculateurs concurrents, a transféré ses serveurs à Londres, au plus près de la City. Silence ! La Finance seule et ses dirigeants suspendus à des parachutes dorés savent ce qui est bon pour la France et pour l'Europe ! Les multinationales perdent de vue le concept de « territoire national ». Leurs chiffres d'affaires, leurs profits, leurs investissements, les emplois qu'elles créent explosent… mais à l'étranger, dans les pays à bas coûts, là où se situeront demain « les sources de la croissance », c'est-à-dire les profits. L'Europe, quant à elle, est encalminée pour différentes raisons, et d'abord la monnaie forte, dans une stagnation de longue durée.

La Commission européenne, gardienne vigilante de l'orthodoxie libérale, propose et impose ses directives au nom de l'« ouverture à la concurrence », avec l'aval plus ou moins tacite des gouvernements : ceux-ci ne se révoltent pas contre l'ordre du monde ainsi redéfini. Ils s'inclinent devant le Veau d'or, ou plutôt le nombre d'or : le ratio de rentabilité qu'exige le Capital. Les banques européennes, qui avaient conservé le modèle de la « banque universelle », lequel ne les privait pas de faire des affaires, se jettent sur les titres américains. J'ai connu un banquier, homme estimable au demeurant, à qui je demandais comment il avait pu placer l'épargne des gens modestes qui lui était confiée en actifs toxiques américains. « C'est, me répondit-il, que si vous gagnez 2 % quand vos concurrents font du 10 %, vous passez pour un imbécile ! » Les Landesbanken allemandes elles-mêmes n'ont pas été protégées par leur provincialisme. Ainsi toutes les barrières ont-elles été rompues. Exit, l'« économie mixte » à la française ! Exit, le fameux « modèle rhénan » ! Seul demeure le modèle du capitalisme anglo-saxon.

*

Et l'Europe, dans tout cela ? Elle a été marginalisée. Le centre du monde est quelque part, dans le Pacifique, entre les États-Unis et la Chine. L'Europe voit sa part constamment régresser dans la production mondiale, et même dans le commerce international. Elle rétrécit, à l'extrême ouest de l'Eurasie, continent vieillissant, avec un marché offert, une monnaie surévaluée écrasant sa compétitivité et une absence de réactivité liée à un mécanisme décisionnel lourd, voire inopérant. Dans un monde qu'on décrit comme « multipolaire », l'Europe n'est pas un pôle.

Aux yeux de la France, Maastricht était l'habit convenable d'une Europe métamorphosée par la réunification allemande et l'effondrement du communisme. La rançon de la monnaie forte a été pour la France une lente dégradation de sa compétitivité. Elle s'est installée dans un chômage de masse durable : 1,869 million en 1981 ; 2,566 millions en 1986 ; 3,066 millions en 1993 ; 2,929 millions en 1995 ; 3 millions à nouveau aujourd'hui, soit près de 10 % de la population active. Dix ans après l'introduction de la monnaie unique, la situation dans les autres pays de la zone euro n'est pas meilleure (sauf en Allemagne où le chômage n'en atteint pas moins 7 % des actifs).

Pour la gauche et pour la droite, associées depuis vingt-cinq ans dans la même politique, de l'Acte unique à Lisbonne, via Maastricht, le bilan est lourd. Il est particulièrement amer pour ceux qui se souviennent d'avoir écrit en 1981 sur leurs affiches : « D'abord l'emploi ! »

Retour à Marx... et à la « Belle Époque »

Les thuriféraires de la globalisation contestent que celle-ci, à l'échelle du monde, ait entraîné un accroissement des inégalités. Ils font valoir au contraire que des centaines de millions de travailleurs chinois, indiens, brésiliens ou turcs sont sortis de la pauvreté, au sens de l'indice de pauvreté défini par l'ONU.

Ce raisonnement est trop rapide, car tous les travailleurs chinois (ou indiens, ou brésiliens, ou turcs) ne sont pas logés à la même enseigne. Dans chacun de ces pays, on assiste aussi à une explosion des inégalités. Il n'y a pas grand-chose de commun entre le sort des « nouveaux riches » de Shangai et celui des « migongs » – travailleurs migrants des campagnes vers les villes, dépourvus de toute protection sociale et livrés à une exploitation sans frein. Si le modèle de développement porté par le capital financier et l'investissement des firmes multinationales permettent logiquement aux pays dont l'avantage comparatif réside dans le faible niveau des salaires, de croître plus vite que les pays anciennement industrialisés où le coût du travail, à productivité égale, est au moins dix à vingt fois supérieur, on voit bien où est le principal gagnant : c'est le capital, ou plutôt l'union réussie des capitalistes de tous les pays sous l'égide des maîtres de la Finance. Combien sont-ils ? Au total, assez peu. Et ce qui doit guider notre jugement, c'est le modèle de développement, c'est-à-dire la vue d'ensemble, et non pas de savoir qui passe ou ne passe pas sous la toise d'un indice de pauvreté arbitraire. Optiquement, les écarts de richesse se réduisent entre les nations ; en réalité, ils s'accroissent au-dedans, même si l'action volontariste des États a permis, comme au Brésil, la création de filets de sécurité. Derrière le voile largement trompeur des statistiques, c'est un système d'exploitation redoublé qui s'est imposé à l'échelle du monde par la mise en concurrence directe des territoires. Partout l'exploitation triomphe, il y a de nouveaux riches et même l'embryon de classes moyennes, mais il y a surtout une nouvelle pauvreté composée d'exploités ou d'exclus. Retour à Marx.

Le choix de l'ouverture sans limites à la concurrence internationale a ainsi favorisé un développement des inégalités sans véritable précédent depuis un siècle. Tout s'est passé comme si le vieux bonhomme capitaliste, délivré à la fois du communisme et des bandelettes du keynésianisme était en fait revenu à la « Belle Époque » d'avant 1914. Sans doute la gauche a-t-elle cherché, au début des années quatre-vingt, à limiter les inégalités par le haut (tranche d'imposition à 65 % en 1982, plafonnement des rémunérations des dirigeants des entreprises nationales à 65 000 francs par mois). À cette orientation il a été promptement renoncé.

Face à l'exclusion croissante, la gauche, pour l'essentiel, s'est bornée à mettre en place des filets de protection : RMI (revenu minimum d'insertion) en 1988, CMU (couverture maladie universelle) en 1999. La droite n'a pas renié cette visée, avec le DALO en 2007 (droit au logement opposable), largement cosmétique d'ailleurs, et avec le RSA (revenu social d'activité) en 2009. Mais que veut dire une politique de correction des inégalités si tous les choix de politique économique et l'évolution du système tendent à l'inverse ? Le remords social a conduit les sociaux-libéraux à promouvoir quelques actions, notamment dans les services publics (éducation, santé), manifestant ainsi que la valeur d'égalité ne leur était pas devenue complètement étrangère. Cette tentative, dite de « troisième voie », a fait long feu : que se passe-t-il en effet quand la croissance n'est plus au rendez-vous ?

Si le capitalisme financier d'aujourd'hui nous fait revenir économiquement à une situation qui rappelle l'avant-1914, il ne nous ramène pas à une « Belle Époque ». L'impérialisme, le racisme, l'antisémitisme n'ont pas disparu. L'intégrisme islamique et le néo-conservatisme radical, malgré l'élection d'Obama, restent bien présents dans le paysage de notre temps. On pressent enfin que d'une nouvelle géographie des puissances, et particulièrement de l'irrésistible montée de la Chine, peuvent naître de nouvelles tensions.

Dans l'univers globalisé, il n'y a plus de barrières, plus d'« écluses », comme on dit aujourd'hui, donc plus d'amortisseurs. L'exploitation, l'avidité, les instincts prédateurs ne connaissent pas de bornes. Le repli égoïste, la démobilisation civique, le communautarisme, le racisme constituent de permanentes tentations en période de crise. La théorie des « guerres de civilisations » n'a pas fleuri par hasard à l'apogée du capitalisme financier (S. Huntington, *Le Choc des civilisations*, 1994). La tentation de la guerre est toujours présente dans la crise du capitalisme comme « l'orage dans la nuée », selon Jaurès. L'idée que les démocraties ne commettent pas de guerre d'invasion s'est révélée une illusion en 2003 : les États-Unis, la Grande-Bretagne, l'Espagne, l'Italie, etc., étaient des démocraties quand leurs gouvernements décidèrent d'envahir l'Irak. Le Moyen-Orient reste aujourd'hui ce que les Balkans étaient à l'Europe d'avant 1914 : le foyer des guerres futures.

Face à ce monde d'iniquité à l'accouchement duquel ils ont contribué – sans doute pour beaucoup involontairement –, les sociaux-libéraux qui se voulaient, en France, au printemps 1991, « à l'avant-garde du nouvel ordre international » proclamé par George Bush père, restent aujourd'hui sans voix, comme la poule qui, croyant avoir pondu un œuf, se retrouve en présence d'un couteau. Dans la marche vers l'égalité, quelle régression historique représentent ces trois dernières décennies !

CHAPITRE VI

1990-2010
Le retour de l'Allemagne

Vingt-sept ans après l'ouverture, au nom de l'Europe, de la « parenthèse libérale », vingt ans après la proclamation de l'unité allemande (3 octobre 1990), la France se retrouve dans une Europe, sans doute assez éloignée du rêve initial de François Mitterrand.

L'Allemagne impose benoîtement ses choix

L'Europe d'aujourd'hui est « germanocentrée ». En France, c'est encore un gros mot, mais c'est l'évidence même ! Depuis vingt ans – sauf dans un domaine : la défense et les relations extérieures –, l'Allemagne impose comme naturellement ses choix, qu'il s'agisse des contours de l'Europe, de la politique économique et monétaire, et, bien sûr, de son organisation interne.

Les contours de l'Europe

L'encre de Maastricht était à peine sèche que la diplomatie de M. Genscher s'empressait déjà de reconnaître unilatéralement l'indépendance de la Croatie, ouvrant ainsi la voie à l'émiettement de la Fédération yougoslave. Pour mener le processus à son terme, il a bien sûr fallu l'intervention de l'OTAN en Bosnie-Herzégovine (1995), puis, en dehors de toute autorisation du Conseil de sécurité de l'ONU, au Kosovo et sur les villes yougoslaves (1999). La Serbie n'avait pourtant pas tous les torts. Je me souviens encore des admonestations de mon collègue et ami Otto Schilly, ministre de l'Intérieur SPD de la République fédérale, m'enjoignant par téléphone, en mai 1999, d'accueillir en France quelques milliers de réfugiés kosovars fuyant paradoxalement les bombes de l'OTAN censées les protéger. Je l'envoyai gentiment promener, car l'ingérence a son prix.

Les guerres yougoslaves ont été l'occasion de relégitimer l'OTAN et, à travers elle, la présence américaine en Europe. La France a d'abord cherché à retarder ce moment avec François Mitterrand, mais, en définitive, elle ne s'y est pas opposée. Mieux, c'est M. Juppé, alors ministre des Affaires étrangères dans le gouvernement de M. Balladur, qui prit l'initiative de se tourner vers les États-Unis (1994). En résultèrent les accords de Dayton (1995) et le partage de fait de la Bosnie-Herzégovine. Quelques années plus tard, les forces de l'OTAN, c'est-à-dire des États-Unis, se sont installées au Kosovo, dont l'indépendance a été proclamée au mépris de l'engagement pris par la communauté internationale de respecter l'intégrité territoriale de la Yougoslavie, alors réduite à la Serbie-Monténégro. De même, la scission, cette fois à l'amiable, de la Tchéquie et de la Slovaquie contribua à dessiner une carte de l'Europe centrale bien différente de celle issue du traité de Versailles : la Yougoslavie et la Tchécoslovaquie, voulues par la France et la Grande-Bretagne en 1919, et jadis piliers de la « Petite Entente », ont aujourd'hui disparu de la carte au profit d'une myriade de petits États évoquant la *Kleinstaaterei*[1] du Saint Empire romain germanique. Ainsi va l'Histoire, par sauts et

1. Fragmentation en petits États.

gambades, comme disait Montaigne, et quelquefois par simples allers et retours.

*

L'extension, en 1995, de la Communauté européenne aux pays de l'ex-Association européenne de libre-échange (AELE) – Autriche et Scandinavie – a contribué à déplacer vers l'est le centre de gravité de l'Europe. Mais c'est surtout l'écroulement du communisme, de novembre 1989 à décembre 1991, qui a ouvert la voie à une autre Europe, avec l'Allemagne non seulement réunifiée mais géocentrée, au cœur d'un continent où les pays de l'ex-pacte de Varsovie recouvraient leur liberté. Comment eût-on pu leur refuser d'adhérer à l'« Europe » ? François Mitterrand, en dehors du cadre de Maastricht, chercha bien à susciter une « Confédération européenne » allant jusqu'à la Russie, mais excluant les États-Unis. Il se fit sèchement renvoyer dans ses buts, à la conférence de Prague, en 1991, par Vaclav Havel, alors président de la République tchécoslovaque. Dès lors, M. Balladur étant devenu Premier ministre, la voie était libre pour l'adhésion des PECO's[1] à la Communauté européenne et à leur intégration par la voie du marché (1993).

Alléguant des raisons de sécurité, l'Allemagne voulait reculer plus à l'est les frontières de l'Europe : ce fut rapidement chose faite avec la Pologne, la Tchécoslovaquie et la Hongrie. On peut penser que les intérêts de l'industrie allemande n'étaient pas étrangers non plus à ce premier élargissement. Et comment, ensuite, refuser cette extension aux pays Baltes, à la Slovénie puis à la Roumanie, à la Bulgarie, et enfin à la Croatie, etc. ? Le mythe européen créait un véritable « droit à l'adhésion ». L'Union européenne honora sans la discuter cette « créance » et admit en son sein des pays dont le niveau des salaires était huit fois inférieur à la moyenne des siens. Mais comment s'y opposer alors qu'on avait accepté auparavant

1. Pays d'Europe centrale et orientale.

l'adhésion de la Grèce, de l'Irlande, de l'Espagne et du Portugal ? Y avait-il deux catégories d'Européens, ceux de l'Ouest et ceux de l'Est ? L'Allemagne, devenue numéro un en Europe, selon le mot du chancelier Kohl, voyait dans l'adhésion des PECO's l'occasion de reconstituer son Hinterland naturel, la *Mitteleuropa* d'autrefois[1]. Les investissements allemands s'y multipliaient déjà depuis longtemps, reconstituant ainsi un réseau d'entreprises sous-traitantes pour l'industrie allemande. Dès lors, il était vain de s'opposer à une extension que l'esprit de justice et de réparation paraissait commander à l'égard de peuples qui avaient souffert sous le joug du communisme. La situation particulière des pays situés plus à l'ouest ne fut pas prise en compte. C'est ainsi que l'industrie automobile française commença son grand déménagement vers la Tchéquie, la Slovaquie et la Roumanie, sans que nul, en France, se soit avisé de canaliser le mouvement comme sut le faire l'industrie allemande.

La nouvelle géographie de l'Europe met – c'est un fait – l'Allemagne au centre du continent. Elle lui permet de bénéficier d'une sous-traitance de proximité tout en gardant pour elle les fonctions d'assemblage, de recherche-développement et de commercialisation sous le label prestigieux du « made in Germany ». Par-dessus les pays de l'Europe centrale et orientale, l'Allemagne regarde à nouveau prioritairement vers l'est, vers l'Ukraine, la Russie, l'Asie centrale, comme l'indique son « Livre blanc » sur la sécurité de 2006. Elle le fait assez adroitement. Par exemple, à Bucarest, en mai 2008, de concert avec la France, elle s'est opposée à la mise en œuvre d'une procédure de pré-adhésion de l'Ukraine et de la Géorgie à l'OTAN pour ne pas contrarier la Russie. L'Allemagne sait jusqu'où l'Europe doit aller ; elle sait aussi jusqu'où – pour ménager la Russie – elle ne doit pas aller. Helmut Kohl, Gerhard Schröder et Angela Merkel ont su développer avec continuité un véritable

1. Hinterland : arrière-pays ; Mitteleuropa : « Europe du milieu » (Europe centrale).

partenariat germano-russe. L'Allemagne importe de Russie 40 % de son pétrole et 36 % de son gaz. Les capitaux allemands représentent la moitié des investissements étrangers en Russie, notamment dans l'automobile, le ferroviaire, l'aéronautique, etc. L'Allemagne en Europe se veut médiatrice, pont entre l'Ouest et l'Est. De même a-t-elle tissé, dès les lendemains de la réunification, une relation particulièrement dense avec la Chine. L'Allemagne a redécouvert la puissance. Avec une nouvelle génération de dirigeants nés après la guerre (Schröder, Merkel), elle a abandonné sa traditionnelle « culture de la retenue », quitte à, le cas échéant, froisser les Français.

La volonté de Nicolas Sarkozy de créer une « Union de la Méditerranée » a été sévèrement contrée, au printemps 2008, par Angela Merkel. De cet affrontement diplomatique a finalement résulté, pour l'essentiel », un « Barcelone bis ». C'est dans le cadre de l'Union européenne à vingt-sept que seront traités les problèmes de la Méditerranée. Il est désormais clair que l'Allemagne, vingt ans après la réunification et l'élargissement au nord et à l'est de l'Union européenne, entend renvoyer au musée l'idée que la France pourrait mener une politique étrangère en dehors de l'Union, et surtout s'affirmer en Méditerranée comme un acteur de premier rang.

À vrai dire, l'intérêt de la France serait d'impliquer l'Europe tout entière, y compris l'Europe nordique, dans le développement du sud de la Méditerranée et de l'Afrique, sans pour autant y subordonner son action propre, comme il serait d'ailleurs souhaitable que les pays de l'Europe occidentale et méridionale (France, Italie, Espagne notamment) s'investissent davantage que ce n'est le cas aujourd'hui dans la modernisation de l'Europe orientale, notamment de la Russie. Tel devrait être un projet européen partagé.

L'ordre économique et monétaire

L'Allemagne impose ses choix comme une chose allant de soi : monnaie forte, croissance tirée par l'exportation, inflation tendant vers zéro, déficit budgétaire aussi réduit que possible, sont, pour elle, des vérités expérimentales. Cette « doxa » économique ferait se retourner dans sa tombe John Maynard Keynes. Elle ne trouve pas de justification théorique dans les travaux des économistes de l'École de Fribourg, Wilhelm Röpke ou Walter Eucken, considérés aux débuts de la République fédérale comme les vrais fondateurs de l'« économie sociale de marché » (*Soziale Marktwirtchaft*). Ceux-ci étaient en fait des libéraux de gauche, fortement imprégnés de christianisme social, attachés à l'idée de service public et très soucieux de l'intervention de la collectivité là où elle est nécessaire, surtout quand elle revêt une forme décentralisée. Sans doute la politique de Ludwig Ehrard, ministre des Finances, puis successeur de Konrad Adenauer comme chancelier de la République fédérale, a-t-elle créé le modèle de la nation exportatrice, sans que soit pour autant négligée l'importance de secteurs comme la paysannerie, l'artisanat ou les PME. Certes, nous sommes loin, aujourd'hui, de l'École de Fribourg : le capitalisme industriel allemand s'est lui aussi financiarisé, mais il a su préserver le *Standort Produktion Deutschland* (le site de production allemand). En fait, les dogmes auxquels l'Allemagne est attachée sont ceux qui lui ont réussi. Les exportations allemandes, qui étaient tombées à 8 milliards de marks en 1950, atteignaient 72 milliards en 1965 et 641 milliards en 1989 ! Le solde commercial, négatif au départ, bondissait à +135 milliards de marks en 1989 ! Point n'est besoin d'aller chercher la justification de ces dogmes dans la théorie : elle procède de la seule méthode expérimentale. C'est pourquoi il est si difficile d'en débattre. L'Allemagne réunifiée entend aujourd'hui prolonger la réussite économique de la « République de Bonn ». Elle croit dur comme fer à son modèle, puisqu'il lui réussit : en

2007, à la veille de la crise, ses exportations approchaient les 1 000 milliards d'euros, et son excédent commercial les 200 milliards, soit plus du double de celui qu'elle dégageait à la veille de la réunification. L'euro, pour l'Allemagne, n'a pas été une mauvaise affaire !

Pour imposer ses choix, l'Allemagne n'aurait besoin que de se référer aux traités eux-mêmes, à la conception desquels elle a constamment imposé sa marque de 1985 à 2008, qu'il s'agisse de la libération des mouvements de capitaux sans harmonisation fiscale préalable, du primat de la concurrence, des statuts de la Banque centrale, des critères d'adhésion à la monnaie unique, du pacte de croissance et de stabilité ou de la pondération des votes au Conseil européen. L'Allemagne a imprégné l'Europe de sa mentalité « ordo-libérale », pour ne pas dire libérale tout court : priorité à la lutte contre l'inflation, monnaie forte, désengagement de l'État, substitution au service public d'un « service universel » au nom de la concurrence. L'Allemagne ne serait évidemment pas parvenue à ce résultat si elle n'avait démontré l'excellence de son modèle économique et social, absorbé le choc de la réunification et conquis, jusqu'en 2009, la position de premier exportateur mondial. Ses ventes à l'étranger représentent plus de 40 % de son produit intérieur brut. C'est le trait que le modèle allemand partage avec le modèle chinois !

Constamment réévalué, depuis sa création, par rapport à toutes les monnaies et particulièrement au dollar, le deutschemark a été le symbole de l'éclatante réussite économique de la République fédérale allemande depuis 1949. Celle-ci plonge évidemment ses racines dans le passé industriel de l'Allemagne, qui, dès la fin du XIXe siècle, concurrençait l'industrie anglaise. Cette puissance de l'industrie allemande s'est bâtie dans la longue durée : la part de l'Allemagne dans le commerce mondial des produits manufacturés, à peine supérieure à celle de la France en 1875 (17,8 % contre 14,5 %), la dépassait nettement en 1913 (21,4 % contre 11,8 %) ; elle en représente le double pour la période 1931-1935 (20,7 % contre 10,3 %). Cet écart, réduit après 1945, s'est à nouveau reconstitué, puis creusé depuis le début des années 2000 : la part de l'Allemagne dans le commerce mondial était alors le double de celle de la France. Celle-ci est passée aujourd'hui sous la barre des 4 %, alors que l'Allemagne dépasse les 9 %.

L'afflux de douze millions de réfugiés venant de l'Est, à la fin de la Seconde Guerre mondiale, y a contribué. Mais rien n'aurait été possible sans les exceptionnelles qualités de travail du peuple allemand, son système de formation professionnelle en entreprise, son esprit d'innovation et ses capacités d'organisation collective. L'aide américaine a aussi donné un sérieux « coup de pouce ». La rapide intégration de la RFA au sein de l'Europe occidentale a enfin fourni un cadre propice au redressement spectaculaire de l'économie allemande (la CECA date de 1950, le traité de Paris entérinant l'adhésion de l'Allemagne à l'OTAN, de 1954, le traité de Rome créant le Marché commun, de 1957). Quand Jean Monnet vint expliquer à Konrad Adenauer son projet de CECA (Communauté européenne du charbon et de l'acier), « l'offre est inespérée, écrit Eric Roussel[1]. L'Allemagne est encore au ban des nations ; elle traîne derrière elle l'énorme passif du IIIe Reich. Aux yeux de certains, elle est toujours pestiférée ». Plus tard, Konrad Adenauer confiera à Paul Leroy-Beaulieu, haut fonctionnaire au commissariat de la République française à Bonn : « Voulez-vous dire à M. Monnet que lorsqu'il m'a proposé son projet, j'ai remercié Dieu[2]. » Tout le monde en France n'était pas de cet avis. René Massigli, ambassadeur à Londres, n'hésita pas à dire : « Jean Monnet finira pendu et je tisserai la corde pour le pendre[3]. »

Toujours est-il qu'avec le concours de Robert Schuman, ministre des Affaires étrangères, et de Georges Bidault, président du Conseil, la France a alors tendu la main à l'Allemagne au fond du précipice, pour lui proposer l'« égalité des droits ».

---

1. Éric Roussel, *Jean Monnet*, Fayard, 1995, p. 526.
2. *Ibid.*, p. 539.
3. *Ibid.*, p. 534

C'était un premier pas, qui fut suivi de beaucoup d'autres, mais il était capital pour la suite que la France prît une initiative de cette sorte : contrairement à l'après-1918, la voie d'une réconciliation profonde était désormais ouverte, et elle l'était par la France, à laquelle on ne pourrait plus reprocher, désormais, une implacable méfiance à l'égard de son voisin.

Sans doute, sur le plan économique, l'ouverture du Marché commun aux produits de l'industrie allemande fut-elle pour celle-ci une aubaine, un peu comme le *Zollverein*[1], au XIXe siècle. Mais comment expliquer que, à l'encontre de toutes les théories économiques habituelles, l'Allemagne ait pu asseoir sa reconstruction et ensuite son prodigieux essor sur une monnaie en perpétuelle réévaluation ? Comment sa compétitivité a-t-elle pu y résister ? Exprimée en prix, elle n'aurait dû cesser de se dégrader. Or, l'Allemagne est devenue, on l'a vu, jusqu'en 2009, le premier exportateur mondial ! L'explication selon laquelle la compétitivité des produits allemands tient non à leur prix, mais à leur qualité, à leur technologie, à la spécialisation de l'Allemagne sur des créneaux où elle dispose d'une position quasi monopolistique – machines-outils, biens d'équipement, voitures haut de gamme, pharmacie, chimie –, est convaincante, mais jusqu'à un certain point seulement.

L'Allemagne réalise un effort de recherche, notamment industrielle, supérieur à celui de tous ses autres partenaires européens (2,6 % du PIB). Elle dispose d'un système d'innovation dans tous les secteurs avec ses instituts Fräunhoffer. Elle bénéficie d'un tissu d'entreprises industrielles moyennes (d'au moins 500 personnes) exceptionnellement dense : c'est ce qu'on appelle le *Mittelstand*. Il n'en va pas de même en France où les entreprises exportatrices sont trois fois moins nombreuses et surtout plus petites. Si la France possède plus de grands groupes que l'Allemagne (douze contre huit parmi les deux cents premières entreprises mondiales recensées par la revue *Forbes*, dix-huit contre treize pour les trois cents

1. Union douanière de l'Allemagne scellée autour de la Prusse en 1823.

premières), à l'inverse, l'Allemagne a su développer, surtout dans la mécanique, un réseau beaucoup plus important d'entreprises moyennes indépendantes. Le tissu industriel allemand compte plus de dix mille entreprises de cent à deux mille personnes, contre six mille cinq cents en France[1]. Au total, l'industrie allemande pèse le double de l'industrie française et exporte plus de deux fois plus.

Il suffit de comparer les produits pour mesurer l'intense effort de développement technologique réalisé outre-Rhin pour obtenir les meilleures performances. Il y a des leçons à prendre dans ce grand pays qui, comme le Japon, a fait le pari de la haute intensité technologique pour pouvoir affronter l'avenir difficile que sa démographie vieillissante lui réserve.

La qualité des produits allemands n'explique cependant pas tout. Les prix continuent de jouer un rôle, l'envol des exportations allemandes depuis 2000 tenant pour beaucoup à la mise en œuvre, sous l'impulsion du chancelier Schröder, d'une politique de déflation salariale permettant de peser sur les coûts de production. Le positionnement de l'industrie allemande sur le « haut de gamme » lui a permis, face au renchérissement de l'euro, de limiter une baisse de prix par rapport à l'industrie française qui, de 1995 à 2005, a perdu près du tiers de sa part de marché de « produits technologiques[2] ».

Il est vrai que l'excédent commercial allemand se réalise principalement sur l'Europe et à 60 % sur les pays de la zone euro. Mais cette « déflation compétitive », si elle a un envers, a aussi un endroit : c'est la sauvegarde de l'emploi en Allemagne, dans le cadre d'accords de branches, qui légitime la baisse des salaires, ou plus exactement leur maintien pour un nombre d'heures travaillées porté de 35 jusqu'à 41 heures par semaine. Les collaborateurs (*Mitarbeiter*) dont l'entreprise n'a provisoirement plus besoin sont mis en formation en attendant qu'un

1. *L'Allemagne, un modèle pour la France ?*, sous la direction de Patrick Artus, PUF, 2009, p. 96.

2. *Ibid.*, p. 26-27.

rebond de la conjoncture permette de les réintroduire dans le circuit productif. Il est évidemment très difficile de critiquer cette façon de faire au nom d'une conception simpliste de la lutte des classes à laquelle les syndicats français ne croient même plus. L'empreinte de la cogestion et l'adhésion à un même syndicat de branche de tous les travailleurs, indépendamment de leurs options politiques, constituent évidemment un élément de cohésion et donc de compétitivité pour les industries allemandes.

Si l'Allemagne a pu gagner, depuis 2000, dix points de compétitivité sur la France, et quinze sur la moyenne de ses partenaires de la zone euro, c'est en partie grâce à ce qu'il reste de « holisme[1] », ou, si l'on préfère, d'esprit collectif dans la société allemande. Mais ce choix en faveur de la compétitivité externe ou de l'exportation, au prix d'une certaine « flexibilité », est évidemment très déséquilibrant pour les sociétés hyperindividualistes et plus revendicatives de l'Europe occidentale ou méridionale, peu préparées à accepter des disciplines collectives aussi astreignantes. Nous sommes là en présence d'un problème anthropologique dont il n'est pas sûr qu'il soit justiciable d'un traitement politique : il est difficile de persuader l'Allemagne, atelier industriel de l'Europe, qu'elle doit davantage privilégier sa demande intérieure alors qu'elle subordonne tous ses choix au maintien de sa compétitivité externe. Et comment transformer un Grec – ou un Français – en Allemand ?

Pour comprendre le miracle allemand, permanent depuis soixante ans – avec la brève éclipse des douze années qui ont suivi la réunification –, il faut prendre en compte d'autres facteurs : l'Allemagne importe pratiquement tous les produits de base qu'elle a intérêt à acheter à bas prix, et même de plus en plus de composants qu'elle fait fabriquer dans les pays voisins à relativement bas coût. Les Allemands sont un peuple

1. Voir à cet égard Louis Dumont, *L'Idéologie allemande, France-Allemagne et retour*, Gallimard, 1991.

d'épargnants, mais ils aiment bien prendre des vacances dans les pays ensoleillés : une monnaie forte leur permet d'en profiter pleinement. Surtout, l'Allemagne est aujourd'hui un pays vieillissant – Mme Merkel le rappelle avec force : il lui faut épargner pour financer un système de retraites toujours plus lourd. Comme la France, l'Allemagne a énormément investi à l'étranger (plus de 800 milliards d'euros). Enfin, il y a une raison psychologique à cette préférence pour la monnaie forte : non pas tant, comme on le répète toujours, le spectre de l'inflation de 1923, que le souvenir de la confiscation des comptes d'épargne allemands en 1948, au moment de la création du deutschemark. De là date l'inscription dans les statuts d'une Bundesbank indépendante, d'une mission unique : la lutte contre l'inflation.

L'ordre institutionnel

L'Allemagne a confiance en son modèle. Elle ne s'est pas avisée que ce qui était bon pour elle pouvait ne pas l'être pour les autres, et cela, même mathématiquement, car tous les pays ne peuvent à la fois augmenter leurs parts de marché ! Le caractère rudimentaire du pacte de stabilité, focalisé sur le seul déficit public, est apparu pleinement avec le retournement de la situation de l'Espagne : ses finances étaient saines. L'Espagne était même un modèle du point de vue des critères maastrichtiens ! On avait juste oublié que ses ménages étaient endettés et que sa croissance reposait essentiellement sur la construction immobilière...

L'Allemagne n'a pas seulement imposé le cadre institutionnel de l'Europe en 1991. Elle a aussi imposé à la France, en 2008, le traité de Lisbonne. Celui-ci a repris, comme le souhaitait la chancelière, « la substance de la Constitution européenne » rejetée en 2005. Ce traité est apparu comme un « diktat ». Il n'a été en aucune manière l'occasion de repenser les objectifs et les moyens de la construction européenne.

L'interprétation que l'Allemagne donne des traités a fait, jusqu'à une date récente, autorité. Elle s'est longtemps refusée à admettre la possibilité d'un « gouvernement économique de la zone euro », proposition plusieurs fois avancée par le gouvernement français et d'ailleurs parfaitement conforme à la logique d'une zone monétaire qui est loin d'être « optimale ». Même si le mot a été employé par M. Schaüble, ministre des Finances, puis par Mme Merkel, le contenu que l'Allemagne lui donne n'a évidemment rien à voir avec la conception française d'une politique économique européenne contracyclique et tendue vers la croissance. Là où la France explique par la macro-économie les déséquilibres commerciaux qui se creusent en Europe, l'Allemagne privilégie une lecture par la micro-économie : ses entreprises sont tout simplement plus performantes. Il y a, dans ce point de vue, une part de vérité. Pour l'Allemagne, il s'agit donc davantage de contrôler et de sanctionner les manquements aux disciplines collectives, par exemple en infligeant des amendes automatiques ou en privant les États trop laxistes de leur droit de vote au sein du Conseil européen – sanction qui n'existe à ce jour dans aucun traité !

Le traité de Maastricht attribue au Conseil des ministres la responsabilité de décider de la politique de change, certes en consultation avec la Banque centrale. Mais l'Allemagne fait du texte du traité une interprétation restrictive : la politique de change, selon elle, ne concernerait que les modifications du système monétaire international lui-même. Ces modifications restent des événements assez rares (conférences de Bretton Woods en 1944, de la Jamaïque en 1976). Pour le reste, le cours de l'euro se décide au gré des marchés. Il n'y a rien en Europe qui puisse évoquer le système de double commande qui existe, aux États-Unis, entre le Trésor et la Banque fédérale de réserve. Dans cette zone monétaire hétérogène qu'est la zone euro, où des politiques économiques divergentes sont menées, l'heure de vérité sonnera bientôt. L'élément essentiel sera évidemment l'évolution de la parité euro-dollar. À 1,6 dollar l'euro, l'Allemagne pourrait tenir, mais pas les autres. Cette perspective n'est pas écartée pour toujours.

Avec la crise grecque du printemps 2010, l'écart des taux auxquels les États peuvent refinancer leur dette sur les marchés financiers s'est tendu à tel point (ainsi, entre la Grèce et l'Allemagne) que Mme Merkel, qui n'entend pas prêter à fonds perdus, a pu évoquer l'exclusion d'un pays de la zone euro que ne prévoit pourtant, bien entendu, aucun traité. À défaut d'un pilotage politique, le scénario d'un éclatement de la zone euro a pu être évoqué un moment par plusieurs économistes, et notamment aux États-Unis par Joseph Stiglitz, Paul Krugman et l'ancien patron de la Fed, devenu conseiller économique du président Obama, M. Paul Volcker. Il faut cependant noter que l'Allemagne, pour sauver l'euro, a dû récemment lâcher du lest sur le texte même des traités. Elle a dû passer outre à l'interdiction de la solidarité financière entre États en acceptant pour trois ans la création d'un Fonds de stabilisation financière de l'euro dont la reconduction à ce jour n'est pas assurée. De même, la Banque centrale a-t-elle dû tordre le texte du traité de Maastricht qui prohibe toute avance monétaire à un État, en acceptant, pour quelques dizaines de milliards d'euros, la prise en pension de titres d'États confrontés à la spéculation, contre l'avis publiquement exprimé du gouverneur de la Bundesbank, M. Axel Weber, pourtant membre du directoire de la BCE. Ces entorses à la lettre des traités ont dû coûter à Mme Merkel. On peut supposer que l'influence du président Obama n'y a pas été tout à fait étrangère. Confrontés à des déficits abyssaux, les États-Unis, qui n'hésitent pas à faire marcher la « planche à billets », ne peuvent en effet qu'être inquiets de la politique excessivement rigoriste de l'Allemagne.

Une stratégie mercantiliste

Depuis dix ans, en effet, celle-ci met en œuvre, sous l'appellation d'« Agenda 2010 », une stratégie efficace de son point de vue, mais assez peu coopérative à l'égard des autres pays, à commencer par ceux de la zone euro. Cette politique, visant à contenir la progression des salaires, a été incontestablement facilitée par la compréhension des syndicats allemands. De sorte que, sur une décennie (2000-2010), le pouvoir d'achat d'un ouvrier allemand n'a crû que de 4,5 %, contre plus de 15 % en France et près de 30 % en Grèce. Les dirigeants allemands considèrent qu'il est injuste de leur faire grief de ce système ingénieux qui illustre, à l'heure de la mondialisation, un fort degré de cohésion sociale et un esprit de responsabilité partagée des syndicats et du patronat. De ces accords salariaux a résulté un excédent croissant du solde de la balance commerciale de l'Allemagne au détriment, pour les deux tiers, de ses partenaires de l'Union européenne, notamment au sein de la zone euro : France, Italie, Espagne, Belgique ainsi que Royaume-Uni[1]. Cette stratégie est apparue d'autant plus paradoxale qu'elle s'est accompagnée d'un relèvement de la TVA de deux points et d'une surenchère d'exigence quant au respect des critères de déficit budgétaire stipulés par le pacte de stabilité de 1997. On a même vu, au Bundestag, une étonnante conjonction de la CDU-CSU et du SPD faire adopter l'amendement constitutionnel limitant, à partir de 2016, à 0,35 % du PIB le déficit budgétaire ! Et cela, sans la moindre concertation avec les autres pays membres de la zone euro ! Comme je m'en étonnais, en mai 2010, auprès du président de la commission des Finances du Bundesrat, M. Wissing, élu libéral de Landau, dans le Palatinat, celui-ci me répondit d'un air bonhomme : « Ce mécanisme de désendettement est bon. Il n'est pas besoin d'en discuter. C'est nécessaire, tout simplement ! »

1. L'excédent commercial allemand « toutes zones » est passé de 59 milliards d'euros en 2000 à 95 en 2001, 132 en 2002, 129 en 2003, 157 en 2004, 164 en 2005, 159 en 2006, 195 en 2007, 177 en 2008, et 138 en 2009. Sur les pays de l'Union européenne à vingt-sept, l'excédent allemand est passé de 40 milliards en 1999 à 127 milliards en 2007 et 106 milliards en 2008.

Cette stratégie mercantiliste, fondée sur le postulat que l'excédent commercial extérieur est la mesure ultime du succès d'une bonne politique, plombe en fait indirectement la croissance allemande par la compression qu'elle exerce sur la demande intérieure. Elle contribue ainsi à l'anémie de la croissance ouest-européenne, particulièrement à celle de la zone euro. La France, avec un déficit commercial de plus de 50 milliards d'euros en 2010, ne peut se défendre d'éprouver un certain sentiment de « décrochage », même si elle reconnaît les éminentes qualités de ses voisins d'outre-Rhin, leur sérieux, la continuité de leurs efforts en matière d'investissement commercial extérieur, et leur excellente insertion dans la division internationale du travail (l'Allemagne, en 2009, exporte pour 36,4 milliards d'euros en Chine, contre 7,9 pour la France).

Un économiste qui fait autorité, M. Patrick Artus, n'hésitait pas à écrire (en janvier 2009) que la politique économique allemande n'était pas, comme on pourrait le croire de prime abord, une politique essentiellement idéologique, mais bien « une stratégie consciente, d'essence non coopérative avec les autres pays européens ». La politique de baisse des coûts permet de gagner des parts de marché à l'exportation par rapport aux autres pays européens. Si ceux-ci réduisaient leurs coûts salariaux, il y aurait simplement chez eux chute de la demande, sans progression des exportations au bénéfice de leurs partenaires. M. Artus qualifie cette politique déflationniste comme étant celle du « passager clandestin » vis-à-vis des autres pays européens. Ce qualificatif est sans doute excessif, car il est difficile de déterminer avec certitude quel véritable objectif se sont assigné Gerhard Schröder, puis Angela Merkel. Que la compétitivité allemande dût être restaurée au début des années 2000, passe encore ! Mais la prolongation de cette politique d'austérité, désormais inscrite dans la Constitution, interpelle : quelle politique économique l'Allemagne veut-elle imposer à ses partenaires ?

Que l'Allemagne veuille un euro fort et ne se préoccupe guère de la concurrence du dollar est jusqu'à un certain point concevable : son industrie bénéficie des bas coûts de production des pays de l'Europe centrale et orientale où elle fabrique ses composants. Mais cette relative indifférence aux taux de change de l'euro par rapport au dollar a ses limites. Car l'euro n'est pas seulement la monnaie de l'Allemagne, il est aussi la monnaie de quinze autres pays.

Sans doute l'Allemagne, du fait de sa structure démographique vieillissante, a-t-elle besoin d'assurer à ses retraités des revenus que ne ronge pas l'inflation. Ses excédents commerciaux lui permettent d'investir dans les pays à bas coûts. Mais cette politique, en définitive, contrarie le dynamisme de l'économie allemande aussi bien que de celle de l'Europe dans son ensemble, même si elle ne saurait occulter la responsabilité de pays qui ont laissé filer, voire maquillé leur déficit budgétaire, et qui ont profité un temps des bas taux d'intérêt de l'euro pour s'endetter excessivement. L'actuelle politique économique allemande se heurte aux nécessités de pays à la démographie plus jeune, qui, comme la France, ont besoin d'une croissance plus forte. Cette politique est grosse de contradictions. La recherche de la compétitivité à tout prix sur les marchés extérieurs débouche, par temps de crise, sur une chute des exportations allemandes (– 25 % en 2009) plus forte que la contraction du commerce extérieur mondial (– 10%), et sur un recul de la production (– 5% en 2009) plus accentué que dans le reste de l'Europe (– 2,2 % en France). Il est vrai que la reprise dans les pays émergents est au rendez-vous en 2010. Elle entraîne un rebond de la croissance allemande plus forte que celle de ses voisins. Sera-t-il durable ? Cette reprise risque de ne pas compenser entièrement le recul antérieur, d'autant moins que la Chine développe plus vite ses exportations et fait désormais la course en tête.

Tout se passe comme si l'Allemagne jouait désormais plus « mondial » qu'européen. À coup sûr, elle est encore un géant : par le poids de son industrie, de ses excédents commerciaux et même de sa démographie (82 millions d'habitants). Cette supériorité économique incontestable ne tient pas seulement au choix de la déflation compétitive ; elle résulte surtout des atouts que l'industrie allemande a su se donner après un siècle et demi d'efforts continus.

Une nation « redevenue normale »

Politiquement, l'Allemagne, désormais réunifiée, a entendu faire reconnaître son poids économique et politique nouveau en Europe à partir de la fin des années quatre-vingt-dix. Dès 2000, au moment de la négociation du traité de Nice, Gerhard Schröder étant chancelier, elle avait montré qu'elle entendait affirmer pleinement, en Europe, ses intérêts de nation « redevenue normale ». L'Allemagne voulait enfin être considérée pour ce qu'elle était, et que murmurait déjà, il y a vingt ans, Helmut Kohl à ses conseillers : le numéro un en Europe. Le moment était venu de le dire. Cela n'alla pas sans quelques frictions avec la France. La « Grande Nation », comme l'appellent ironiquement nos voisins, n'est pas sans les irriter sourdement avec « sa prétention à vouloir voyager en première classe avec un billet de seconde ».

Mon ami Rudolf von Thadden, alors plénipotentiaire pour les relations culturelles franco-allemandes, me dit un jour : « Il faut que nous, Allemands, réussissions à l'Est ce que nous avons réussi à l'Ouest avec la France. » Je m'attendais à ce qu'il évoquât les relations germano-russes. « Comment vous y prendre ? lui demandai-je. – Il nous faut établir avec la Pologne, me répondit-il, le même genre d'intimité que nous avons aujourd'hui avec la France. » Je me suis alors souvenu que mon interlocuteur était né en Poméranie, région anciennement allemande et aujourd'hui polonaise.

À Nice, l'Allemagne n'avait obtenu la prise en compte de la démographie, qui l'avantageait, que pour le calcul du nombre des députés européens (99 aujourd'hui contre 74 pour la France, la Grande-Bretagne, et 73 pour l'Italie). Jacques Chirac n'accepta qu'en 2004 le principe de cette demande pour la répartition des voix au Conseil – sans doute dans l'euphorie qui avait marqué l'opposition commune à la décision de George W. Bush d'envahir l'Irak. C'était briser là avec le principe fondateur posé en 1951 entre Jean Monnet et Konrad Adenauer. Ceux-ci étaient convenus qu'aucun des deux États majeurs de l'Europe ne songerait à rompre cette parité initiale, quel que puisse être le sort de l'Union française ou l'avenir de l'unité allemande. Dans l'Europe de Lisbonne, la France ne pèse plus désormais que les trois quarts de l'Allemagne. C'est, du point de vue allemand, la reconnaissance qu'enfin l'Allemagne est redevenue une « nation normale ».

J'emprunterai à Peter Sloterdijk[1] l'histoire de la reconstruction morale de l'Allemagne d'après-guerre. Il y a d'abord la « confession de culpabilité » du Conseil de l'Église évangélique en Allemagne du 15 octobre 1945, et, pour finir, l'inauguration, le 10 mai 2005, du monument berlinois commémorant l'assassinat des Juifs d'Europe par les nazis. Pour ma part, j'ai toujours été impressionné par la hauteur de vues qui se dégage du livre de Karl Jaspers, paru dès 1946, sur la question de la culpabilité (*Die Schuldfrage*[2]). Qu'un peuple puisse produire des penseurs capables d'analyses d'une telle profondeur donne confiance.

Sloterdijk cite comme symptômes de la « normalisation » de l'Allemagne l'élection du pape Josef Ratzinger, l'évocation par Martin Walser de la « massue morale » qu'est l'utilisation de la Shoah en toutes circonstances, ou les aveux tardifs de Günter Grass sur son appartenance aux Jeunesses hitlériennes.

Les qualités, à plusieurs égards réelles, du peuple allemand et le sentiment en partie justifié qu'on ne lui faisait pas la place qu'il méritait sont à la racine du malaise historique allemand (1815-1945). La supériorité produit le sentiment de la supériorité, et l'arrogance contrariée conduit à l'écrasement des plus faibles. C'est là une expérience allemande, mais c'est

1. Peter Sloterdijk, *Théorie des après-guerres*, Libella-Maren Sell, 2007.
2. Karl Jaspers, *La Culpabilité allemande*, Éditions de Minuit, 1990.

plus généralement une expérience humaine. Le drame insoutenable qui en a résulté incite à une réflexion sans cesse approfondie et jamais close sur la condition humaine, le sens de la valeur d'égalité et les limites d'une vision hiérarchique du monde. Nietzsche, dans *Généalogie de la morale*, définissait le sentiment de culpabilité comme celui d'une dette non acquittée. Soixante-cinq ans après la fin de la Deuxième Guerre mondiale, l'Allemagne d'aujourd'hui semble considérer qu'elle a « payé sa dette ». L'expérience allemande doit conduire ce peuple profond et naturellement ouvert à la spiritualité à faire sienne l'idée de mesure. L'Allemagne redevenue normale, ce n'est pas seulement une Allemagne en rupture avec le « décorum germanique » (romantisme sombre, héroïsme, ressentiment, comme le suggère Sloterdijk), c'est une Allemagne ayant transformé durablement son expérience en conscience, pour faire aussi de la mesure une force. Dans cette conception, il n'y a pas de « grâce de la naissance tardive », selon l'expression qu'aimait à employer le chancelier Kohl ; il y a un chemin de régénération non pas seulement pour le peuple allemand, mais pour l'humanité entière. Chacun doit apprendre à maîtriser sa force.

Le déclin du courant fédéraliste et l'adoption du modèle républicain civique

Le sentiment de normalité retrouvé vingt ans après la réunification explique en partie le déclin du courant fédéraliste européen dans la vie politique intérieure allemande. Tant que l'Allemagne était divisée, l'idéologie fédéraliste lui permettait de revendiquer sa réunification. Depuis que celle-ci est intervenue, on note un déclin continu de cette idéologie.

Par ailleurs, l'élargissement à l'est de l'Europe, sans qu'on sache où la frontière orientale finira par se fixer, a aussi contribué à dissoudre insidieusement le vieux rêve fédéraliste. On s'aperçut en 2003, au moment de la guerre d'Irak, que les

PECO's attendaient leur sécurité non de l'Europe, mais de Washington. Jacques Chirac les morigéna : il eût fallu y penser avant ! En fait, les PECO's tenaient beaucoup à leur souveraineté nationale fraîchement recouvrée.

Le « non » français et hollandais de 2005 coupa net le dernier élan fédéraliste du projet de « Constitution européenne » de M. Giscard d'Estaing. Que vaut une Europe condamnée désormais à se faire en dehors des peuples ? Au lieu de repenser et de reprendre l'ouvrage à la base, M. Sarkozy accepta en 2008 que le traité de Lisbonne reprît la substance de la « Constitution européenne », et en particulier la rupture de l'égalité entre la France et l'Allemagne dans la répartition des voix au Conseil européen. En France, un piteux Congrès ratifia, à Versailles, un texte qu'un retour devant le suffrage universel eût condamné.

Ce qui reste du vieux rêve fédéraliste vient encore une fois d'être sérieusement rafraîchi par l'arrêt du 30 juin 2009 de la Cour constitutionnelle de Karlsruhe : celle-ci a subordonné la ratification du traité de Lisbonne à l'adoption d'une loi garantissant la souveraineté nationale allemande et précisément les prérogatives du Parlement fédéral (Bundestag et Bundesrat). Le Tribunal constitutionnel a rappelé à cette occasion, de la manière la plus claire, sa jurisprudence : « Les peuples de l'Union européenne, tels qu'ils sont constitués à l'intérieur des États-membres, restent les détenteurs décisifs de la puissance publique, y compris au sein de l'Union européenne. La création d'un État fédéral européen impliquerait une nouvelle Constitution [allemande]. [...] L'Union européenne, même après l'entrée en vigueur du traité de Lisbonne, n'est pas un État fédéral, mais reste une association d'États souverains. [...] Le Parlement européen n'est pas un organe représentatif d'un peuple européen souverain, mais reste un organe de délégation supranationale des peuples européens des États-membres... »

La Cour constitutionnelle exige par ailleurs un contrôle explicite, par le Parlement allemand, des clauses dites « passerelles » (passage prévu par le traité de Lisbonne, pour le transfert à l'Union de nouvelles compétences nationales, d'un vote à l'unanimité au sein du Conseil européen à un vote à la majorité qualifiée, sans intervention d'un nouveau traité). Cet arrêt de la Cour constitutionnelle a provoqué une certaine gêne dans les milieux proches de la chancellerie et plus généralement chez les tenants de la supranationalité – ainsi Joschka Fisher. Il est clair, en effet, que la Cour constitutionnelle conteste la légitimité démocratique du Parlement européen du simple fait de l'absence d'un « peuple européen ».

L'arrêt de la cour de Karlsruhe complique fortement tout nouveau transfert de souveraineté et incline à une lecture restrictive des dispositions du traité de Lisbonne. En France, un silence de plomb a accueilli la décision de la cour allemande. Ces expressions de contrariété ou de gêne sont surprenantes : la cour de Karlsruhe reste fidèle aux principes jumeaux de la souveraineté nationale et de la démocratie ; elle ne fait que reprendre, presque au mot près, une argumentation développée depuis au moins deux décennies par les républicains français.

Le courant fédéraliste, en Allemagne, n'était jamais arrivé à rompre avec une conception de l'Union européenne comme projection de la tradition ou de l'organisation fédérales allemandes, comme si l'Europe était déjà devenue une nation, ou alors avait atteint le stade d'une organisation « postnationale » telle que l'avait rêvée Jürgen Habermas. Rêve aujourd'hui dépassé, car cette conception aboutit à une complète déconnexion des institutions communautaires (Commission, Parlement européen, Banque centrale européenne, Cour européenne de justice) d'avec les citoyens. Ces institutions non élues (à l'exception du Parlement européen, qui juxtapose les représentations des différents peuples) ne permettent évidemment l'expression d'aucune « volonté générale ».

L'Allemagne s'éloigne donc de la voie fédéraliste. S'écarte-t-elle pour autant de l'Europe ? Pas forcément. Il faut savoir de quelle Europe on parle. En effet, l'adoption du modèle de la nation comme « communauté de citoyens », bref, du modèle républicain civique, n'a rien en soi qui puisse freiner l'avènement de ce que j'appelle une « République européenne des peuples ». D'où, en effet, celle-ci pourrait-elle tirer son existence, sinon de la volonté démocratiquement exprimée de ses nations ? Pour qu'une telle « République » soit possible, il faut reconnaître au préalable l'existence des peuples qui la constituent. Une telle Europe – nous le verrons ultérieurement – ne serait pas l'Europe « communautaire » dont nous avons hérité, où une Commission dépourvue de légitimité démocratique prétend définir un « intérêt général européen », mais elle n'exclurait nullement l'exercice en commun de compétences expressément déléguées, dès lors qu'elles resteraient démocratiquement contrôlées. Dans la mesure où elle semble s'orienter vers le modèle de la nation civique, l'Allemagne doit simplement trouver le chemin du débat républicain, en son sein comme avec ses voisins, de façon à définir un « intérêt général européen ». Bien entendu, une telle « République européenne des peuples » ne se conçoit qu'à partir de projets partagés. Avançant au rythme de la démocratie qui vit dans chaque nation, elle implique la « géométrie variable ». Il n'est pas besoin d'une analyse géopolitique approfondie pour comprendre que dans cette Europe fondée sur des cercles concentriques, le cœur est dans la zone euro. Depuis deux siècles, la relation franco-allemande est structurante pour l'Europe entière.

L'Allemagne d'Angela Merkel n'est pas encore l'« Allemagne européenne » selon Thomas Mann, dont aimait à se prévaloir le chancelier Kohl. C'est une Allemagne qui croit pouvoir concilier sa dépendance à l'Ouest et son tropisme à l'Est, son appartenance à la zone euro et le rêve de conquête des marchés mondiaux de ses industriels. Vingt ans après sa réunification, son identité n'est pas indéchiffrable, mais elle n'est pas encore vraiment stable.

CHAPITRE VII

2008 *et sq.* *La crise du néo-libéralisme*

Vingt ans après qu'en Europe eut été décidée la complète libéralisation des mouvements de capitaux, le principe du capitalisme financier s'est retourné contre lui-même.

Il n'était pas besoin d'être grand clerc pour comprendre que dans une économie qui croît à 3 % par an, l'exigence d'une rentabilité à 15 % n'était pas indéfiniment tenable.

Plus profondément, les dérèglements du capitalisme financier expriment un déséquilibre fondamental : l'économie américaine vit depuis longtemps très au-dessus de ses moyens. Il était quand même paradoxal que l'économie la plus riche du monde capte 80 % de l'épargne planétaire, à commencer par celle des pays les plus pauvres ! La Chine communiste, devenue première créancière des États-Unis avec, en caisse, plus de 2 400 milliards de dollars de titres américains, tient entre ses mains le sort du dollar ! Tel est le piège de la mondialisation financière. Avide de travail sous-payé et la tête tourneboulée par les mirages du marché chinois, le *big business* des multinationales a abandonné le peuple des États-Unis… sans s'aviser qu'il sciait la branche sur laquelle il était assis !

Responsabilités de la finance américaine

La véritable fuite en avant des États-Unis dans l'endettement eût été inconcevable si elle n'avait été orchestrée d'en haut. C'est la finance américaine, en effet, qui est à l'origine de cette course folle, elle qui depuis toujours délègue ses hommes à la tête de l'administration du Trésor et du Federal Reserve Board. Dans la dernière période, il fallait à toutes forces sortir de la crise de la bulle technologique (2000) et, simultanément, financer la guerre d'Irak (2003-2009). Un seul remède à cela : encourager les entreprises et les ménages à s'endetter, déréglementer à tout-va, jusqu'à la folie d'une « titrisation massive » des prêts hypothécaires noyant le risque pris par les créanciers dans un magma d'irresponsabilité. Cette crise « systémique » vient donc de loin. Elle engage la responsabilité de plusieurs administrations américaines successives (au moins depuis Reagan) et de tous les gouvernements et institutions qui leur ont moutonnièrement emboîté le pas depuis plus de trente ans.

La crise du capitalisme financier est donc venue des États-Unis. Mais elle n'a pas épargné l'Europe, ni bien sûr la France. Elle a revêtu d'abord l'aspect d'une crise de liquidité bancaire.

C'est alors que, dans un premier temps, on a assisté au grand retour des États. Partout dans le monde, les pouvoirs publics ont couru au secours des grandes banques pour y remédier. Il fallait de toute urgence éviter le *credit crunch*, bref, la paralysie des prêts interbancaires, chaque établissement voyant la poutre dans l'œil de l'autre et n'avouant, pour sa part, que le reflet d'une paille. C'était, nous a-t-on dit, nécessaire, y compris du point de vue des pauvres gens. Ceux-ci eussent été précipités dans la misère si on n'avait pas d'abord renfloué les banques à coups de centaines de milliards, aux frais des contribuables !

De gigantesques plans de sauvetage ont été annoncés par des dirigeants dont la plupart étaient parvenus au pouvoir en se présentant comme des parangons de l'orthodoxie libérale, et dont on se mit soudain à vanter le « pragmatisme ». Ceux-ci expliquèrent que cette crise n'était pas une crise du capitalisme, mais la manifestation de perversions coupables auxquelles ils allaient remédier.

La fable d'une « crise morale »

La crise, selon eux, était une crise morale. Elle ne mettait nullement en cause le système : il fallait, pour mieux le sauver, le « moraliser ». Sans doute parce que la France est restée une « nation politique », ce fut Nicolas Sarkozy qui exprima cette thèse avec le plus d'éloquence. Dans son discours de Toulon (25 septembre 2008), il fit en effet très fort. Il flétrit avec une telle violence l'« immoralité » du capitalisme financier qu'il en laissa sans voix la gauche française. Celle-ci avait trop attendu des dividendes du même capitalisme financier pour avoir le réflexe de s'étonner : le capitalisme a-t-il jamais été « moral » ? Or, cette critique « morale » était faite pour occulter les causes fondamentales de la crise et dévier la colère des victimes vers une poignée de spéculateurs. Elle arrangeait ceux qui avaient mis ou laissé mettre en place un système où aucun frein institutionnel n'entravait plus la cupidité de capitalistes cooptés, se distribuant sans retenue salaires faramineux, stock-options, bonus extravagants, retraites-chapeaux et parachutes dorés. La gauche fut comme prise à revers par la violence et l'audace même du discours sarkozyste. Elle ne pouvait – et pour cause – poser la seule bonne question : qui, en effet, avait fait sauter les « freins institutionnels » censés « moraliser » le capitalisme ? Au-delà de la responsabilité des banquiers et des traders, il y a eu celle des politiques, celle des pouvoirs publics qui ont déréglementé à tour de bras, non pas depuis hier, mais depuis bientôt trois décennies. Là était l'indicible ! Sans compter la responsabilité de tous les grands prêtres du « marché » ayant sévi sur toutes les tribunes et dans tous les médias. On n'en finirait plus de dresser le florilège de leurs pâmoisantes oraisons devant le « dieu Marché », et de leurs fulminantes excommunications à l'encontre des dissidents, de ceux qui osaient encore défendre l'État, les services publics, la politique industrielle, etc., alors que, depuis longtemps déjà, avait sonné l'heure de « la fin de l'Histoire » !

Oui, il faudrait un peu de mémoire à ces messieurs, de droite ou de gauche autoproclamée, avant qu'ils ne montent à nouveau en chaire pour nous assener leurs prêches sur la « moralisation » du capitalisme ! Car la critique « morale » vise avant tout à exonérer le système lui-même et à occulter des problèmes autrement plus fondamentaux que la réglementation des bonus (quasi inexistante à ce jour, d'ailleurs) : d'abord l'assainissement du système du crédit et le contrôle des marchés financiers, ensuite et surtout la correction des déséquilibres économiques fondamentaux entre les pays déficitaires (États-Unis) et les pays excédentaires (Chine, Allemagne, pétromonarchies), enfin la réforme du système monétaire international. Ces problèmes ne sont traités au G20 que du bout des lèvres. Les marchés financiers, en effet, sont toujours debout. Ils prétendent plus que jamais tout régenter. Le paradigme néolibéral qui présuppose l'efficience des marchés inspire les mêmes politiques qui ont conduit à la crise : compression des salaires au nom de la flexibilisation du marché du travail, libéralisation du commerce international, accroissement de la concurrence, réduction des déficits publics, privatisation des services publics, etc. En chemin, on a finalement oublié de les « moraliser »…

Un problème a chassé l'autre. Après avoir substitué l'endettement public à l'endettement privé pour sauver les banques et conjuré la récession par des plans de relance multipliés, les États, ces bons Samaritains qui s'étaient mis en déficit pour sauver le système, ont vu avec effarement le système se retourner contre eux ! Comme un vol de rapaces, les marchés financiers ont fondu sur les États les plus endettés, notamment dans la zone euro, aimablement gratifiés de l'acronyme PIGS (Portugal, Ireland, Greece, Spain), pour leur faire payer au plus cher le refinancement de leur dette, aiguillonnés en cela par les cris de trois chouettes : les agences de notation[1]. La chouette était, pour les anciens Athéniens, le symbole de la sagesse. Mais est-il vraiment sage de s'attaquer aux États ? Nous ne sommes plus au temps des banquiers de la Renaissance rançonnant les princes impécunieux ! La révolution démocratique fait qu'aujourd'hui, derrière les États, il y a les peuples. Jusqu'où ceux-ci accepteront-ils les plans de rigueur qu'on veut leur administrer ? La logique des trois « chouettes » se laisse aisément deviner : elles expriment l'exigence insatiable de rentabilité du capital. Elles veulent faire payer par le contribuable, les salariés, les retraités, le coût du sauvetage du système. Mais les peuples se laisseront-ils faire ?

Nicolas Sarkozy, dans son discours de Davos du 28 janvier 2010, pose de bonnes questions : « Cette crise est une crise de la mondialisation. C'est notre vision du monde qui, à un moment donné, a été défaillante... La mondialisation a dérangé à partir du moment où il a été admis que le marché avait toujours raison. Une des caractéristiques les plus frappantes de cette économie est que le présent y était tout et que l'avenir ne comptait plus. En mettant la liberté du commerce au-dessus de tout, nous avons affaibli la démocratie parce que les citoyens attendent de la démocratie qu'elle les protège... »

En 2011, Nicolas Sarkozy présidera le G20. Je doute qu'il puisse opérer les remises en ordre qu'il préconise, ne serait-ce que parce qu'il limite lui-même son ambition : « Nous ne sauverons le capitalisme qu'en le refondant, en le moralisant » et que, de cette ambition même, il n'a pas les moyens politiques, ni en France ni, a fortiori, dans le reste du monde. Le président de la République en semble lui-même conscient : « Ou bien nous changeons de nous-même, ou bien le changement nous sera imposé par des crises économiques, sociales, politiques. »

1. Trois « agences de notation » : Standard and Poor's, Moody's et Ficht contrôlent 90 % du marché mondial de l'évaluation des risques pris par les banques, les entreprises, les collectivités locales et les États emprunteurs. Elles sont censées améliorer la transparence de l'information financière. Le coût du crédit varie en fonction de la note qu'elles attribuent (de AAA à BBB).

La crise du capitalisme anglo-saxon

L'aspect géopolitique de la crise est, à vrai dire, tout à fait décisif : la globalisation financière n'a pu se développer que parce que les États-Unis en avaient fait depuis des décennies leur objectif. C'est à juste titre qu'on parle de l'hégémonie du capitalisme « anglo-saxon » : la globalisation financière et l'hégémonie mondiale américaine sont comme l'avers et l'envers d'une même pièce. Rétrospectivement, le ralliement de la gauche européenne à un modèle si contraire à ses principes n'en apparaît que plus piteux.

Le triomphe de la globalisation financière s'accompagna, dès le milieu des années quatre-vingt-dix, de signes de fragilité qui pouvaient de prime abord paraître bénins : crises financières au Mexique, au Brésil, en Asie du Sud-Est, en Russie, terrorisme islamiste récurrent. C'étaient, en fait, les signes avant-coureurs de la crise « systémique ». Les pays convoqués et jugés au tribunal du FMI mirent en œuvre des stratégies d'autonomisation bien décrites par Jacques Sapir[1] (fortes dévaluations, constitution d'excédents extérieurs et de fortes réserves de change). C'est alors qu'on vit « émerger » des pays dits « pauvres », mais riches de leurs populations, de leurs savoir-faire et de leurs matières premières. La Chine apparut au début du XXIe siècle comme l'« atelier du monde ». Le retour de la Russie, après 2000, frappa les imaginations. Le Brésil de Lula et l'Inde de Manmohan Singh s'affirmèrent comme de nouvelles grandes puissances. Dans le même temps, l'explosion de la bulle technologique à Wall Street, en septembre 2000, touchait le cœur du système.

L'attaque terroriste frappant les Twin Towers, le 11 septembre 2001, a paru marquer le début d'un nouveau siècle. En l'espace de quelques années, un nouveau paysage est apparu. On se croyait dans un monde unipolaire, on découvrit le monde « multipolaire », avant de reconnaître tout simplement que le

1. Jacques Sapir, *Le Nouveau XXIe siècle,* Seuil, 2008.

monde restait fait de nations. Les États-Unis de George W. Bush ont révélé qu'en effet le point de « surextension impériale », c'est-à-dire le moment où un empire n'a plus les moyens de se soutenir lui-même, point dont l'historien américain Paul Kennedy avait diagnostiqué l'approche dès 1987, était désormais atteint. Sans doute P. Kennedy n'avait-il pas anticipé la fin de l'URSS, mais celle-ci n'a retardé que de deux décennies le moment de vérité pour l'Amérique. On peut soutenir que les erreurs de George W. Bush ont précipité l'échéance ; l'invasion de l'Irak et l'abandon de l'Afghanistan aux seigneurs de la guerre sont assurément deux fautes qui se paient cher. Mais la dynamique du système économique eût-elle été, sans cela, fondamentalement différente ? Certes, les États-Unis auraient pu mieux contrôler leur endettement, mais n'est-ce pas le modèle américain lui-même qui se trouve aujourd'hui mis en question ?

Subordination de la politique économique intérieure et extérieure aux intérêts des multinationales et aux financiers de Wall Street, délocalisations industrielles, inégalités sociales grandissantes, faiblesse insigne de l'épargne, surdimensionnement de l'outil militaire (le budget de la Défense américain représente à lui seul l'équivalent de tous les autres), tendances prédatrices dans la politique étrangère pour s'approprier les matières premières et d'abord les hydrocarbures, mode de développement dispendieux et énergétivore, insouciance vis-à-vis du reste du monde, qu'il s'agisse de monnaie ou d'environnement, accumulation de déficits abyssaux, fuite dans l'endettement intérieur et extérieur, encouragement déraisonnable au développement du crédit hypothécaire, captation de l'épargne mondiale : tels sont les traits d'un modèle américain désormais insoutenable.

La crise du capitalisme financier patrimonial a ainsi éclaté quand il a cessé de contrôler son expansion et que son principe s'est retourné contre lui-même ; à la « création de valeur pour l'actionnaire » succéda une nouvelle ère, celle de la destruction des valeurs à une échelle encore jamais vue : avec l'effondrement des Bourses, ce sont des milliers de milliards de dollars qui partirent en fumée.

Les interprétations économiques ou économicistes de la crise actuelle ne manquent pas : excès du crédit favorisé par la politique de bas taux d'Alan Greenspan, fuite dans l'endettement, folie de la titrisation, argent fou, sophistication financière excessive transformant un « jeu à somme positive, sauf catastrophe, en un jeu catastrophique [1] », et bien sûr faillite, pour ne pas dire effacement de toute régulation : la SEC, autorité américaine de surveillance des marchés financiers, en est le meilleur exemple par son incapacité démontrée à détecter l'arnaque que Bernard Madoff avait montée sur le principe – connu depuis un siècle – de la « chaîne de Ponzi[2] ». Ces analyses de la crise, qui font apparaître un monde de connivences, restent cependant – on l'a vu – à la surface des choses.

Plus profonde est la critique de type marxiste qui met l'accent sur l'insuffisance de la demande au cœur même du système, c'est-à-dire d'abord aux États-Unis, mais aussi en Europe, du fait de la déflation salariale induite par la concurrence des pays à très bas coûts. Cette faiblesse structurelle de la demande a évidemment nourri l'endettement et les politiques destinées à le faciliter. Cette critique porte cependant encore la marque d'un économicisme propre au marxisme comme au libéralisme.

Il faut dépasser la sphère de l'économie pour comprendre ce qui est au fondement même de la crise du néo-libéralisme. Celle-ci est indissociablement la crise du modèle capitaliste financier anglo-saxon et celle de l'hyperpuissance américaine au cœur de l'économie-monde de notre temps. Les États-Unis, vivant à crédit, ont laissé s'éroder les bases matérielles de leur puissance. La contradiction principale vient de ce que leurs multinationales ont délocalisé hors des États-Unis une bonne part de leur production, principalement en Chine. La

1. Pierre Dockès *et alii*, *Jours de colère, l'esprit du capitalisme*, Descartes & Cie, 2009, p. 20.

2. Le stratagème consiste à attirer et à rémunérer à des taux très élevés, dans une chaîne sans fin, les placements des gogos.

mondialisation, d'une certaine manière, a fini par piéger les États-Unis.

Mais ceux-ci ne sont pas pour autant au bout de leurs ressources. Le tournant Obama en 2008 a démontré une réactivité politique exceptionnelle même si rien n'est jamais acquis. Après George W. Bush, la reconquête du *soft power* paraissait hors de portée. Il fallait le faire, et les États-Unis l'ont fait ! Le principal atout de ce grand pays, quels que soient les aléas de la politique intérieure, est que, pendant longtemps encore, aucun autre ne pourra le remplacer comme pivot du système mondial. Même la Chine, le jour où son produit aura dépassé celui des États-Unis. Car celle-ci n'a pas encore su ou pu bâtir des systèmes d'alliances fondés sur des affinités culturelles, politiques, économiques à l'épreuve de temps prévisibles. Simplement, les États-Unis cesseront d'être l'Hyperpuissance qu'ils étaient devenus, pour un temps bref, de 1991 à 2003. Ils devront compter avec les autres dans un monde décrit comme « multipolaire ». Déjà la Chine, forte de ses 2400 milliards de réserves en dollars, ne manque pas de contester la suprématie du billet vert dans les discours et dans la pratique de ses échanges extérieurs. Mais elle l'a fait jusqu'ici de manière supportable à court terme par les États-Unis.

On s'interroge sur l'existence d'un G2, d'une « Chinamérique ». Cette expression est sans doute excessive, mais elle traduit une réalité : le marché américain est trop important pour la Chine, et le rôle mondial du dollar est vital pour les États-Unis. Aucun des deux pays n'a intérêt à une crise ouverte. Les États-Unis devront progressivement réduire leur train de vie, payer plus d'impôts, accepter de voir racheter leurs entreprises, bref, ils devront accepter le « reste du monde ». La rapidité du déclin contraste avec l'éclat de l'apogée. Un lien logique y conduisait pourtant : à partir du moment où les États-Unis ont cru pouvoir s'affranchir de la contrainte du monde réel, ils se trouvaient condamnés, par leur fuite en avant dans le virtuel, c'est-à-dire dans l'endettement, à rencontrer un jour cette réalité.

Certes, la croissance capitaliste est fondée sur l'idée qu'on peut déplacer indéfiniment des montagnes de dettes : c'est là le principe même de la croissance. Mais que se passe-t-il quand la confiance vient à manquer et que la croissance s'arrête ? L'État américain procède alors à un gigantesque plan de relance. Son déficit budgétaire, en 2010, atteint 12 % du PIB. La FED fait marcher la planche à billets. Les agences de notation ne dégradent pas pour autant la note des États-Unis. Logiquement, le cours du dollar devrait plonger. Les États-Unis parviendront-ils ainsi à restaurer la compétitivité de leur économie ou ne vont-ils pas tout simplement exporter leur crise ? Certes, en 2010, les pays émergents, et au premier rang la Chine, semblent avoir au moins temporairement retrouvé leur dynamisme. Mais la croissance venue d'Asie suffira-t-elle à tirer celle des vieux pays industriels ? J'en doute. Car la croissance des « émergents », en l'absence d'une forte relance de leur demande intérieure, est pour une bonne part l'envers d'une demande forte aux États-Unis et en Europe. La reprise économique mondiale reste fragile, à la merci du moindre choc.

L'épuisement d'un modèle

Ainsi la crise du capitalisme financier marque-t-elle l'épuisement d'un modèle, et d'abord les limites de la puissance américaine. Après la bulle Internet, celle de l'immobilier : de crise en crise, le système se détraque sans cesse davantage. À chaque fois, on choisit la fuite en avant : ainsi, pour sortir de la crise de 2000-2002 (celle de la bulle technologique), on a eu recours aux exonérations fiscales, au déficit budgétaire, aux taux d'intérêt négatifs, ou encore à l'incitation à l'endettement, notamment hypothécaire. On a adopté vis-à-vis du déficit extérieur l'attitude du *benign neglect*, la bénigne insouciance ! On a abandonné, en matière de normes bancaires ou comptables, les élémentaires règles de prudence forgées par la tradition. Et on s'étonne ensuite de se réveiller avec une crise d'une ampleur sans commune mesure avec la précédente ! La crise de 2008-2009 n'aurait pas été possible sans l'*hubris* de l'hyperpuissance qui l'a conduite à s'étendre au-delà de ses moyens réels.

Or, le Moyen-Orient où George W. Bush a imprudemment aventuré les forces américaines reste une poudrière. Certes, le président Obama a annoncé le retrait des forces américaines d'Irak en 2010, et d'Afghanistan à partir de 2011, mais il y a loin entre le dire et le faire. Ces deux pays restent foncièrement instables. Entre eux, les deux guerres du Golfe ont durablement installé l'Iran comme puissance dominante dans une région qui concentre les deux tiers des réserves de pétrole mondiales. À l'inverse des États-Unis, enfin, les gouvernements israéliens successifs ne semblent pas vouloir de la création d'un État palestinien viable. Le spectre de la guerre rôde à nouveau à l'horizon.

Une chose est sûre : les remèdes aujourd'hui choisis par les États-Unis pour surmonter la récession économique – substitution de l'endettement public à l'endettement privé, accroissement des déficits, recours à la planche à billets – ne corrigeront pas les déséquilibres fondamentaux de l'économie mondiale, mais les accroîtront. On ne peut éternellement répondre au déficit par le déficit. Il n'y a pas eu, à ce jour, de relance concertée à l'échelle mondiale entre les pays excédentaires (Chine, Allemagne, Japon, pétromonarchies) et les États-Unis, principal pays déficitaire. La désindustrialisation et les moins-values fiscales qu'elle a engendrées ont presque partout creusé les déficits publics, y compris celui des régimes de retraites. Il ne suffit pas de reculer l'âge de la retraite quand le nombre de cotisants se réduit.

L'assainissement financier est à la merci d'une nouvelle récession. On ignore le montant des actifs toxiques et des créances irrecouvrables réellement détenus par les banques et inscrits dans leurs actifs. Le renforcement des fonds propres exigé des banques par les mesures de « Bâle III » sera-t-il suffisant ? Ou ne risque-t-il pas, au contraire, d'obérer la reprise ? Le système navigue entre Charybde et Scylla. Les Banques centrales, en adoptant le parti de la création monétaire ou de la reprise d'actifs douteux, ont, elles aussi, déployé leurs tentes à oxygène. Devant la détérioration des enchères de dette publique, les marchés financiers sont tentés de reprendre, particulièrement en Europe, leur sarabande. On ne pourra cependant pas faire deux fois la même expérience, le contribuable venant derechef au secours des banques et de leurs actionnaires.

Si le pire n'est pas sûr, l'hypothèse d'une reprise durable semble aujourd'hui exclue. Les perspectives de redressement des comptes publics reposent sur des hypothèses de croissance exagérées. La crise paraît installée, et, dans ce contexte, l'obscurantisme a de beaux jours devant lui : épuisement des matières premières trop vite confondu avec la fin du monde, enterrement du rationalisme et mise en bière simultanée de Descartes et de Prométhée[1], vogue du thème ambigu de la « décroissance » – autant de « mythes » destinés à fleurir dans les temps à venir. L'essentiel n'est-il pas, pour certains politiques, de faire tourner la machine du « faire croire » ?

Ainsi la crise rebondit-elle constamment. Les certitudes se défont sitôt formulées. Hier on saluait l'action des États, mais la solution semble devenue problème, du moins en Europe. L'euro dont chacun, hier, louait les vertus protectrices, car il empêchait les dévaluations sauvages, est devenu un casse-tête justement parce qu'il étouffe la croissance et interdit aux pays d'Europe du Sud de dévaluer pour regagner leur compétitivité perdue.

Pour comprendre la crise du capitalisme financier, il existe un fil rouge : ce système ne veut pas mourir. Il se débat comme un forcené. Pour le maîtriser, il faudra l'avoir remplacé. En attendant, il met à nu ses contradictions. L'Europe, à cet égard, est mal partie, du moins l'Europe de Maastricht qui, dix-huit ans après le référendum du 21 septembre 1992, révèle au grand jour les failles de sa conception.

---

1. Descartes voulait rendre l'homme « maître de la Nature », et Prométhée fut puni par les dieux pour avoir volé le feu et l'avoir donné aux hommes.

CHAPITRE VIII

2010 *et sq.*
La crise de la monnaie unique

On peut comprendre, avec le recul du temps, les réticences manifestées par l'Allemagne en 1989-90 devant le projet de monnaie unique. Le projet d'union monétaire européenne – on s'en souvient – cheminait lentement depuis le plan Werner de 1970. L'idée n'était pas seulement de couronner le Marché commun par la monnaie. C'était, pour les tenants d'une Europe fédérale, une étape vers l'Union politique. À cet égard, la monnaie unique est évidemment une « monnaie politique », un levier pour aller plus loin dans la voie de l'intégration supranationale. Après une première tentative avortée de « serpent monétaire », un système monétaire européen fut négocié en 1978 par Helmut Schmidt et Valéry Giscard d'Estaing. Dans le système des changes flottants à l'échelle mondiale, il s'agissait seulement – mais c'était déjà beaucoup – d'organiser, en Europe, un îlot de stabilité relative, en fixant aux monnaies européennes des parités négociées à l'intérieur d'étroites bandes de fluctuation. Le groupe Delors, en 1988, avait été chargé par les chefs d'État et de gouvernement européens d'émettre des propositions pour aller plus loin. Ce furent, on l'a vu, celles du président de la Buba (la Bundesbank allemande) qui furent retenues : monnaie unique plutôt que monnaie commune. Karl Otto Pöhl qui présidait la Banque centrale allemande n'était, à vrai dire, pas pressé de parvenir au résultat. Il fallut – on l'a également vu plus haut – toute l'incroyable détermination de François Mitterrand pour obtenir de Helmut Kohl que le traité de Maastricht, en décembre 1991, fixe des étapes et un calendrier. Encore la date d'introduction définitive de l'euro comme monnaie scripturale fut-elle ensuite retardée de deux ans, de 1997 à 1999, et celle de la monnaie fiduciaire à janvier 2002.

Pourquoi tant de réticences ?

Le mark était devenu, pour les Allemands de la seconde moitié du XXe siècle, un marqueur d'identité. La perspective de sa dissolution dans une zone euro aux contours imprécis malgré les critères astreignants introduits par le traité de Maastricht (signé à douze), les inquiétait. D'autant plus que leur préférence intime allait vers un « noyau dur » homogène regroupant, autour de l'Allemagne, la France et le Benelux.

Une zone monétaire loin d'être optimale

Dès le départ, la zone euro risquait fort de ne pas être une zone monétaire cohérente. Elle était loin d'être « optimale », selon l'expression de l'économiste suédois Robert Mundell. Pour être viable à long terme, une telle zone implique en effet la flexibilité des salaires et des prix et celle du marché du travail : ainsi des déséquilibres peuvent-ils être corrigés autrement que par l'ajustement du taux de change. Autre condition : l'intégration commerciale et l'homogénéité des structures économiques doivent permettre de résister aux chocs asymétriques. Les déséquilibres territoriaux, enfin, doivent pouvoir être compensés par une politique budgétaire. Or, rien de tel ne se profilait vraiment à l'horizon : l'Europe restait faite d'espaces nationaux cloisonnés par des barrières linguistiques étanches, et, malgré tous les encouragements officiels, les salariés répugnaient à la mobilité, à plus forte raison dans des pays dont ils ne pratiquaient pas la langue. En dehors du Benelux, aux structures voisines de celles de l'Allemagne, les autres pays présentaient des économies hétérogènes, y compris la France dont l'industrie ne pesait que la moitié de l'allemande. Bref, l'euro, qui s'appelait encore l'écu, était une monnaie « politique ». MM. Schaüble et Lammers vinrent à Paris, en 1994, pour proposer une union monétaire à cinq (Allemagne, Benelux, France). Ils furent accueillis fraîchement. Paris craignait qu'une telle « petite Europe », réduite à son noyau « carolingien » (sans le royaume de Lombardie, d'ailleurs), ne fût dominée par l'Allemagne et ne ruinât définitivement la compétitivité des produits français.

L'Allemagne se trouva alors contrainte d'accepter au sein de la zone euro les pays qu'elle décrivait comme ceux du « Club Med ». La politique du dollar fort et la croissance venue d'Amérique firent souffler, à partir de 1997, un vent de prospérité sur toute l'Europe. Les déficits budgétaires se réduisirent : or, c'était sur eux que s'était focalisée l'attention. On ignora curieusement le critère de l'endettement fixé par le traité de Maastricht (60 % du PIB). Des pays comme l'Italie, la Belgique, l'Espagne, le Portugal, l'Irlande et la Grèce se trouvèrent qualifiés sans que l'Allemagne, avant tout préoccupée par l'intégration des Länder de l'Est, y trouvât à redire. Pour des raisons politiques, la France y était favorable. D'autres petits pays vinrent ensuite s'y adjoindre : la Slovénie, la Slovaquie, Malte et Chypre. La zone euro s'est ainsi constituée sur des bases économiques hétérogènes, entre le cœur industriel, principalement allemand, et une périphérie essentiellement méditerranéenne. Les différences structurelles auraient pu, en théorie, être compensées par l'existence d'un budget européen substantiel : en fait, celui-ci ne dépasse guère 1 % du PIB européen, et les fonds structurels – environ un tiers du budget – n'ont jamais été conçus que pour une mise à niveau provisoire au bénéfice des nouveaux entrants.

Quand on connaît les discussions de « marchands de tapis » auxquelles donne lieu traditionnellement l'élaboration des « programmes-cadres » et des budgets européens, on mesure la difficulté de modifier tant soit peu cette situation. Déjà la France, devenue deuxième « contributeur net » derrière l'Allemagne, doit acquitter une cotisation annuelle de 18 milliards d'euros à l'Union. En l'état actuel des finances publiques européennes et compte tenu de l'importance des prélèvements obligatoires (40 % du PIB en moyenne), l'idée d'un budget fédéral relève du mythe, voire de l'intoxication, sauf transferts de compétences politiquement et juridiquement impossibles. En nous proposant de porter le budget européen de 1 % à 1,5 %, les socialistes français n'oublient qu'une chose : c'est de dire qui paiera. L'Allemagne ? Elle n'y est pas disposée. La Grande-Bretagne ? Encore moins. La France, alors ? Mais ses caisses sont vides !

Le traité de Maastricht ne prévoit pas de gouvernement économique de la zone euro, et le pacte de croissance et de stabilité adopté en 1997 – et rectifié en 2005 – n'impose qu'une discipline budgétaire minimale : un plafonnement des déficits budgétaires à 3 % du PIB. Mécanique grossière dont chacun sait qu'elle n'a pas résisté à la crise de 2008-2009. Déjà ledit pacte avait montré son incapacité à promouvoir une politique contracyclique, ce dont MM. Chirac et Schröder s'étaient émus ensemble en 2004. Mais on a pu constater sa totale insuffisance dans le cas de l'Espagne et de l'Irlande, qui, jusqu'en 2007, ont satisfait pleinement aux critères de Maastricht. Le pacte a échoué non pas tant du fait du laxisme des gouvernements que de son vice de conception originel ; il ne prenait pas en compte tous les éléments de la situation : endettement non seulement des États, mais des ménages et des entreprises, évolution des salaires et des profits, des investissements et de la compétitivité. Outre les différences structurelles préexistantes, des divergences de politique économique se sont de plus en plus manifestées, contrairement aux prédictions initiales de ceux qui pensaient qu'une zone monétaire commune allait conduire sinon à une fédération, du moins à une harmonisation des politiques. Ce fut l'inverse qui se produisit avec la déflation salariale et les excédents commerciaux allemands gageant le déficit et l'endettement de tous les autres qui s'endettaient souvent sans mesure.

Certes, le mot « fédéral » existait bien dans le brouillon initial du traité de Maastricht. Huit jours avant la signature du traité, Roland Dumas affirmait encore avec force, à la tribune de l'Assemblée nationale, la « vocation fédérale » de l'Union. En fait, la Grande-Bretagne, dans l'atmosphère irénique qui prévalait à la fin de 1991, obtint que le mot, s'appliquant à l'objectif de l'« union politique », fût retiré du texte du traité – et à juste titre, car la réalité n'était pas celle-là. Chacun se souvient qu'en France le traité de Maastricht ne passa que d'un cheveu au référendum du 21 septembre 1992. Sans le renfort de Jacques Chirac, qui nous avait déclaré en mars 1992, à Georges Sarre et à moi, qu'il s'était engagé vis-à-vis du chancelier Kohl, ledit traité eût été balayé. Philippe Seguin, que François Mitterrand avait choisi comme interlocuteur à la télévision, ne chercha pas à le contredire quand il affirma avec aplomb que la politique économique et monétaire serait fixée en dernier ressort par le Conseil des ministres. Cette assertion était à vrai dire contraire au texte du traité, lequel affirme l'indépendance totale de la Banque centrale européenne, soustraite à toute influence d'une instance procédant, même de loin, du suffrage universel.

Une lecture attentive du texte montre que le Conseil, en matière de politique économique, a essentiellement pour fonction d'empêcher les déficits excessifs. En matière monétaire, l'article 219 du traité de Lisbonne consolidé (ex-article 111 du TCE) lui permet de formuler des orientations générales de politique de change, à condition que celle-ci n'affecte pas l'objectif principal de stabilité des prix. Cet article, à ma connaissance, n'a jamais été utilisé. Le taux de change ne fait pas partie des objectifs de la Banque centrale.

L'Allemagne n'a pas voulu que la Banque centrale puisse poursuivre un objectif autre que la lutte contre l'inflation. Et la France n'a pas souhaité ouvrir une crise politique avec l'Allemagne sur l'interprétation de l'ancien article 111. Ni politique de change ni véritable coordination des politiques économiques nationales : l'Union monétaire européenne est un canard sans tête. Ou, plus exactement, ce sont les obsessions monétaires allemandes qui tiennent lieu de politique à la Banque centrale et de feuille de route aux gouvernements.

Le vice de conception initial de l'euro

Là se trouve le vice de conception initial de l'euro : une monnaie unique à seize, sans véritable gouvernement économique, ne peut se maintenir durablement. En effet, elle interdit par construction les ajustements monétaires. Elle s'en remet aux évolutions spontanées du marché du soin d'éviter les distorsions de salaires, de prix, de compétitivité, d'endettement, etc. Toutes les unions monétaires avaient échoué par le passé (Union latine, Union scandinave), sauf là où le saut dans le fédéralisme était dès le départ quasiment inscrit dans les faits (États-Unis). Or, l'erreur a été et reste de faire croire que l'Europe, avec ses trente peuples, peut renouveler l'expérience des treize colonies anglaises de 1776.

L'idée qu'on puisse transformer l'Union européenne en fédération est une impasse, car l'Europe n'est pas et ne peut pas être, à vue humaine, une nation. Pour autant, les rédacteurs du traité de Maastricht auraient dû prévoir explicitement, dès l'origine, une harmonisation d'ensemble des politiques économiques. Or, dès l'origine, la monnaie unique était une construction monétaire en l'air, coupée de toute réalité politique nationale et de toute impulsion démocratique. Les gouverneurs des Banques centrales qui composaient le comité Delors ont proposé et obtenu que tout le pouvoir soit concentré entre leurs mains, sans aucun contrôle démocratique : ce sont eux et eux seuls qui, aux termes de ses statuts, composent le Conseil des gouverneurs de la Banque centrale européenne. Un tel vice de conception sautait aux yeux. Il a fallu beaucoup d'aveuglement pour ne pas s'en aviser d'emblée. Aujourd'hui, ce vice nous saute à la figure ! Au Conseil européen de Bruxelles du 29 octobre 2010, Nicolas Sarkozy a lancé à Jean-Claude Trichet : « Vous parlez peut-être à des banquiers. Nous,

nous sommes responsables devant nos citoyens ! » Deux logiques s'affrontaient.

Pendant une dizaine d'années, le système de l'euro a fonctionné pour les États de manière indolore. L'adhésion à l'euro n'imposait en fait qu'une morale sans obligations ni sanctions. L'excédent commercial allemand absorbait optiquement les déficits des autres. Globalement, les échanges de la zone euro avec l'extérieur étaient équilibrés, et les déséquilibres internes ne comptaient pas. Bien sûr, la monnaie unique présentait au départ un avantage : elle évitait les dévaluations compétitives entre les États-membres. Elle procurait un marché stable, encore que faiblement croissant, aux exportations des pays les plus industrialisés, au premier chef l'Allemagne. Elle supprimait, pour les investissements, le risque de change. Par ailleurs, les bas taux d'intérêt dont ont profité jusqu'en 2007 tous les États-membres ont longtemps encouragé un endettement public excessif. L'euro fonctionnait, pour les États endettés, comme une drogue.

Mais ces avantages à court terme dissimulaient la montée des périls : surévalué, l'euro a entraîné une perte considérable de compétitivité pour la plupart des pays, ainsi pour la France, dont la part de marché mondial a régressé de 6 % en 1993 à 3,8 % aujourd'hui. Le résultat de cette surévaluation a été, pour la zone euro, une croissance lente, près de deux fois plus lente sur la dernière décennie que celle des États-Unis et des pays européens restés en dehors de l'euro (Grande-Bretagne, Suède, Danemark). À l'échelle mondiale, la zone euro est la lanterne rouge de la croissance. Elle détient, à l'inverse, le ruban bleu du chômage.

L'absence de politique de change de la BCE est une anomalie que j'ai souvent dénoncée : à l'occasion de la campagne présidentielle de 2002, puis à travers l'expression de Ségolène Royal, en 2007, proposant d'introduire la croissance et l'emploi au rang des objectifs assignés par ses statuts à la Banque centrale européenne. Ce fut alors aux délégués du PSE, réunis à Porto en février 2007, de se récrier ! On assista à un véritable tollé, y compris dans les rangs du PS français. Que ces pseudo-socialistes se cachent aujourd'hui la tête dans le sable !

La crise grecque, répétition générale des crises à venir

La crise de l'euro, au printemps 2010, a exacerbé les déséquilibres latents. La fragilité de la monnaie unique est apparue au grand jour. Les marchés financiers ont pris leur revanche sur les États les plus endettés en creusant les écarts de taux dans les enchères de la dette publique. On assiste aujourd'hui à ce paradoxe que les États sont contraints d'emprunter chèrement à des banques qui, elles, peuvent se refinancer à bas taux auprès de la Banque centrale européenne à laquelle le texte des traités interdit de prêter aux États ! La morale est sauve, puisque ce sont les marchés qui tiennent les États à la gorge. Et ceux-ci de filer doux ! M. Sarkozy explique ainsi à la télévision qu'il regarde tous les matins les *spreads*, c'est-à-dire les écarts de taux sur les marchés financiers. Il est loin, le temps où le général de Gaulle pouvait dire que « la politique de la France ne se fait pas à la corbeille » !

En mars 2010, la crise grecque a fait éclater l'évidence que l'Allemagne n'était plus prête à payer les yeux fermés pour les pays structurellement déficitaires. Elle a révélé que celle-ci, qui avait eu besoin de l'Europe pour sa réunification, poursuivait désormais, vingt ans après, un objectif assez différent : assurer la compétitivité de ses industries à l'échelle mondiale en agrégeant à elle, comme espace de sous-traitance privilégié, la *Mitteleuropa*. Elle peut ainsi reprendre, sur le plan économique, sa politique historique de poussée vers l'est : l'Ukraine, la Russie, l'Asie centrale, et, au-delà, les marchés des pays émergents. Les « BRIC[1] », qui représentaient 4 % de ses exportations en 2000, pèsent aujourd'hui 10 % ; autant que la France.

---

1. BRIC : Brésil, Russie, Inde, Chine.

L'Allemagne peut-elle se détourner pour autant des autres pays de la zone euro ? Globalement, ceux-ci pèsent trop lourd dans son commerce extérieur, et, politiquement, elle peut difficilement se détourner du « chemin européen » tracé par Konrad Adenauer et Helmut Kohl. Sans doute, au plus fort de la crise grecque, Mme Merkel a-t-elle envisagé que la Grèce – ou tout autre pays – puisse être exclue de la zone euro. Il est possible que l'Allemagne veuille un jour redécouper celle-ci pour en faire une zone plus homogène. Au Conseil européen de Bruxelles du 29 octobre 2010, elle a proposé de retirer leur droit de vote au Conseil aux pays insuffisamment rigoureux. On voit mal quel pays soucieux de sa dignité accepterait de rester membre d'une Union européenne où il n'aurait plus voix au chapitre…

On peut intellectuellement comprendre la position de l'Allemagne : il ne peut y avoir de soutien automatique à un pays qui, pour avoir laissé filer ses déficits au-delà du raisonnable et les avoir même dissimulés, se trouve exposé à la sanction impitoyable des marchés. Les Allemands ont fait de réels efforts de compétitivité, et la zone euro n'est pas une institution caritative. Il y a toutefois un juste milieu à trouver entre le principe de responsabilité des États et la solidarité sur laquelle devraient pouvoir compter les États-membres affrontés à des « circonstances exceptionnelles » (article 122 du traité de Lisbonne, longtemps relégué à l'arrière-plan par l'article 125 qui proscrit les transferts financiers entre États).

C'est à cette position qu'après de longues semaines de tergiversations, dites « pédagogiques », Mme Merkel a dû se rendre en acceptant le principe d'abord d'un soutien à la Grèce, au Conseil européen du 27 mars 2010, puis, le 7 mai, les modalités pratiques de ce soutien (plus de 18 milliards d'euros à la charge de l'Allemagne sur un total de 110 milliards), et enfin, quelques semaines plus tard, la mise en place pour trois ans d'un fonds de sauvetage de la zone euro mobilisant au total 750 milliards d'euros (dont 440 à la charge des États-membres, à raison de 148 milliards pour l'Allemagne et 111 pour la

France). La crise grecque a été un cas d'école, une sorte de répétition générale pour les crises à venir. Car les conditions de prorogation de ce fonds posent problème : l'Allemagne veut des sanctions « automatiques » pour les États laxistes et elle entend surtout impliquer les banques dans l'éventuelle restructuration des dettes.

L'euro sous tutelle américaine

Évidemment, les crédits prévus, à hauteur de 750 milliards d'euros, restent virtuels tant que les pays menacés ne demandent pas la mise en œuvre concrète de l'aide promise (Grèce, Irlande etc.). Décisive est bien évidemment l'intervention du FMI comme contributeur à hauteur du tiers de ce plan de soutien (250 milliards d'euros), et surtout comme maître d'œuvre, les institutions européennes ayant, sur ce point, déclaré forfait, au grand dam de MM. Trichet, Barroso et Van Rompuy. Mais, dès lors que l'Allemagne et la Grèce acceptaient cette maîtrise d'œuvre, il n'était pas possible d'être « plus royaliste que le roi ». Le FMI a imposé sa tutelle à la zone euro : chaque fois qu'un pays de la zone devra faire appel à la solidarité de ses partenaires, il interviendra pour la moitié (soit le tiers du total) ; mais, surtout, il pilotera le programme d'ajustement. Une quarantaine de parlementaires américains se sont émus d'un tel déploiement de moyens, le FMI n'ayant mobilisé depuis le début de la crise que 180 milliards de dollars pour secourir les États les plus fragiles. Quoi qu'il en soit, il faudra, outre l'accord à l'unanimité du Conseil européen, l'autorisation du FMI et par conséquent celle des États-Unis pour mettre en œuvre un éventuel plan de sauvetage. C'est ce que demandent les parlementaires américains.

Pour bien comprendre ce scénario, il convient de rappeler que, avec 17 % du capital et des voix au Conseil du FMI, les États-Unis détiennent en fait un droit de veto. La zone euro est passée subrepticement sous tutelle américaine. Ce n'est un mystère pour personne que l'intervention du président Obama, inquiet des répercussions de la crise de l'euro sur le cours des autres monnaies, à commencer par le dollar, a été décisive pour obtenir d'Angela Merkel et de Nicolas Sarkozy la mise en œuvre du plan de sauvetage de 750 milliards d'euros.

Je me trouvais à Berlin les 6 et 7 mai 2010 et j'ai pu mesurer à quel point les parlementaires allemands, très soucieux de ce qu'Angela Merkel appelle la « culture de stabilité », étaient dubitatifs quant à la possibilité de revoir un jour l'argent prêté à la Grèce. Si elle a rappelé que la « culture de stabilité [de l'Allemagne] n'était pas négociable », Mme Merkel a déclaré sans ambages que, dans le cas de la Grèce, l'Allemagne n'avait fait que « gagner du temps ». En effet, derrière la Grèce se profilent d'autres pays dont le déficit ou (et) l'endettement sont devenus préoccupants : Irlande, Portugal mais aussi Espagne. Celle-ci est évidemment un très gros morceau : son PNB représente le dixième du PNB global de la zone euro, et son endettement est trois fois supérieur à celui de la Grèce. Si le plan de sauvetage devait être mis en œuvre, Mme Merkel a obtenu que ce soit à partir des contributions que chaque pays se procurera au taux du marché. L'Union, selon l'Allemagne, ne doit surtout pas devenir une union de transferts financiers. C'est dire la fragilité du dispositif mis en place. En cas de nouvelle alerte, l'Allemagne et la France, principaux contributeurs, lèveront ainsi des fonds séparément, à des taux différents, ceux que leur consentiront les marchés financiers. Ceux-ci, au printemps 2010, ont testé la cohésion de la zone euro. Bien entendu, ils reviendront à la charge. La meilleure manière de prévenir les crises à venir serait sans doute un accord international de stabilisation des changes entre les grandes monnaies. Un tel accord, qui pose avant tout le problème de la parité entre le dollar et le yuan chinois, ne paraît pas à portée de main, c'est le moins qu'on puisse dire. Il faudra donc un sens aigu du compromis, et d'abord entre l'Allemagne et la France, pour préserver la cohésion de la zone euro face à de nouvelles attaques spéculatives.

Mme Merkel peut certes se réfugier derrière le texte du traité dont Karl Otto Pöhl a jadis dicté les termes à Jacques Delors, mais ce traité ne vaut que dans son contexte. François Mitterrand l'avait peut-être anticipé. Si tel est le cas, il a oublié de nous laisser le code nous permettant de déchiffrer la solution.

*

Bien qu'elle en ait au départ imposé les règles, l'euro n'est pas la monnaie de l'Allemagne, mais celle de la zone euro. L'Allemagne se trouve placée face à une contradiction difficilement soluble : la zone euro représente 40 % de ses débouchés et 60 % de son excédent commercial. Or, sur la politique de change, le texte des traités est, on l'a vu, sujet à interprétation, et, jusqu'à présent, le président de la BCE (M. Duisenberg hier, M. Trichet aujourd'hui) a toujours considéré que le cours de l'euro était fixé par les marchés monétaires.

Le texte des traités interdit les transferts financiers entre États et proscrit les avances de la BCE à un État, quel qu'il soit ; dans les deux cas, il a été contourné : l'aide massive des États-membres à la Grèce a été déterminée en fonction de la part de chacun dans le capital de la BCE, selon les deux critères du PIB et de la population. Quant au rachat, pour 60 milliards d'euros, en mai 2010, de titres de dette publique, essentiellement grecs, par la BCE, ce fut une première : il était entendu jusqu'alors que la BCE pouvait aider les banques privées, pas les États. Ce tabou, que n'avaient déjà pas respecté le Federal Reserve Board et la Banque d'Angleterre, a été levé à son tour pour ce qui concerne la Banque centrale européenne, à une plus petite échelle, il est vrai, mais ce, en dépit des traités. La « culture de stabilité » allemande en a évidemment pris un coup.

Il y a quelque chose de pourri au royaume de l'euro

L'Allemagne se réfugie donc maintenant derrière l'exigence de plans de rigueur renforcés : pressée par elle et par le FMI, la Grèce s'est engagée à réduire son déficit budgétaire de plus de 14 % du PIB à 3 % en trois ans, soit de 30 milliards d'euros. Elle a mis en œuvre un plan de déflation sans précédent : gel des salaires dans la fonction publique et suppression des 13e et 14e mois, baisse des retraites de 7 % et report de l'âge de départ, augmentation des impôts, etc.

Même déficit en Irlande (14,3 % du PIB en 2008, 32 % en 2010) et mêmes remèdes : les fonctionnaires, là aussi en première ligne, vont voir leurs salaires réduits de 5 à 15 %, plan d'austérité renforcé, etc.

Au Portugal, le déficit est de 9,4 % du PIB en 2009 ; la potion est identique : gel des salaires dans la fonction publique, report des investissements publics, vaste plan de privatisations.

En Espagne, où le déficit a atteint 11,2 % du PIB en 2009, le gouvernement de M. Zapatero a adopté deux plans de rigueur successifs : baisse de 5 % des salaires des fonctionnaires, suppression de la revalorisation automatique des retraites, report de l'âge de départ à la retraite de 65 à 67 ans, etc.

Même l'Italie, dont le déficit en 2009 n'est que de 5,3 % du PIB (mais l'endettement public de 115,87 %), s'est engagée à économiser 25 milliards d'euros en 2011-2012 pour ramener son déficit à 3 % du PIB.

La France n'est pas mieux lotie, puisqu'elle s'est engagée à ramener son déficit de 7,5 % à 3 % du PIB dans le même délai.

Il n'est pas jusqu'à Mme Merkel, enfin, qui, devant le congrès des syndicats allemands, a déclaré que « les Allemands ne peuvent pas continuer à vivre au-dessus de leurs moyens ».

C'est ainsi que la spéculation sur les enchères de dette tient en haleine les États qui, face à la crise, s'étaient le plus endettés, notamment en 2008-2009, pour venir au secours des banques et relancer l'activité. Aucun dirigeant européen n'échappe à la folie communicative des plans de rigueur. C'est un véritable concours où chacun porte en sautoir « sa haire avec sa pénitence ». Évidemment, les salariés et les contribuables, avant de revêtir la robe de bure, ne peuvent s'empêcher de penser qu'il y a quelque chose de pourri au royaume de l'euro !

La monnaie unique était faite en principe pour « unifier ». Et voilà le spectacle que décrit un journaliste, Pierre-Antoine

Delhommais : « Les Grecs jalousent les Irlandais et en veulent à mort aux Allemands qui méprisent les Français, lesquels ne décolèrent pas contre les Allemands et pestent contre les Espagnols qui détestent à peu près tout le monde[1]. » Il y a certainement eu une erreur d'application dans le grand dessein évoqué en 1950 par Robert Schuman d'une « union toujours plus étroite des peuples européens » !

La conséquence des plans de rigueur annoncés ou en préparation ne peut être qu'une nouvelle récession dans la zone euro avec, en perspective, une probable cascade de crises sociales et politiques. La contraction des économies rendra plus difficile l'objectif de retour à l'équilibre.

Pour l'Allemagne, la réduction de ses débouchés dans la zone euro fera plus que compenser ses gains sur les marchés émergents. La seule bonne nouvelle a été, au printemps 2010, celle de la dépréciation relative de l'euro (de 1,35 à 1,21 dollar), complètement effacée six mois plus tard. Le cours de l'euro (1,40 dollar en octobre 2010) est très au-dessus de son cours de lancement (1,16 dollar) et très supérieur à son cours le plus bas (0,82 dollar en 2000).

Il est amusant de voir que la dépréciation passagère de l'euro a inquiété un moment jusqu'en Chine ! Le ministre chinois du Commerce, M. Chen Deming, s'est empressé de déclarer, au plus fort de la crise, que « Pékin croit dans un euro stable et fort[2] ». Évidemment, avec un déficit pour l'Union européenne de près de 200 milliards d'euros dans ses échanges avec la Chine, on comprend le « message de soutien » adressé par les dirigeants chinois à la « vigueur de la monnaie unique » !

Comme l'a déclaré Joseph Stiglitz[3], « si l'Union européenne continue dans la voie d'un plan coordonné d'austérité [...], elle court au désastre. Nous savons, depuis la Grande Dépression

1. « Il n'y a pas d'amour euro », par P.-A. Delhommais, *Le Monde,* 21 juin 2010.

2. *Le Monde*, 23-24 mai 2010.

3. Joseph Stiglitz, « L'austérité mène au désastre », *Le Monde*, 23-24 mai 2010.

des années trente, que ce n'est pas ce qu'il faut faire ». Et d'avancer son diagnostic : « Les ex-Allemands de l'Ouest, qui ont mis plus de dix ans pour absorber la réunification, estiment qu'ils ont déjà assez payé pour la solidarité européenne [...] Or c'est la conjoncture qui est à l'origine de la crise. Le déficit structurel de la Grèce ne s'élève qu'à 4 % de son PNB. » Joseph Stiglitz a formulé pour l'avenir de la monnaie unique un pronostic pessimiste : « Pour Athènes, Madrid ou Lisbonne, se posera sérieusement la question de savoir s'ils ont intérêt à poursuivre le plan d'austérité imposé par le FMI et par Bruxelles, ou, au contraire, à redevenir maîtres de [leur] politique monétaire. »

Comment inverser ce pronostic ?

Changer les règles du jeu de l'euro

Pour avoir combattu l'euro dès que son vice initial de conception, corollaire de l'abandon de la souveraineté monétaire, m'est apparu, c'est-à-dire non pas en juin 1989, date d'adoption du « rapport Delors » (car les ministres sont très mal informés du contenu réel des Conseils européens), mais dès que le texte du traité de Maastricht fut rendu public, je ne prônerai pas pour autant d'emblée l'abandon de l'euro. La monnaie unique a été un pari fait à la légère, mais c'est une réalité depuis bientôt douze ans. De quelque prix que nous l'ayons payée, et si peu probants qu'en aient été les résultats économiques, loin d'être aussi mirobolants que les auteurs de Maastricht le laissaient entendre, mais, au contraire, très en dessous des performances réalisées par les économies dotées d'autres monnaies, il ne serait pas intelligent de se résigner passivement à la disparition brutale de la monnaie unique, non seulement à cause des sacrifices consentis (ce n'est pas un argument pour continuer), ni même à cause du symbole politique, qui a son prix : c'est que la priorité doit d'abord être de changer les règles du jeu de l'euro telles qu'elles ont été définies en

1989-91, et cela dans l'intérêt général européen. Telle n'est pas la voie qui a été choisie jusqu'à présent. Le Conseil européen de Bruxelles du 29 octobre 2010 a certes écarté l'idée de sanctions automatiques frappant d'amendes les pays dont le déficit excède 3 % du PIB. Il a maintenu, au moins dans un premier temps, le rôle d'appréciation politique du Conseil. Mais, en revanche, il aurait admis une révision limitée du traité de Lisbonne pour répondre au souhait de Mme Merkel : celle-ci déclare ne pas pouvoir pérenniser sans cela au-delà de 2013 le Fonds européen de stabilisation financière mis en place au printemps 2010. En effet, une insécurité juridique résulterait d'une éventuelle « lecture stricte » par la Cour constitutionnelle de Karlsruhe de la clause dite de « *no bail out* » proscrivant le renflouement d'un État-membre.

Un amendement à l'article 125 du traité serait paraît-il nécessaire pour préciser les circonstances exceptionnelles qui justifieraient de voler au secours d'un État de la zone euro, notamment en cas de « crise systémique ». De même, la chancelière aurait obtenu, avec le soutien de Nicolas Sarkozy, une éventuelle restructuration des créances privées émises après 2013 sur un pays défaillant. Cette perspective, qui a fait pousser de hauts cris à M. Trichet, illustre la fragilité du mécanisme envisagé, dans une atmosphère de foire d'empoigne où la prise de pouvoir par le Conseil est fortement contestée par les autres institutions (Commission, BCE) et par les petits pays. L'Allemagne exige ainsi une conditionnalité forte à la mise en œuvre de tout plan de secours à un État défaillant : qui paie, commande. À la vie sans règle qui prévalait dans la zone euro succéderait désormais l'ère du bâton. Est-ce vraiment le fin mot de l'histoire ? J'en doute. Pour changer vraiment les règles du jeu dans la zone euro, il faut une ambition et une vision politiques. Si l'on veut vraiment ouvrir la boîte de Pandore de la révision du traité, mieux vaudrait alors y introduire la définition large d'un « gouvernement économique » et l'inclusion d'un objectif de croissance et d'emploi dans les statuts de la Banque centrale européenne. Nous en sommes encore loin. À défaut d'y parvenir, le bon sens commanderait de préparer une politique alternative.

Pour la France, un objectif doit surdéterminer tout le reste : l'obtention d'un cours de l'euro qui n'asphyxie pas son industrie. Les faiblesses récurrentes de la zone euro à seize ne constituent pas une solution viable. Rien ne remplacera une politique de change menée par la Banque centrale européenne sous l'impulsion de l'eurogroupe. Une telle politique de change est d'ailleurs la condition et le corollaire d'un accord international visant à stabiliser un jour le cours des principales monnaies mondiales. Il faudra réviser – *de facto* ou *de jure* – les statuts de la Banque centrale européenne et surtout reréglementer les marchés des devises où s'échangent chaque jour 4 000 milliards de dollars (contre 1 500 en 2001 !).

Il est absurde de vouloir réviser le traité de Maastricht, devenu traité de Lisbonne, en faisant de celui-ci un simple carcan punitif, une « communauté de sanctions », comme le souhaite Mme Merkel, les autres chefs d'État européens obtempérant à ses sommations. Comment la chancelière ne voit-elle pas que, ce faisant, elle braque involontairement les projecteurs sur la politique de déflation suivie par l'Allemagne depuis une décennie ? Une franche amitié consisterait à dire à l'Allemagne qu'elle ne prendrait pas le bon chemin en privilégiant le marché chinois sur le marché européen. L'avenir serait bien davantage dans une initiative de croissance européenne qui permettrait de modérer la rigueur exigée des pays excessivement endettés. Encore faut-il qu'ils puissent la supporter.

Le concours de rigueur engagé aujourd'hui n'est même pas dans l'intérêt de l'Allemagne. Ni sur le plan politique, ni sur le plan économique. Le cas échéant, l'Allemagne, qui a bâti un modèle fondé sur l'exportation de près de la moitié de sa production, verrait se restreindre des marchés proches et facilement accessibles. La France, à moins de condamner son industrie, ne pourrait rester dans un tête-à-tête mortifère avec elle au sein d'une zone euro réduite à cinq ou six pays. Les plans de rigueur qui vont se multiplier en Europe, si l'Allemagne ne change pas sa politique, risquent d'entraîner une récession continentale qui, en fin de compte, se retournera contre elle. Si on prend une vue mondiale des choses, il apparaît que la correction des déséquilibres macro-économiques ne peut s'effectuer que si les pays excédentaires (Allemagne, Chine) accroissent leur demande intérieure. Ce qui devrait être à l'ordre du jour, ce serait une relance européenne, principalement salariale, dont l'Allemagne prendrait la tête. Il semble qu'elle puisse le comprendre. L'Allemagne, en fait, même si elle s'appuie sur le texte des traités qu'elle a fait adopter, ne peut prendre le risque de donner le sentiment de tourner le dos à l'Europe.

Les cigales méditerranéennes découvrent aujourd'hui que la fourmi allemande n'est pas prêteuse, comme si elles l'ignoraient quand elles ont accepté les rudes disciplines de Maastricht ! Évidemment, la zone euro n'est pas homogène, c'est le contraire qui est vrai : il y a les pays du Nord et les pays du Sud, et ce n'est pas la même histoire économique. Ce n'est pas non plus la même culture. Chaque pays a son propre modèle. Partons des réalités pour organiser un nouveau départ !

En niant les nations, l'Europe de Maastricht s'est construite sur du sable. Au lieu de mettre en place, comme le proposait l'Angleterre, une « monnaie commune » réservée aux transactions extérieures, avec des souplesses maintenues entre des monnaies nationales aux parités ajustables, on a décrété une monnaie unique rigide qui ne tient compte ni des différences de structures, ni des orientations souvent opposées des politiques économiques, et qui, de surcroît, proscrit les aides entre États-membres. On peut certes se demander quel cours auraient suivi les événements si le traité de Maastricht n'avait pas, à 1 % des voix de majorité, imposé à la France et donc à l'Europe le choix de la monnaie unique. La réponse la plus probable est que le système monétaire européen aurait sans doute poursuivi son chemin avec un mark moins fort du fait de la réunification allemande et une croissance plus forte – en tout cas pour la France. Peut-être un *hard ecu* (une monnaie commune) aurait-il vu le jour, comme le souhaitaient les Britanniques ? L'Histoire en a décidé autrement.

La politique consiste à prendre acte des réalités, non pour s'y conformer, mais pour les infléchir. Il faut trouver le juste équilibre entre deux principes : celui de la responsabilité des États et celui de la solidarité européenne. Pour ma part, je ne suis pas choqué que les pays prêteurs puissent exiger un taux d'intérêt supérieur – d'un point, par exemple – à celui auquel ils empruntent eux-mêmes sur le marché. Sans doute d'autres voies peuvent-elles être explorées : une mutualisation au moins partielle de l'endettement public par la voie de « bons européens » entre des pays pratiquant une politique conforme aux règles d'équilibre définies en commun. Si l'on veut sauver l'euro, on ne fera pas – selon moi – l'économie d'une initiative européenne de croissance ambitieuse. Là est la clé.

Cette politique devrait être décidée par le Conseil européen en fonction de la situation de chaque pays. Il conviendrait de définir des normes de progression salariale afin de relancer la consommation intérieure dans les pays les plus aptes à jouer un rôle moteur (Allemagne, France, Italie). Un grand emprunt européen permettrait de financer un programme d'infrastructures, de recherche et d'innovation. Une politique de change serait enfin mise en œuvre par la BCE pour faire retrouver à l'euro une parité correcte avec le dollar. Cette question devrait être discutée dans le cadre d'une concertation mondiale, avec pour objectif de fixer des parités stables (ou fluctuant dans une bande étroite) entre les grandes devises (dollar, euro, yen, yuan, livre britannique) sur le modèle des accords du Louvre de 1987. Un tel objectif ne pourra être atteint que si les transactions sur les marchés des devises peuvent être limitées et donc réglementées. Titanesque ambition ! À défaut de parvenir à un accord raisonnable avec la Chine sur la question du yuan, et à moins que celle-ci ne modifie son modèle de croissance en développant fortement sa demande intérieure, je ne vois pas comment on éviterait la mise en place de mesures de protection, de préférence sélectives et provisoires. Quoi qu'il en soit, l'objectif d'un accord de stabilisation entre le dollar et l'euro ne perdrait rien de sa pertinence.

*

À défaut d'une relance de la croissance européenne, on ne peut malheureusement exclure un défaut d'un pays-membre qui serait conduit à dévaluer une monnaie nationale ressuscitée, et à restructurer sa dette. Mais comment ne pas voir qu'alors risquerait de se précipiter un effet domino ?

Pourrait-on gérer le décrochage de plusieurs monnaies de la zone euro à travers un mécanisme de « monnaie commune » ? L'euro resterait, dans cette perspective, la monnaie de référence pour celles des pays « décrocheurs », en fonction d'une parité définie en commun, à l'unanimité ou selon des règles de majorité qualifiée renforcées. Je n'évoque cette hypothèse qu'avec réserve, car la dislocation, même à la périphérie, de la zone euro, poserait très vite des problèmes économiques et géopolitiques majeurs : l'exclusion de l'Espagne, par exemple, porterait un coup très rude à l'idée européenne, et plus encore celle de l'Italie, pays fondateur, membre du noyau originel de l'Europe à six ; la dévaluation compétitive d'une peseta et d'une lire ressuscitées ne serait pas supportable par notre économie. Il faut enfin répéter qu'un tête-à-tête monétaire entre l'Allemagne et la France est exclu si nous voulons préserver notre industrie.

Le problème de l'adhésion des pays de l'Est doit être débattu avec eux. Il est évident que la Pologne et la Roumanie risqueraient d'obérer leur développement ultérieur par une adhésion prématurée à l'euro.

Au total, l'intérêt européen me paraît commander de résister aujourd'hui sur la ligne de défense que constitue la zone euro à seize, à condition que les États-Unis interrompent leur politique de dévaluation compétitive dans l'objectif illusoire de favoriser un retour à l'équilibre de leur balance commerciale. Des remèdes plus efficaces existent pour cela. Il y a un intérêt commun à définir avec les États-Unis : il réside dans un sentier de croissance partagée. L'Europe et l'Amérique doivent être conscientes qu'elles sont embarquées sur le même bateau. Si l'on veut sauver l'euro, il faut qu'il soit clair que sa parité ne peut être une simple « variable d'ajustement » dans les relations monétaires internationales et que le gouvernement économique de la zone euro ne peut se résumer à la seule « culture de la stabilité ». Il doit également inclure la croissance, une politique de change réaliste et probablement une certaine dose de protection concertée avec les États-Unis.

À défaut, un plan B

Comment l'Europe pourrait-elle tenir autrement dans la compétition mondiale ? Une concurrence équitable dans le commerce international passe par un euro qui ne soit ni trop fort, ni trop faible : un euro juste.

La résistance, à supposer que puisse s'établir un accord franco-allemand ambitieux et réaliste à la fois, doit s'organiser sur tous les fronts. Défense de l'euro à seize à travers une initiative de croissance à l'intérieur et la fixation d'une parité de change préservant notre compétitivité vers l'extérieur. Si décrochage il devait y avoir, il serait décisif de préserver un « toit européen » sous la forme d'une « monnaie commune » et d'un SME bis qui permettrait des ajustements de parité négociés et donc ordonnés. Y penser toujours et n'en parler jamais. Un gouvernement responsable se doit, en tout cas, d'avoir un « plan B ».

Pour l'euro, dont les contradictions constitutives apparaissent de plus en plus clairement, l'heure de vérité approche. Ou bien l'Allemagne, sous la pression de ses syndicats et de ses élites les plus conscientes, acceptera de changer de cap et de réviser les règles de l'euro, ou bien elle risque d'entraîner les autres Européens vers une crise économique et politique majeure. C'est à cette mégacrise que conduisent les exigences du plan allemand de restructuration des dettes des pays dits

« périphériques ». La France a sans doute un rôle essentiel à jouer pour faire comprendre à notre voisine qu'elle ne peut imposer à l'Europe entière une « culture de stabilité » qui reflète son passé traumatique et répond peut-être à un intérêt commercial à courte vue, mais qui n'est pas à la hauteur des défis de la crise actuelle. L'Allemagne ne peut prétendre jouer dans la même cour que la Chine. Il n'est que temps d'aller au bout de la discussion qui n'a pas eu lieu en 1989, et de fixer des règles du jeu pour temps de crise à la lumière de l'intérêt général européen bien compris. Il faut faire de l'euro une monnaie normale et non un « mark-bis ».

Si l'Allemagne restait sourde à nos objurgations, le bon sens commanderait à la France de préserver ses intérêts à long terme, c'est-à-dire son tissu industriel. Ce choix temporaire sauvegarderait mieux l'avenir, y compris celui de la relation franco-allemande, qu'une morne résignation au déclin sous couleur de « stabilité ». Pour avoir laissé s'éroder sa base productive, la France voit aujourd'hui son modèle social se fissurer de plus en plus. Sans doute nos élites financières ne sont-elles pas prêtes à un tel choix. Seul le peuple pourra le leur imposer. Mais le choix de ceux qui parlent en son nom doit être clair, dès maintenant.

Deux décennies après Maastricht, il faudra soit changer les règles du jeu de la monnaie unique, soit mettre un terme à cette expérimentation hasardeuse, reflet d'une ambition mal pensée.

CHAPITRE IX

1983-2010
La gauche piégée

Vingt-sept ans après l'ouverture de la parenthèse libérale de mars 1983, la gauche française se trouve ainsi doublement piégée : par l'économie et par la géopolitique. Ses choix libéraux l'ont conduite dans le mur. Ses choix européistes lui ont mis la corde au cou.

Une confusion délibérément entretenue

Ce qui rend le piège si efficace, c'est la confusion délibérément entretenue entre la nécessaire union des peuples européens et les formes qu'a prises, de manière apparemment irréversible, la construction européenne. Comment remettre en cause la globalisation financière, l'attitude inquisitoriale de la Commission européenne prohibant les aides d'État et toute esquisse de politique industrielle, ou encore la polarisation de la Banque centrale européenne sur le seul objectif de la lutte contre l'inflation, dès lors que ces orientations, visiblement dépassées, sont adossées à des textes européens souvent anciens (1987, 1992), mais dont les engagements ont été encore récemment renouvelés par le traité de Lisbonne ?

Les classes dirigeantes européennes ont choisi la mondialisation. Ce choix répond à l'intérêt économique des multinationales européennes qui réalisent à l'étranger une fraction croissante et aujourd'hui prépondérante de leur chiffre d'affaires et de leurs profits. Il répond aussi à l'intérêt des couches sociales les plus favorisées, celles qui détiennent des actifs financiers. Que cet intérêt « de classe » entre en contradiction ouverte, à travers les délocalisations industrielles, avec celui des couches populaires, de la majorité du salariat et avec l'avenir même des peuples européens, permet-il d'entrevoir une solution démocratique ? Nullement, car le « surmoi européen », pour parler freudien, l'interdit.

Pour avoir dit « non » au projet de « Constitution européenne », le peuple hollandais, le peuple irlandais et le peuple français ont été remis dans le droit chemin avec le concours d'oppositions en carton-pâte baignant elles-mêmes dans le consensus social-libéral et « européiste ».

À vrai dire, toute la gauche européenne, convertie au social-libéralisme, se trouve aujourd'hui piégée par la crise du capitalisme financier au principe duquel elle s'est ralliée sur les autels de la déesse « Europe ». C'est cette conversion intime qu'il nous faut comprendre.

Pour quelques miettes de croissance de plus…

À la machine du capitalisme financier lancée à toute allure, les sociaux-libéraux, en effet, n'ont jamais demandé de ralentir le train, bien au contraire : seulement la distraction de quelques miettes de croissance pour financer « le social ». C'est dire l'ampleur de leur renoncement. Si la gauche française a dans les faits, dès 1983, donné le branle au social-libéralisme, c'est en Grande-Bretagne qu'il a été enfin théorisé : Anthony Giddens et Tony Blair inondèrent la Grande-Bretagne et l'Europe de leurs écrits au tournant du siècle (1998-2000). Arrêtons-nous-y quelque peu, même si des observations comparables pourraient être faites sur la transformation du Parti communiste italien en « Parti démocrate », sous l'impulsion de Massimo D'Alema, ou encore sur la politique mise en œuvre en Allemagne par Gerhard Schröder en 2000, théoriquement dans le cadre d'une *Dritte Mitte* (troisième voie), concrètement sous la forme d'un « Agenda 2010 » visant à contenir les salaires pour préserver l'emploi. Ces idées flottant dans l'air du temps (plein emploi grâce à la flexibilité du travail et à la promotion de l'« économie de la connaissance ») nourrirent également la « stratégie de Lisbonne », décidée en 2000 par les quinze gouvernements de l'Union européenne, parmi lesquels onze se disaient socialistes ou sociaux-démocrates…

L'expression « troisième voie » a été fort galvaudée au cours de l'Histoire … L'originalité de la démarche adoptée par Anthony Giddens est que sa « troisième voie » voulait à la fois se distinguer de la social-démocratie traditionnelle, telle que Margaret Thatcher avait cherché à l'éradiquer, et du néolibéralisme alors triomphant. Ainsi Giddens admettait l'efficacité économique du mode de production capitaliste, dont il admirait la capacité de renouvellement et d'innovation. Il s'appuyait sur ce postulat de l'« efficacité des marchés », qu'il transformait en constat, pour critiquer ce qu'il appelait la « vieille gauche », c'est-à-dire la social-démocratie classique : « intervention de l'État dans l'économie, subordination à celui-ci de la société civile, "collectivisme", rôle limité des marchés, égalitarisme fort, État-providence protégeant les citoyens "du berceau à la tombe", faible conscience écologique, inscription, enfin, dans le cadre du monde bipolaire…[1] »

Beaucoup d'observations d'Anthony Giddens ne sont pas entièrement dépourvues de pertinence : ainsi le fait que « les partis sociaux-démocrates n'ont plus de "bloc de classe" conséquent sur lequel reposer[2] » (encore faudrait-il décrire et

1. Anthony Giddens, Tony Blair, *La Troisième Voie : le renouveau de la social-démocratie*, préface de Jacques Delors, Seuil, 2002, p. 28.

2. *Ibid.*, p. 42.

expliquer les mutations des classes populaires, qui n'ont pas pour autant disparu...). De même la montée du féminisme, la crise de la famille traditionnelle, le développement de préoccupations nouvelles – consumérisme, environnement –, et surtout la fin de la bipolarité du monde : autant d'évolutions qui sont évidemment à prendre en compte dans le renouvellement de la pensée socialiste.

On ne peut cependant qu'être frappé par la faiblesse de l'analyse de la mondialisation faite par Anthony Giddens. C'est en vain qu'on chercherait dans ses écrits une critique du capitalisme financier, de la dictature de l'actionnariat, des délocalisations et de la fuite en avant dans l'endettement. Il est vrai que *La Troisième Voie,* publiée à Cambridge au printemps 2000, reflétait cette période euphorique qui a précédé l'éclatement de la « bulle technologique » (septembre 2000).

Anthony Giddens a observé avec justesse que si la polarité droite/gauche demeure le contenu de ces notions est évolutif. Mais c'était pour défendre la stratégie de Tony Blair visant à reprendre et à recycler les idées du thatchérisme dans un contexte marqué par « l'ascendant idéologique du néo-libéralisme et la chute du communisme », au motif que, dans ce contexte, « c'est la gauche qui a le plus à gagner en disant que les anciennes catégories n'ont plus de sens[1] ». Là est bien le nœud du problème : le social-libéralisme fait de la globalisation financière l'horizon indépassable de notre temps !

Il serait cependant injuste de ramener la « troisième voie » à une simple copie du thatchérisme. Giddens précise qu'entre la gauche et la droite une différence demeure : l'attitude à l'égard de l'égalité. Cette sensibilité à la justice sociale a coloré plusieurs des priorités affichées par les travaillistes britanniques : éducation, rénovation des services publics, etc. Encore faut-il pour cela que la croissance dégage les marges de manœuvre nécessaires à une politique d'investissement dans l'éducation et

1. *Ibid.*, p. 56.

dans le « social ». Que se passe-t-il s'il n'y a plus de « grain à moudre » ?

La « troisième voie » se définissait enfin à partir de l'idée d'un nouveau centre « radical », non pas au sens classique de « compromis », souvent synonyme de « coquille vide », mais en tant que reconnaissance nouvelle d'aspirations qui ne se laissent pas forcément réduire au clivage traditionnel gauche/droite : montée de l'individualisme, réchauffement climatique, place du nucléaire, rôle du travail dans l'identité personnelle, etc. Ce centre « radical » correspond à la tentation, répandue dans la gauche « fin de siècle » en Grande-Bretagne, mais aussi en France et sur le reste du continent, de substituer le « sociétal » au « social ». Alain Touraine, en France, avait mis à la mode depuis longtemps l'analyse de ces « mouvements sociaux » censés évacuer la vieille « question sociale ». Le social-libéralisme s'accommode très bien de cette « modernité sociétale », qui lui fait courir après toutes les revendications des « minorités actives », l'addition de celles-ci étant censée compenser l'effritement de la base sociale traditionnelle des partis sociaux-démocrates. Ainsi le vote des « nouvelles classes moyennes », de ceux qu'on appelle familièrement les « bobos » (« bourgeois bohèmes »), pourrait-il en partie enrayer le déclin de la classe ouvrière traditionnelle que la gauche sociale-libérale a perdue de vue. Cette démarche, délaissant la culture de projet, n'a pas toujours évité l'écueil des communautarismes. Composant avec l'hyperindividualisme libéral, elle oublie en chemin le citoyen, accompagnant ainsi le déclin du civisme, quand elle ne le nourrit pas.

En fait, les couches populaires étaient loin d'avoir disparu. Aussi bien cette substitution – inévitablement partielle – ne pouvait s'opérer que par « beau temps ». Il fallait qu'une croissance raisonnable donne les moyens de financer les priorités « sociales » que les travaillistes devaient continuer d'afficher pour empêcher l'érosion complète du soutien que leur accordaient encore les couches salariées modestes. Comme l'a écrit Jacques Delors dans sa préface au livre d'Anthony Giddens,

« l'idée directrice est de conjuguer la solidarité sociale avec une économie dynamique [...] Le postulat de cette philosophie dite de la "troisième voie" – également développée par Robert Reich – est que "les fruits de la croissance économique engendrés par les politiques du libre marché peuvent être largement partagés lorsqu'on offre aux laissés pour compte de cette croissance la possibilité et les moyens de s'adapter" ». Jacques Delors insiste sur les affinités de la « troisième voie » avec le « libéralisme éthique » de la tradition anglo-saxonne. Il concède que la « troisième voie » s'est nourrie du néo-libéralisme ambiant : « rejet de la nationalisation de l'industrie, inéluctabilité et nécessité de la mondialisation du commerce et des investissements, besoin de marchés du travail plus flexibles, réduction des filets de sécurité, réduction des déficits budgétaires[1] ». À s'en tenir là, la troisième voie ne serait en somme qu'un « prolongement du thatchérisme et du reaganisme ».

Mais, justement, selon Jacques Delors, les valeurs de justice et de cohésion sociale auraient dessiné une alternative au sein de ce cadre néolibéral, en ce qu'elles seraient non seulement « moralement louables, mais également efficaces en permettant une meilleure gestion de l'économie ». On reconnaît dans ce raisonnement la prétention des sociaux-libéraux à faire mieux que la droite. « De même que les gouvernements ne doivent pas entraver le changement, que les vieux métiers et les vieilles industries ne doivent pas être protégés et subventionnés, de même il n'est pas souhaitable que des personnes sans emploi soient payées pour rester inactives » : dans sa préface, Jacques Delors revendique cette problématique comme celle qui inspirait déjà le « Livre blanc » de la Commission européenne de 1993 (*Croissance, compétitivité, emploi : les pistes pour entrer dans le XXIe siècle*). On sait ce qu'il en est advenu : le déguisement compassionnel n'a jamais pu occulter la réalité des impulsions libérales données par la Commission européenne. Le *workfare* (les « petits boulots ») n'a jamais remplacé le *welfare*

1. *Ibid.*, préface de Jacques Delors, p. 9.

de l'État-providence. La nature même du capitalisme financier a échappé aux sociaux-libéraux, et, avec elle, le creusement des inégalités qu'il engendrait. Le social-libéralisme n'a été en définitive qu'une intention pieuse déguisant moins la réalité du capitalisme financier triomphant que la fringale de pouvoir de jeunes gens pressés. Que Tony Blair, en quittant Downing Street, se soit converti au catholicisme n'est pas un bon point pour celui-ci. Et l'élection d'Edward Miliband, dit « le Rouge », à la succession de Gordon Brown à la tête du « Labour » ne vaut nul reniement du « blairisme », si j'en juge par les exhortations qu'un de ses proches conseillers, Will Hutton, adresse aux socialistes français, d'avoir à se poser la bonne question : comment construire un bon capitalisme qui satisfasse les Français[1] ?

*

C'est que l'histoire du social-libéralisme est indissociable de celle du néo-libéralisme lui-même.

La décennie quatre-vingt, inaugurée par les victoires simultanées du néo-conservatisme libéral, en Grande-Bretagne et aux États-Unis, et de la gauche unie en France, s'était achevée par le triomphe historique du premier à l'échelle européenne et mondiale. Quant à la gauche française, son pénible aggiornamento libéral des années 1983 et suivantes allait la conduire, dix ans plus tard, en mars 1993, à la défaite la plus retentissante de son histoire. Aucune des boussoles traditionnelles de la gauche (justice sociale, priorité donnée au monde du travail, volonté de lier l'action et la pensée, etc.) n'était compatible avec les choix libéraux qu'elle avait endossés dans la première moitié des années quatre-vingt.

La victoire de la « gauche plurielle » aux législatives de 1997, à la faveur d'une dissolution anticipée maladroite, n'a été elle-même qu'un accident, moins le fruit d'une dynamique propre

1. Will Hutton, « La gauche française doit proposer un “New Deal” aux salariés », *Le Monde,* 3-4 octobre 2010.

que celui d'un rejet du gouvernement Juppé après le « mouvement social » de décembre 1995. Ajoutons-y encore des triangulaires opportunes avec le Front national dans une quarantaine de circonscriptions. La « gauche plurielle » n'avait que peu d'idées et elle n'avait pas effacé, dans les couches populaires, le sentiment que celles-ci n'étaient plus vraiment représentées par le Parti socialiste. Il ne suffisait pas de bâtir un tripode déséquilibré : autour du PS, les Verts comme force montante et les communistes comme force descendante. Cette idée n'était pas idiote, électoralement parlant, mais elle l'était politiquement : quel accord politique stable peut-on concevoir entre deux philosophies aussi profondément désaccordées que la pensée des Lumières, où le PS plongeait ses racines, et, par ailleurs, le culte animiste de la Nature propre à beaucoup de Verts ? Le très faible score du candidat socialiste à la présidentielle de 2002 chez les ouvriers (11 %) a encore manifesté cet éloignement des couches populaires qu'avaient creusé le pacte libéral implicite passé avec les forces du marché et l'accélération donnée à la construction d'une Europe fédérale à travers le projet de « Constitution européenne » et le passage à l'euro. Et l'absence de toute autocritique de fond, au nom d'un « bon bilan » autoproclamé, n'a favorisé, depuis lors, ni un inventaire sérieux ni un profond retour de confiance, les succès remportés à l'occasion d'élections locales traduisant d'abord un rejet du pouvoir en place. Comme ailleurs en Europe, le social-libéralisme en France n'a été qu'un moment du cycle néolibéral (1980-2009).

On ne modifie que très difficilement le génome d'un grand parti

Quarante-six ans après mon adhésion au Parti socialiste d'alors (c'était, en 1964, le Parti socialiste SFIO), j'admets qu'on me pose la question : mais qu'avez-vous donc voulu faire ?

Nous avons tout simplement cherché, mes amis du Ceres et moi, à infléchir, de l'intérieur d'abord, de l'extérieur ensuite, la ligne du Parti socialiste. À nos risques et périls. Ce fut, il y a quarante ans, le pari d'Épinay. Tout laïcs que nous étions, nous avons suivi saint Matthieu : « Celui qui veut sauver sa vie, la perdra. Celui qui veut risquer sa vie, la sauvera. » Ne croyant guère au salut, même laïcisé, nous avions quelque mérite à cela. Bien sûr, je ne conteste pas qu'il ait pu y avoir, à certains moments, d'autres choix valables que les nôtres. Mais le moment n'est-il pas venu, avant que nous ne soyons tous morts, de dresser un bilan honnête de ce que les auteurs de ces choix pouvaient en attendre ?

Ce serait aussi, pour la gauche française, l'occasion de se remettre à penser. À défaut, elle ne pourra pas inventer l'avenir. Tout se passe aujourd'hui comme si, au-delà de la domination des marchés financiers, il n'y avait rien. Rien qui puisse être imaginé, conçu, proposé, non seulement à notre pays, mais au monde. Un horizon indéfiniment plat où il n'y aurait plus rien à découvrir – bref, un « désert d'avenir[1] ».

Au-delà de l'analyse du passé s'ajoute donc le devoir de penser et de proposer pour demain. « Aie le courage, disait Kant, de recourir à ton propre entendement » : ose penser. « *Sape audere* », comme l'ont proclamé, en leur temps, les hommes de la Renaissance. Car c'est bien de renaissance qu'il s'agit.

On ne modifie que très difficilement le génome d'un grand parti politique. Nous avons cru naïvement, et pour son bien, d'ailleurs, servir François Mitterrand. Certes, nous entendions peser sur sa ligne, et François Mitterrand, naturellement, ne l'entendait pas tout à fait de cette oreille. Mais il ne mit jamais en cause, comme il me le dit un jour après le congrès de Rennes (1990), notre « loyauté globale ». Nous avions une excuse : nous étions encore jeunes et nous croyions au « socialisme » comme à un perfectionnement de la République. À partir de 1983, nous y vîmes même une ligne de résistance par rapport au néo-libéralisme triomphant, et, de plus en plus, une

1. Cf. à cet égard la stimulante plaquette de Guillaume Bachelay, *Désert d'avenir ? Le Parti socialiste 1983-2007*, Bruno Leprince, 2007.

exigence, la seule qui pût encore relever la gauche, et le pays avec elle.

*

Nous croyions pareillement, au début des années soixante-dix, en la capacité du PCF à renouer avec l'héritage de la Résistance. C'était pécher par idéalisme : le PCF était d'abord une machine de pouvoir. Le Ceres, lui, n'a jamais été une organisation bolchevique. C'était une pensée et c'était une amitié entre Didier Motchane, Georges Sarre, Pierre Guidoni et moi-même. Cette amitié était plus forte que tous les bureaux politiques. Elle a résisté au temps. Un jour, François Mitterrand m'a dit : « J'ai connu, il y a très longtemps, des gens qui se seraient fait tuer les uns pour les autres. » Je n'ai jamais su de qui il parlait. Il ajouta : « Cela ne suffit pas. » Certes. Mais c'est quelque chose d'assez rare en politique. Nous avons cru, en 1997, pouvoir apporter à Lionel Jospin une vision républicaine qui lui aurait permis, s'il l'avait faite sienne, de rencontrer la France. Il avait d'ailleurs fait de l'exigence républicaine la trame de sa déclaration d'investiture, le 19 juin 1997, devant l'Assemblée nationale. Aquilino Morelle, sa meilleure plume, avait bien travaillé ! Il m'arrive quelquefois de regretter ce « pari républicain ». Ne fallait-il pas aussi chercher à aider Ségolène Royal en 2007 ? Si elle avait su reprendre à son compte le discours « républicain » qu'Henri Guaino, de son côté, a inspiré à Nicolas Sarkozy, elle aurait beaucoup gagné en crédibilité et accru ainsi ses chances. Le génome socialiste – l'internationalisme d'avant 1914 et le pacifisme d'avant-guerre transmutés en « européisme » aujourd'hui – ne se laisse pas facilement modifier. Faut-il renoncer ? Non ! Simplement, il y faudra une secousse beaucoup plus forte, un choc vraisemblablement venu de l'extérieur. Peut-être se devine-t-il déjà à l'horizon.

Quel est l'état de la France et de l'Europe trente ans après la « victoire historique » de 1981 ?

Le piège néolibéral

S'agissant de la France, le choix de la déréglementation à tout-va et de la monnaie forte a été dévastateur, comme il l'a été dans beaucoup d'autres pays anciennement industrialisés. Les délocalisations au profit des pays à bas coût salarial ont opéré des coupes claires dans nos industries. La France a perdu celle de la machine-outil, il est vrai déjà en difficulté au début des années quatre-vingt. Elle a laissé s'éroder, voire disparaître son tissu d'industries tournées vers la consommation (textiles, cuirs, chaussures, ameublement, horlogerie même). Elle a déjà délocalisé plus de la moitié de son industrie automobile. La mécanique et la métallurgie ont suivi. Elle a laissé racheter, dans des conditions de légèreté inouïes, deux des fleurons de sa couronne : Pechiney en 2004 et Usinor, devenu Arcelor, en 2006. Au total, les effectifs industriels employés en France ont fondu de 6 à 3,5 millions d'actifs de 1982 à 2008. Sans doute faut-il déduire de ce chiffre l'externalisation des services et les baisses d'effectifs liées à l'augmentation de la productivité. Mais on peut raisonnablement estimer l'effet des délocalisations d'activités à environ la moitié des pertes d'emplois industriels.

On chercherait en vain les industries nouvelles qui ont été créées. Le nucléaire, Airbus, les satellites, le TGV avaient été des choix opérés par de Gaulle et Pompidou, et le téléphone numérique par Giscard. Encore le sort d'Alcatel, entreprise que son patron, M. Tchuruk, voulait « sans usines », fait-il aujourd'hui peine à voir. L'abandon d'une politique cohérente à long terme (industrie, recherche, formation, fiscalité favorisant la production) se paie cher pour la France en termes d'emplois, de moins-values fiscales, de déficits publics et d'endettement. Ajoutons la déréglementation imposée en dépit de tout bon sens par Bruxelles à des secteurs comme l'énergie, la poste, les transports : au nom d'une « concurrence » censée faire l'affaire des consommateurs, les tarifs s'envolent ! Même dans le domaine des industries agroalimentaires, la France, dotée pourtant d'une forte agriculture, s'est laissé distancer. L'excédent commercial de l'agriculture allemande est quatre fois supérieur au nôtre ! Labourage et pâturage, ces mamelles traditionnelles de la France, seraient-elles taries ? Ni dans le secteur des industries de l'information, ni dans celui des biotechnologies, notre pays, malgré son potentiel de recherche, n'a su dégager un champion mondial. Tout au plus peut-on noter l'émergence d'Aventis dans la pharmacie, et le développement de ST-Microelectronics dans les micro-processeurs. Restent les industries du luxe et les industries de défense, mais pour combien de temps face à une concurrence américaine qui dispose d'un budget d'équipement militaire près de dix fois supérieur au nôtre ?

À ce déclin de l'industrie, la réponse était traditionnellement, pour nos élites dirigeantes, le développement des services et des activités financières. Mais nos grands groupes de services se fissurent, eux aussi. Tout autant que les industries, les services sont en effet exposés à la délocalisation. Quant à nos banques, elles ne sont pas épargnées par la crise financière. Elles doivent, comme d'autres, gérer des masses d'actifs plus ou moins douteux. Bref, même si nos élites dirigeantes n'en ont pas encore pris conscience, les activités financières ne sont plus l'avenir du monde telles qu'elles paraissaient l'être encore aux heures glorieuses de la City de Londres, il y a quelques années.

On commence à s'aviser qu'entre l'intérêt national et l'intérêt des multinationales il pourrait bien y avoir une contradiction fondamentale. Longtemps nos hommes politiques se sont transformés en VRP de nos grandes entreprises. Mais celles-ci fabriquent de moins en moins en France. Les multinationales françaises réalisent la majeure part de leur chiffre d'affaires et plus encore de leurs bénéfices hors de nos frontières. Elles contribuent de moins en moins à l'emploi et à la qualification de la main-d'œuvre française, car ce qui les intéresse au premier chef, c'est la captation de la plus grande part possible de la valeur ajoutée, des brevets jusqu'aux marges commerciales, à travers une stratégie d'acquisitions et de sous-traitances à l'étranger. L'épargne française, pourtant très abondante (16 % du revenu), s'est peu investie en France. Les investissements français à l'étranger, à l'inverse, se sont envolés : ils approchent aujourd'hui les 1 000 milliards d'euros.

C'est à travers les multinationales que s'est opéré un gigantesque transfert de savoir-faire entre, d'une part, la plupart des grands pays industrialisés (États-Unis, Grande-Bretagne, France notamment), et, d'autre part, les pays émergents à bas coût salarial et forte capacité technologique. C'est en Chine que se bâtit aujourd'hui l'avenir du monde, et, en soi, ce développement serait tout à fait légitime s'il était davantage orienté vers les besoins du peuple chinois.

Les pouvoirs publics ne se sont pas avisés de mettre en place une comptabilité d'un nouveau genre, appliquée aux grandes entreprises, pour déterminer la part qu'elles prennent au développement de nos capacités nationales. Une telle mesure, aux antipodes de l'esprit du capitalisme financier mondialisé, est probablement indissociable d'une remise en cause de celui-ci et d'une réforme profonde de l'entreprise rétablissant l'équilibre et le dialogue entre les actionnaires, d'une part, les managers, les salariés et les représentants des collectivités publiques, d'autre part. Est-ce un hasard si l'Allemagne, appuyée sur ce qui reste de la cogestion, et l'Italie, sur une classe vivante de petits et moyens industriels, semblent avoir mieux résisté à la désindustrialisation que la France ? Il faudrait sans doute, pour le comprendre, introduire d'autres considérations tenant notamment à la cohésion nationale comparée du peuple allemand et du peuple français. Louis Dumont a écrit sur ce sujet des pages éclairantes. Un peuple aussi individualiste que le nôtre est voué à la dilution dans l'océan du marché mondialisé dès lors qu'il a laissé se défaire l'État républicain et qu'il ne trouve plus, dans un patriotisme républicain assumé, le ressort de sa cohésion.

Le piège « européiste »

Il n'est pas possible de dissocier les conséquences sur l'économie française de la dérive libérale (désindustrialisation, délocalisations, affaissement de la cohésion sociale) de celles qui ont résulté, pour la France, de la mise en congé de la nation sous couvert de l'Europe à construire. Ce congédiement a exercé des effets délétères, car « plus d'Europe » aurait dû signifier « plus de France ». Le discours européiste, au contraire, a conduit, au nom d'un marché déguisé aux couleurs de l'Europe, à l'effacement de la France et à l'oubli de ses intérêts propres. Là était d'ailleurs l'esprit des institutions européennes telles qu'elles avaient été conçues au départ par Jean Monnet. Le bon sens, à l'inverse, aurait commandé que la France, acteur de premier rang en Europe, trouve un bon usage des institutions européennes pour faire avancer la seule idée claire, jadis émise par de Gaulle, celle d'une « Europe européenne ».

Aujourd'hui, la France se trouve prisonnière d'un euro depuis plusieurs années surévalué. Notre pays a un problème de compétitivité. Il a aussi un problème de déficit. Les engagements pris à Bruxelles pour le réduire ne tiennent pas la route. Même si nous ne sommes pas le pays le plus endetté de la zone euro, l'endettement public (plus de 1 500 milliards d'euros) doit être contenu. Seule une forte croissance permettrait de le réduire. La rigueur, si on ne peut l'éviter, gagnerait à être mieux partagée, car jamais dans notre pays les inégalités sociales n'ont été aussi grandes. Surtout, on l'a vu, elle serait rendue plus tolérable si une initiative de croissance européenne était prise : relance concertée de la demande intérieure par les pays où elle a été excessivement comprimée, bas taux d'intérêt, politique de change compétitive, emprunt européen, etc. Tout cela, dans le système de l'euro, dépend de l'Allemagne et d'institutions européennes qu'elle domine largement. La France peut proposer, mais c'est aujourd'hui l'Allemagne qui, en dernier ressort, dispose.

Là est le principal résultat d'engagements pris, il y aura bientôt trois décennies, par les élites françaises, toutes tendances confondues, et maintenus contre vents et marées par tous les gouvernements, tout juste bons à se renvoyer la balle et les responsabilités le temps d'une élection. Après tant d'efforts et de sacrifices demandés au pays pour entrer dans le royaume enchanté de l'euro, nos élites ne sont plus capables aujourd'hui de proposer d'autre issue que de persévérer envers et contre tout dans une voie manifestement erronée.

*

L'Europe n'est pas prête à jouer le rôle de locomotive de la croissance mondiale qui devrait être le sien pour aider les États-Unis à résorber leur immense déficit. L'échec des sommets du G20, à Toronto et à Séoul, en juin et en novembre 2010, illustre les limites de la concertation économique internationale. Les États-Unis n'ont plus sur l'Allemagne les moyens de pression directs dont ils disposaient naguère. L'économie américaine n'est pas sortie de la crise. La politique de déficit budgétaire et la politique monétaire à bas taux d'intérêt sont au bout de leurs possibilités. Aussi bien, comme l'observe Nouriel Roubini, « on ne peut pas forcer à boire un âne qui n'a pas soif » ... Pour résorber le déficit commercial américain, à nouveau proche de 700 milliards de dollars par an, les États-Unis s'orientent donc vers des moyens non conventionnels (création monétaire par la « planche à billets » et protectionnisme sous ses différentes formes). Or, par temps de crise, les handicaps dont souffre l'Europe sont doublement rédhibitoires. Tout d'abord, les institutions nées du traité de Lisbonne ne la dotent nullement d'un mécanisme de décision simple, rapide, opérationnel, pour faire face à des situations imprévues. Institutionnellement, l'Europe n'est même pas équipée pour devenir une grande Suisse.

Le deuxième handicap majeur de l'Europe vient de ce que, comme l'observait déjà Robert Marjolin dans les années cinquante du siècle dernier, elle s'en est remise aux États-Unis du soin de sa défense. Cet ami de Jean Monnet voyait là la source de son inexistence politique. Il pensait, en fait, comme de Gaulle !

En matière de défense, l'Europe n'a pas d'existence véritable. D'abord parce que les États-Unis ne le veulent pas : vingt ans après la chute de l'Union soviétique, ils ont su maintenir et étendre l'OTAN vers l'est et diversifier ses missions pour en faire une sorte d'« alliance globale ». Ensuite, parce que l'Europe non plus n'en a pas la volonté. L'Europe ne s'entend pour exister qu'autour des États-Unis. Ceux-ci restent la grande puissance tutélaire. Malgré toutes les incantations, constantes de François Mitterrand jusqu'à Nicolas Sarkozy, quant à la mise en place d'une politique européenne commune de sécurité, puis de défense, celle-ci reste dans les limbes, faute de volonté commune. Il n'était nul besoin d'être grand devin pour l'anticiper. L'effondrement de l'Union soviétique offrait une occasion unique de se libérer de la tutelle de l'OTAN. L'Europe ne l'a pas souhaité. Sous le prétexte fuligineux de rendre possible une « Europe de la Défense », la France a réintégré l'OTAN. On voit le résultat ! Pour la paix comme pour la guerre – en Afghanistan, par exemple –, le piège s'est refermé.

Eût-il été possible, pour ne pas en arriver là, de faire autrement ?

En politique, il y a toujours plusieurs voies. Celles-ci ne revêtent que progressivement le visage de l'irréversibilité. Admettons d'abord le fait que la gauche française a été d'emblée prise à contre-pied par le cycle débutant du néo-conservatisme libéral. Admettons encore comme un autre fait l'épuisement du système soviétique, sur lequel nous n'avions guère d'illusions au moment où nous avons créé le parti d'Épinay, mais sur le terme duquel nul ne pouvait se prononcer. Une fois posées ces deux bornes, n'y avait-il d'autre issue, pour la gauche française, que d'épouser le cycle libéral et de relayer sur le continent la déréglementation impulsée par le capitalisme anglo-saxon ?

Sans doute une force politique parvenue au pouvoir cherche-t-elle d'abord à s'y maintenir. Sensible sismographe des rapports de force, François Mitterrand a choisi de composer avec les États-Unis à l'échelle mondiale et de faire de Helmut Kohl son partenaire en Europe. En donnant rhétoriquement, à partir de 1983, priorité à l'Europe sur un projet national de transformation sociale en France, il a substitué à ce projet celui d'un libéralisme sans rivage. C'est dans ce contexte qu'il a pu, paradoxalement, revenir au pouvoir en 1988 en exploitant les erreurs commises par la droite de 1986 à 1988, et en mettant en avant un programme immobiliste et inconsistant, le fameux programme « ni, ni » (ni privatisations, ni nouvelles nationalisations).

Ce choix n'avait rien d'inévitable, mais le second septennat n'a pas tardé à se révéler une impasse, qu'il s'agisse de la déliquescence du Parti socialiste, du suivisme à l'égard des États-Unis dans la guerre du Golfe, ou de la fuite en avant dans le traité de Maastricht qui nous privait de notre souveraineté monétaire. Ce n'était évidemment pas le point de vue de François Mitterrand, qui considérait ce traité comme son grand œuvre… Encore aujourd'hui, Roland Dumas revendique « l'avancée de l'Europe : quand on balaiera un peu l'Histoire… Si nous ne souffrons pas trop sur le plan financier, c'est grâce notamment aux accords qui ont été signés pour protéger la monnaie européenne[1] ».

Seul Maastricht, aux yeux de François Mitterrand, a pu valoir justification pour son second septennat. Au début de

1. *Entretiens avec Roland Dumas*, Laure Adler, en coédition avec Les Amis de l'Institut François-Mitterrand, Éditions Michel de Maule, 2010.

la campagne présidentielle de 1988, il m'avait montré, au cours d'un repas organisé par Marcel Debarge au Pré-Saint-Gervais, son projet de « lettre aux Français » : « De tous nos programmes, me dit-il ironiquement, c'est le meilleur ! » Je ne suis pas sûr que la suite l'ait démontré. À part l'Europe, il n'y avait pas grand-chose dedans. Pour la gauche, ce fut un lourd handicap. Tel est aussi l'avis de François Hollande : « L'objectif de victoire avait remplacé celui de réussite. Nous étions dans l'arrangement mutuel. Dans l'attente du retour. Nous allions gagner, mais nous ne savions pas pour quoi faire. Il y avait un consensus de la facilité et chacun de se réfugier derrière la figure tutélaire de François Mitterrand... Le PS a payé lourdement cette paresse[1]. »

Au soir de son élection, le 8 mai 1988, François Mitterrand avait théoriquement les mains libres. La mise en sommeil du PS correspondit en fait à un choix fait dès mars 1983 : la rupture, selon Alain Bergougnoux et Gérard Grünberg, avec « la tradition de l'État producteur [...], cœur du modèle de changement porté par les socialistes jusqu'au début des années quatre-vingt[2] ». Et Guillaume Bachelay, dans son brillant essai, de poser la question : « Quel autre événement, à la portée historique, idéologique, économique, sociale, culturelle, stratégique, aussi considérable, fait-il l'objet d'un si grand oubli et même d'un si puissant et si constant déni[3] ? » Henri Emmanuelli a discerné cette césure quand il a déclaré : « Nous avons fait notre Bad Godesberg le 23 mars 1983 à 11 heures du matin. » La « parenthèse libérale » diagnostiquée par Lionel Jospin ne s'est en tout cas jamais refermée.

---

1. François Hollande, *Droit d'inventaire(s)*, Seuil, 2009, p. 42-43.
2. Alain Bergougnoux et Gérard Grünberg, *L'Ambition et le Remords*, Fayard, 2005, p. 330.
3. Guillaume Bachelay, *Désert d'avenir ? Le Parti socialiste, 1983-2007*, *op. cit.*

*

N'était-il pas possible, pour la gauche, de mettre en place une Europe moins déséquilibrée ? Il eût fallu, pour cela, que la France jouât davantage ses atouts dans la durée : rôle d'impulsion de l'État, politique industrielle volontariste, délivrée des contraintes bruxelloises mais visant le marché mondial, valorisation de l'électronucléaire, transformation en faveur de l'industrie de son abondante épargne, promotion de la recherche et de la technologie, priorité à l'éducation et à une formation qualifiante, préservation du modèle civique républicain à l'encontre des replis communautaristes, indépendance de sa politique étrangère. Cette « autre politique », parfaitement concevable sur la base des options présidentielles de 1981, impliquait que la gauche parvenue au pouvoir opérât non pas une conversion libérale, mais une conversion républicaine. J'entends par là le pouvoir assumé sans complexe, dans l'intérêt général du pays, en rassemblant largement et sans sectarisme autour de cette nouvelle politique. Arrivée au pouvoir en 1981, la gauche devait tenir compte du nouveau contexte, procéder à un aggiornamento, mais dans un sens tout différent de celui auquel elle s'est résignée. D'autant qu'il y avait à ce moment-là, au sein du Parti socialiste et même, je le crois, dans le Parti communiste, une disponibilité à comprendre un changement de posture, par la prise de conscience de ce que nous étions d'abord les héritiers de la République. Celle-ci avait en elle assez de vitalité pour relayer ce qu'avait de convenu le discours socialiste traditionnel. Ce discours avait bien fonctionné dans l'opposition, mais devait être retraduit dès lors que la gauche accédait aux responsabilités de l'État. C'est dans cette perspective que je créai, en mars 1983, le club « République moderne » et que le Ceres se transforma, en 1986, en « Socialisme et République ». Mais le vent libéral soufflait si fort, et l'idée républicaine suscitait de telles résistances, malgré mes efforts au ministère de l'Éducation nationale, que le projet même d'une « conversion républicaine » fut immédiatement tenu en suspicion. Lionel Jospin, alors premier secrétaire du PS, déclara même, en 1986, que « le socialisme ne pouvait se résumer à un simple républicanisme ».

Le choix d'une « autre politique », opéré en 1983, aurait sans doute provoqué quelques cahots. Il eût fallu expliquer aux Français le sens de l'effort, faire appel à leur civisme pour les mobiliser sur le rattrapage des handicaps structurels que la France avait laissés se creuser, bref, leur tenir le discours de la vérité. En réalité, il est très vite apparu une contradiction majeure entre ce projet industrialiste « à la japonaise » et le choix de la monnaie forte (franc fort, puis euro fort), entre le patriotisme républicain qu'impliquait l'« autre politique » et le mol abandon aux sirènes libérales sous couvert d'européisme. Les contraintes « européennes » forgées par le traité de Luxembourg empêchaient une politique industrielle volontariste. C'est avec la vision libérale qu'il fallait rompre, non avec « l'Europe », qui, au début de la décennie quatre-vingt, était largement encore une page blanche. L'idée européenne aurait été maintenue, mais de manière compatible avec l'idée républicaine. Au lieu de se faire le fourrier du capitalisme anglo-saxon, l'Europe aurait pu y opposer son propre modèle. Elle préféra céder aux campagnes inspirées contre une supposée « eurosclérose ». Avec un peu de courage, on n'aurait pas tout sacrifié au « grand marché ». On ne me fera pas croire, par exemple, que la France, qui produisait en 1981 l'électricité la moins chère d'Europe et commençait à l'exporter dans tous les pays voisins, était condamnée à devoir l'importer trente ans après. Pas davantage qu'avec cette électricité bon marché nous dussions délocaliser notre industrie de l'aluminium, grosse consommatrice, puis la brader avec la vente de Péchiney au consortium nord-américain Alcan que la Commission européenne lui avait interdit d'acquérir, quelques années auparavant, au prétexte de ne pas « fausser la concurrence »...

Bien sûr, un tel choix industrialiste et républicain, opéré en 1983, n'aurait peut-être pas évité la défaite de la gauche en 1986, ni assuré une victoire à l'élection présidentielle de 1988. L'effort est difficile à expliquer, encore que, dans les grands moments de notre histoire – 1793-94, 1917-18 –, la volonté du pays ait répondu à celle de ses dirigeants. En l'occurrence, le modèle clémenciste fut subtilement dévoyé pour cautionner l'orientation libérale-sociale maquillée aux couleurs de l'Europe. Peut-être François Mitterrand n'aurait-il pas été réélu en 1988 s'il s'était présenté sur la base de l'« autre politique ». Il aurait mobilisé les couches populaires, mais certainement pas cette petite frange centriste qui est venue vers lui au nom de l'« ouverture », parce qu'elle craignait l'impérieuse domination du RPR. Se faisant chattemite, François Mitterrand gagna l'élection en laissant penser qu'il y avait autour de lui de la place pour tout le monde. S'il avait fait campagne sur la ligne de l'« autre politique », admettons qu'il eût été battu. C'eût été, en tout état de cause, une défaite glorieuse. Elle aurait mieux préservé l'avenir de la France et celui de la gauche. Celle-ci n'aurait pas été déboussolée comme elle l'a été par l'abandon de ses fondamentaux. La droite de Jacques Chirac – je le crois – n'aurait pas osé aller aussi loin dans la voie de la déréglementation financière et dans la soumission au principe de la concurrence. Jacques Chirac aurait-il de lui-même conçu d'abandonner la souveraineté monétaire de la France ? J'en doute.

*

En faisant le grand écart en matière de triangulation politique et en s'appropriant, à travers l'Acte unique, les politiques libérales traditionnellement associées à la droite la plus dogmatique et la moins gaulliste, François Mitterrand a semé un profond désarroi, d'abord chez ses adversaires, mais aussi, à plus long terme, chez ses partisans. « Salut l'artiste ! » titrait *Libération* au lendemain de l'élection présidentielle de 1988. Oui, si « le pouvoir pour le pouvoir » est la seule règle du politique. Les socialistes de stricte obédience connaissaient bien cette règle : il ne faut venir au pouvoir que pour l'exercer dans le sens de ses idées. C'était là l'objet de joutes rhétoriques quelque peu spécieuses qui distinguaient, dans l'entre-deux-guerres, l'« exercice » et l'« occupation » du pouvoir. Pour les socialistes, en effet, « le pouvoir pour le pouvoir » ne saurait constituer un objectif. Il n'en était d'ailleurs pas un pour François Mitterrand. Celui-ci, en définitive, a choisi de rester dans l'Histoire à travers l'Europe, fût-elle libérale. Le socialisme s'est perdu en chemin. Cet abandon inexpliqué, car inexplicable, fut, pour les socialistes, la source d'une extrême démoralisation.

On m'a souvent interrogé sur le sens de mes trois démissions. C'est que j'ai tenté d'infléchir le cours des choses, sans y parvenir d'emblée, certes, mais toujours avec la volonté de rendre pédagogique et par conséquent utile, pour la suite, le sens de ces actes forts : le refus du tournant libéral en 1983, celui de la guerre du Golfe en 1991, enfin ma fidélité à la République et à ses principes en l'an 2000. Ces choix étaient pour moi un moyen de prendre date. Ces trois petits cailloux blancs étaient faits pour servir un jour à la reconquête de la gauche par elle-même, et de son destin par la France.

Le temps des petites ambitions et des seconds couteaux

Les socialistes tournent ainsi comme des ours en cage dans la contradiction où les a enfermés depuis vingt-cinq ans François Mitterrand. Le PS français a rodé depuis 1973 cette incantation : « L'Europe sera socialiste ou ne sera pas » ; il n'en a rien résulté d'autre qu'un alignement constant du PS sur les partis sociaux-démocrates européens et notamment sur le SPD que sa mue sociale-libérale a conduit à un échec retentissant en 2004 et plus encore en 2009. Enfermés dans un logiciel fédéral éculé, les socialistes méconnaissent le rôle des nations en Europe et celui, bien évidemment dirigeant, que l'Allemagne y exerce aujourd'hui. Ils ne voient pas que la dialectique franco-allemande est une réalité depuis deux siècles et que seul le renversement de cette dialectique permettrait de surmonter l'aporie dans laquelle les socialistes français se débattent en vain depuis 1981 : tant qu'ils se mettront à la merci du consensus ordo-libéral en Allemagne et que celui-ci perdurera, ils feront du surplace. C'est difficile à reconnaître : mais ce que François Mitterrand attendait du fonctionnement des institutions européennes ne pourra se frayer un chemin qu'à travers une entente de peuple à peuple dans un dialogue encore à nouer.

Dans toute l'Europe – France, Allemagne, Italie et jusqu'en Grande-Bretagne où Gordon Brown, successeur de Tony Blair, a mordu la poussière en juin 2010 devant la coalition des conservateurs et des libéraux –, la social-démocratie convertie au social-libéralisme donne le sentiment d'avoir fait son temps. Après le cycle long de la social-démocratie *stricto sensu* (les quatres décennies qui suivent la fin de la Deuxième Guerre mondiale), le cycle court du social-libéralisme s'achève. Il le fait en même temps que le cycle du néo-conservatisme libéral inauguré au tournant des années quatre-vingt par les victoires électorales de Margaret Thatcher et Ronald Reagan. Le social-libéralisme n'en était, à vrai dire, que l'ombre portée. La déréglementation progressivement généralisée, l'effondrement du communisme en 1989-91, la globalisation financière, enfin, ne lui offraient que des horizons limités. Ce fut le temps des petites ambitions et des seconds couteaux. Le social-libéralisme n'aura été qu'une résignation à ne pas modifier l'ordre des choses par des partis dont c'était la raison d'être.

Une chanson des temps anciens tourne dans ma tête :

France socialiste,
Puisque tu existes
Tout devient possible
Ici et maintenant…

C'était l'hymne que Mikis Theodorakis avait composé en 1977 pour le Parti socialiste de François Mitterrand.

CHAPITRE X

1940-2040
Finis Franciae ?

Dans cette tentative quasi spéléologique d'élucidation de notre histoire récente, je suis allé de gouffre en gouffre : de l'ouverture par la gauche de sa « parenthèse libérale » en mars 1983 à sa conversion européenne par les traités de Luxembourg et de Maastricht, qu'on peut lire à l'envers à la fois comme le reniement du projet d'Épinay de transformation de la société française et comme la mise en congé de la nation, désormais dépouillée d'attributs essentiels de sa souveraineté.

À ces questions : « Comment cette conversion libérale et "européiste" a-t-elle été possible ? Comment tant d'hommes et de femmes sincères ont-ils pu accepter, derrière François Mitterrand, cette conversion dont il n'y a pas d'analogie historique, sauf peut-être celle qui, après le baptême de Clovis, vit le peuple franc embrasser derrière lui la foi catholique ? », j'ai trouvé des réponses partielles : le génome du Parti socialiste, la nature des institutions de la Ve République, mais une seule m'a paru véritablement convaincante : l'empreinte laissée dans les consciences par l'effondrement de la France en 1940. Là est, selon moi, la clé.

Cet effondrement est lui-même inséparable de l'immolation d'un million et demi de jeunes hommes dans les tranchées de 1914-18 et de la crise morale et politique de l'entre-deux-guerres, celle d'un pays qui n'avait plus les moyens de son hégémonie reconquise en Europe et qui, en tout cas, ne se les était pas donnés. L'offrande faite à Pétain, en juin 1940, par ce qui servait encore d'« élites » à la France, d'un peuple prostré par sa défaite, de même que la souillure ultérieure du régime de Vichy, ne sont évidemment que des conséquences de cet effondrement sans précédent dans notre histoire. Elles sont le plus souvent traitées en dehors de leur contexte historique par de petits esprits dont la haine de la France semble être devenue la profession, Vichy fonctionnant comme un sceau d'infamie désormais attaché à son nom. La confusion de la France avec Vichy est au ressort de l'« idéologie française » inventée au début des années quatre-vingt par un pseudo-philosophe qui restera surtout par ses capacités de manipulation de l'Histoire.

J'ai voulu comprendre comment, de cet effondrement de 1940 vécu par François Mitterrand jeune homme, a pu ensuite résulter, chez lui, une telle volonté farouche de transcender nos vieilles nations meurtries, et l'allemande plus encore que la nôtre, pour construire cette Europe nimbée d'azur comme une « princesse de conte de fées » – aurait dit de Gaulle –, mais, finalement, si peu aimée des peuples qu'elle est censée rassembler.

La déconstruction de la France

Me faisant archéologue de l'idée européenne, je m'étais avisé depuis longtemps déjà que l'Europe « communautaire », pensée en fait dès 1943 par Jean Monnet à Alger, était faite en réalité pour reléguer les nations à une situation subordonnée d'acteurs contraints et résignés.

J'ai essayé de montrer comment, du sentiment de l'Europe d'avoir perdu son âme dans l'hécatombe des deux guerres mondiales, et du crime de masse inouï qu'a été l'extermination de six millions de Juifs par les nazis, avaient pu résulter une aboulie collective et une incapacité des nations européennes à continuer leur histoire. Mais, pour en arriver là, il a fallu le truchement de la « méthode Monnet[1] ». Celui que le général de Gaulle appelait « l'Inspirateur » – en réalité inspiré par l'Amérique – s'est explicitement donné pour but de doter l'Europe d'après-guerre d'institutions supranationales. Jean Monnet voulait empêcher la reconstitution des souverainetés nationales en confiant à une Haute Autorité (pour la CECA) ou à une « Commission européenne » (pour le Marché commun) le pouvoir de proposition et d'impulsion, les gouvernements étant réduits, comme il le précisa à Adenauer, à une fonction d'« agents d'exécution[2] ». Si le but n'avait été que de créer un « marché commun », l'idée était bonne. Mais, dans l'esprit de Monnet, il s'agissait d'aller bien au-delà, vers l'effacement des vieilles nations européennes dans une entité *sui generis*. Il fallait profiter de l'effondrement de la France en 1940 pour faire « table rase » des nations.

Jean Monnet voulait explicitement fusionner les souverainetés nationales. Il refusait même l'expression de « délégations de souveraineté ». L'objectif ultime était, pour lui, celui d'une Fédération européenne appuyée sur la création progressive de « solidarités de fait ». Cette méthode, qui coupe des nations le fonctionnement des institutions européennes au profit d'instances technocratiques ou judiciaires (Commission, Banque centrale, Cour de justice), rejoint en fait celle de la « table rase » chère à tous les « révolutionnaires ». Elle a maintenant révélé ses inconvénients : expertocratie, « déficit démocratique », dépendance à l'égard des lobbies et des interventions extérieures, inféodation enfin aux États-Unis. Paul Valéry, en 1919, pronostiquait déjà que l'Europe était vouée à être gouvernée par une Commission américaine. Il ne croyait pas si bien dire.

*

1. Jean-Pierre Chevènement, *La Faute de M. Monnet*, *op. cit.*
2. Éric Roussel, *Jean Monnet*, *op. cit.*, p. 537.

La méthode Monnet n'a pu s'imposer qu'à la faveur d'une profonde dépression des nations européennes. Tout s'est passé comme si un véritable « rideau de feu » (1914-1945)[1] était tombé dans leur histoire. Fallait-il repartir de zéro, comme le souhaitait Jean Monnet, ou, au contraire, essayer de rétablir l'intelligence de l'histoire européenne telle qu'elle s'était développée et a bien entendu continué depuis soixante-cinq ans ? La question pouvait encore être éludée tant que la construction européenne, à ses débuts, paraissait être, bien que marquée par la guerre froide, un point de convergence, une sorte de prolongement des vieilles nations européennes – l'Allemagne et la France au premier chef –, celles-ci entendant mettre un terme à des guerres dévastatrices qu'au demeurant elles n'auraient plus été capables de faire. C'était encore le sens du traité de l'Élysée de 1963, tout à fait compatible avec le traité de Rome (1957) tel qu'il était appliqué au début des années soixante.

C'est avec cette conception pragmatique – nous l'avons vu – qu'a rompu le forcing européen des années quatre-vingt : l'Acte unique confiait d'immenses pouvoirs à la Commission européenne, elle-même arc-boutée sur la jurisprudence déjà ancienne de la Cour de justice des communautés européennes. Celle-ci, dès 1964, avait évoqué la création d'un « ordre juridique souverain qui s'impose aux États ». Novation juridique d'immense portée qui passa inaperçue à l'époque. Le traité de Maastricht ouvrait ensuite la voie à la monnaie unique, dont on mesure aujourd'hui seulement le vice de conception, indissociable de la méconnaissance du fait national. Avec le projet de Constitution européenne, enfin, on vit apparaître ce que j'ai appelé une « entéléchie », fédération sans peuple, artifice dénommé « Europe », pourvue d'une légitimité supérieure à toute autre, d'institutions déconnectées du suffrage universel, à l'exception d'un Parlement européen alibi, et dotée d'une finalité sans fin ;

1. Pierre Manent, *La Raison des nations. Réflexions sur la démocratie en Europe*, Gallimard, 2006.

cette Europe téléologique était destinée à s'étendre indéfiniment par l'adhésion de nouveaux membres aussi bien que par l'accroissement de ses compétences, exclusives ou partagées, voire saisies de sa propre initiative. C'était le triomphe de l'idéologie. Tout échec portait en lui-même sa solution : il fallait « plus d'Europe » pour y remédier, comme jadis, en Union soviétique, il fallait plus de « socialisme » pour corriger ce qu'on décrivait comme un simple « retard » ou une « déformation » passagère dudit « socialisme ».

Ce beau résultat – l'Europe sans les peuples – était contenu dans la « méthode Monnet ». Comme l'avait fait remarquer il y a très longtemps Didier Motchane, les États-Unis d'Europe, dans ce contexte, ne pouvaient être que « l'Europe des États-Unis[1] ».

*

Pour mener à bien ce projet grandiose, Jean Monnet avait besoin que, dans l'Europe initiale à six, il n'y eût que des nations effondrées. L'Histoire, en 1945, en fournissait l'occasion. Elle ne repasserait pas de sitôt les plats : l'Allemagne écrasée sous la chute du nazisme, l'Italie émergeant à grand-peine de la déconfiture du fascisme, la Belgique, la Hollande et le Luxembourg formant le Benelux, ne restait que la France. Il fallait la déconstruire. Certes victorieuse en 1945, la France avait été abîmée par sa défaite de 1940 que n'effaçait pas complètement le combat valeureux des Français libres, de la Résistance et de la Première Armée. Il y avait encore l'illusion d'un empire à travers l'Union française. Elle ne durerait pas. De Gaulle chercherait à prolonger le vieux rêve de la « grandeur française » ; sa mort à peine survenue, les démons de la repentance et de la mauvaise conscience s'acharnèrent sur une France devenue cadavre à dépecer. On peut dater ce tournant

1. Ceres, avec une introduction de Didier Motchane, *L'Enlèvement de l'Europe*, Éditions Entente, 1979.

de l'esprit public de la diffusion du film de Marcel Ophuls, *Le Chagrin et la Pitié*, en lui-même assez juste, mais qui allait donner le branle, avec le livre de Robert Paxton sur Vichy, au retour du balancier. On oublie que les États-Unis avaient maintenu une ambassade à Vichy jusqu'en novembre 1942. Chercheurs à la vue courte, sociologues et historiens monomaniaques, plumitifs et politiciens attirés par un succès de mode s'acharnèrent dès lors à déconstruire l'histoire de France et à la faire voir sous son plus sombre jour. Je me souviens de Mme Suzanne Citron : cette chercheuse adhéra par erreur au Ceres, au début des années soixante-dix ; elle voulait avant tout « démystifier le roman national » ; elle changea vite d'itinéraire politique, mais, si j'en juge par le résultat, le but qu'elle et ses pairs se fixaient a été atteint au-delà de toute attente...

On se plaint de ce que la France n'arrive plus à intégrer ses étrangers. Mais comment un pays qui ne s'aime plus lui-même pourrait-il le faire ?

Le dernier mot est-il dit ? La France est-elle donc morte le 17 juin 1940 ? À cette interprétation de l'Histoire qu'il pressent lui-même comme par trop pessimiste, Régis Debray[1] a ménagé deux portes de sortie :

La première, esthétisante : « Que l'Histoire de France ait eu pour point d'orgue un tel caractère [de Gaulle] offre une sorte de satisfaction artistique, tant s'harmonisent, dans son cas, l'individu conclusif et le livre d'heures par lui refermé, le profil psychologique de l'homme et la teneur légendaire de l'Histoire, le baptême de Clovis et la bataille de Valmy en un seul être récapitulés. L'affaire France s'est donc bien terminée. Sortir un jour ou l'autre de l'Histoire est un sort banal auquel aucune communauté humaine n'échappe... En sortir par le haut n'était pas donné à tout le monde. »

À cette mince consolation, je préfère l'autre échappatoire que nous a ménagée Régis Debray : « L'âme des personnes collec-

1. *Cf.* Charles de Gaulle, *Les Grands Discours de guerre*, préface de Régis Debray, *op. cit.*

tives, de nature capricieuse, a ses intermittences qui valent bien celles du cœur. Le roman national, comme les autres, a des passages à vide. Ce n'est pas plus mal. L'âme d'un pays deviendrait fort ennuyeuse si elle passait en boucle. Les entractes relancent l'intérêt et rehaussent, par contraste, les séquences écoulées. Les bas recolorent les hauts, le déjà-vu soudain étonne. »

L'histoire de la France, un immense échec ?

Que reste-t-il aujourd'hui de l'histoire de France telle qu'on l'enseignait à l'école de la République ? Elle fuit l'événementiel et s'imprègne de l'esprit savant de l'école des Annales. Nos collégiens connaissent mieux l'évolution de l'art aratoire dans la longue durée et à travers les civilisations (je parle de la charrue) que la signification du baptême de Clovis ou l'œuvre de la Convention et du Comité de salut public. Rien non plus qui nous aide à comprendre, du point de vue de la France, l'histoire de ces « années terribles » (1914-1945).

Tout cela n'aurait pas été possible si nos élites, en profondeur et dans leur majorité, n'avaient éprouvé le sentiment que la France, au total, n'était qu'un immense échec, et que mieux valait désormais tourner la page. Tragique renoncement ! Ce pessimisme historique va de pair avec la dénationalisation de gens pressés de se confondre avec ce que le sociologue polonais Zygmunt Bauman appelle les « élites mondialisées ». Les classes dirigeantes françaises, pour la plus grande partie d'entre elles, sont ouvertement résignées à ce que la France soit déjà « sortie de l'Histoire ». Pour elles, la France est une idée du passé.

Cette vision pessimiste s'appuie sur des faits historiques incontestables, mais méconnaît entièrement la grandeur de la Révolution française, non seulement pour la France mais pour le monde entier, sa force propulsive et sa modernité.

Premier fait : la France, qui avait mis fin, au XVIIe siècle, à l'hégémonie espagnole en Europe, a perdu, au XVIIIe siècle, face à l'Angleterre, le combat pour l'hégémonie maritime et mondiale. La paix d'Utrecht, amorçant dès 1713 le repli à Terre-Neuve et en Nouvelle-Écosse, avec, il est vrai, pour contrepartie, l'accession d'un Bourbon au trône d'Espagne ; ensuite l'abandon de l'Inde et du Canada au traité de Paris, en 1763, que n'effaça pas la guerre d'indépendance des États-Unis ; Trafalgar, enfin, en 1805, qui assura définitivement aux Britanniques la suprématie maritime – ces trois dates jalonnent les étapes de cette défaite essentielle. La première mondialisation a été anglaise. La seconde, américaine. Le monde est anglo-saxon.

Nos bien-pensants d'aujourd'hui oublient évidemment la Chine, l'Inde, le monde musulman, l'Afrique... et la latinité (près d'un milliard d'hommes), et que l'Histoire, bien sûr, n'est pas finie.

Le drame de la France a toujours résidé dans sa géographie, comme le faisait observer Fernand Braudel. Elle est naturellement tiraillée entre trois tropismes antagonistes : l'océan d'abord et le rêve du grand large, le continent ensuite et la tentation de l'hégémonie en Europe, la Méditerranée, enfin, et la séduction de l'Afrique et de l'Orient. L'Angleterre, beaucoup moins peuplée que la France, avait la chance de n'avoir que la mer comme axe d'expansion. De surcroît, s'ils étaient nombreux (24 millions à la fin du XVIIIe siècle, trois fois plus que les Britanniques), les Français commençaient à faire moins d'enfants et surtout ne voulaient pas émigrer : ils se sentaient bien chez eux. Que pesaient, à cette époque-là, les 60 000 Québécois du Canada face aux deux millions de colons anglais peuplant les côtes de Nouvelle-Angleterre ?

Avec la Révolution et l'Empire, la France se retourna donc vers le continent, qu'elle domina pendant vingt ans, de 1795 à 1815, poussée par l'idéologie autant que par l'amour de la gloire militaire. L'Empire n'était pas dans les habitudes de la France, encore moins dans sa vocation. La politique prudente de nos rois visait à arrondir le « pré carré ». Ils faisaient leur pelote petit à petit, sans chercher à chambouler l'Europe. Bien au contraire, les héritiers de Charles le Chauve, neuf siècles après le partage de l'empire de Charlemagne en 843, éprouvaient le sentiment d'avoir déjà digéré avec succès une bonne part de l'ancienne Lotharingie, de Dunkerque, dans les Flandres, à Pignerol, au Piémont. Consciente de figurer déjà parmi les puissances repues, la France, dans la seconde moitié du XVIIIe siècle, s'allia avec l'Autriche contre la Prusse montante de Frédéric II. Ce fut un grand basculement après l'époque où les rois de France cherchaient l'appui des princes protestants contre les Habsbourg de Vienne.

La France est une nation. Elle n'est pas un empire. Vint Napoléon qui, à un an près, avait failli naître italien. Il voulut reprendre le rêve d'un empire universel qui avait si mal réussi à l'Allemagne avec « le Saint Empire romain de nation germanique ». Il fit dissoudre celui-ci en 1806, comme s'il faisait de l'ombre à l'« Empire français », et créa, pour les peuples de langue allemande, une « Confédération germanique ». Tragique erreur, selon François Mitterrand, lequel refait l'Histoire dans le wagon à bestiaux qui, en juillet 1940, l'emmène en captivité à travers la Thuringe : « Le Saint Empire à peine détruit, l'empereur des Français, effaçant les réseaux mineurs de frontières, nommant les rois, chassant les princes, créant un corps à l'idée nationale, apporta l'unité [à l'Allemagne] ! [...] Je songeais aux jugements qui condamneraient notre débâcle [...] Condamnerait-on les erreurs glorieuses[1] ? » Curieux jugement qui fait de l'Allemagne la malédiction de la France. Compréhensible, en 1940...

En fait, ce fut l'Angleterre qui, en suscitant sans cesse des coalitions nouvelles contre Napoléon, ne laissa guère à celui-ci que le choix de la fuite en avant : étendre le blocus continental et remodeler sans cesse la carte de l'Europe jusqu'à la coaliser tout entière contre lui. En Espagne certainement, en Russie sans doute, Napoléon n'a pas su maîtriser son ambition (toujours le problème de la « surextension impériale » analysé par

1. François Mitterrand, « Pèlerinage en Thuringe », publié en décembre 1942 par *France*, revue de l'État nouveau, et repris dans *Politique I*, Fayard, 1977.

Paul Kennedy). Le pouvait-il ? Je n'en suis pas sûr, car l'Angleterre en avait fait l'« ennemi du genre humain ». Il a fallu que je visite, un jour, une exposition consacrée à « l'Ogre corse vu par la caricature anglaise », pour éprouver enfin de la sympathie pour Napoléon.

Deuxième fait : Waterloo. Wellington, aidé par Blücher, met fin au rêve français d'hégémonie continentale. Mais la France n'est pas morte à Waterloo.

Le programme de la Révolution française n'a jamais été, en effet, de dominer l'Europe. Celle-ci a commencé par « déclarer la paix au monde ». Les Girondins et Marie-Antoinette ont certes poussé à la guerre en 1792. Mais les Jacobins y étaient hostiles. J'ai retrouvé une assez belle déclaration de Robespierre s'élevant contre l'exportation de la Révolution par la guerre : « Personne, déclare-t-il, n'aime les missionnaires armés. » Il qualifie l'Allemand Anacharsis Cloots qui est venu, enthousiaste, à Paris, réclamer déjà la création de « Républiques sœurs », de « prédicateur intempestif de la République une et universelle ». Il ajoute : « Paris n'est pas la capitale du monde, ni un point de départ pour la conquête du monde… La manie de rendre une nation libre et heureuse malgré elle n'a pas de sens[1]. »

C'est Napoléon, réintroduisant le principe monarchique pour stabiliser la Révolution, qui a voulu créer un « Empire français » en Europe, faisant surgir, autour d'une France dilatée des bouches du Tibre aux bouches de l'Elbe, des royaumes pour doter sa famille. Napoléon a échoué, mais la Révolution française, elle, a gagné. L'effondrement de 1815 n'a pas empêché que ses idées se propagent à toute l'Europe. Cela, nos élites ne le voient pas.

Certes, la France, bloquée sur mer, l'a ensuite été sur le continent. Elle a entamé, plus d'un siècle avant les autres nations européennes, sa transition démographique, perdant ainsi l'avantage décisif du nombre. Mais elle a encore trouvé au XIXe siècle, en Afrique et en Indochine, un exutoire à ses rêves

1. Robespierre, *Œuvres complètes*, tome X, p. 75-81 et 361.

d'expansion. Si cruelles, voire odieuses qu'aient pu être les manifestations du colonialisme, notamment en Algérie où Éric Zemmour[1] rappelle que Bugeaud appliqua les méthodes utilisées contre les insurgés espagnols par les armées napoléoniennes, la France a pris sur elle d'entraîner ces pays dans le flux de l'Histoire universelle. Troisième fait. Cela lui crée, encore aujourd'hui, quelques responsabilités. Nos élites à bout de souffle voient trop souvent dans l'ancien « pré carré africain » ou bien une « chasse gardée », ou bien un boulet pour la France. Tragique manque de générosité et d'imagination ! Triste legs d'une période coloniale révolue ! Ni les États-Unis ni la Chine ne manifestent ces préventions : ils s'intéressent, eux, aux matières premières !

La France a investi en Afrique, mais de manière beaucoup plus affective. Le jour où nous verrons davantage les atouts de l'Afrique et des Africains, et où ceux-ci auront fait l'expérience des Chinois et des Américains, un retour de balancier se produira. C'est peu dire que la France ne porte pas haut en bandoulière son « second empire colonial ». Mais est-il raisonnable de renier une histoire commune qui, avec ses ombres et ses lumières, a tissé tant de liens profonds ? L'avenir de la francophonie est évidemment en Afrique et nulle part ailleurs. Ne soldons pas, sur l'autel des modes, cet actif immense de notre histoire, qui montre encore aujourd'hui que la France n'est pas morte à Waterloo !

La France, exécutrice testamentaire des idées de la Révolution

Ce fut, dans le *Mémorial de Sainte-Hélène*, le génie propagandiste de Napoléon (il n'avait pas que celui-là) que de s'identifier aux idées de la Révolution. Sa gloire renaquit avec elles comme le Phénix de ses cendres. Elle illumine le

1. Éric Zemmour, *Mélancolie française*, Fayard-Denoël, 2010.

XIXe siècle partout où les idées de démocratie et de liberté nationale marquent des points. Et elles ne cesseront de le faire, d'abord en Amérique latine, lointaine conséquence de l'invasion de l'Espagne et du Portugal par les armées napoléoniennes, et plus généralement en Europe de 1815 jusqu'aux traités de Versailles en 1919. La France devient l'exécutrice testamentaire des idées de la Révolution.

Les traités de Versailles consacreront la liberté des nations sur le cadavre des empires d'Ancien Régime. Comment la Pologne aurait-elle pu recouvrer son indépendance sans l'effondrement des empires tsariste, allemand et austro-hongrois ? Aucune des nations de l'Europe centrale et orientale n'aurait accédé à une existence nationale pleine et indépendante sans les traités de Versailles, dont j'ai envie de faire l'éloge contre Alain Minc. Celui-ci fait profession de haïr Clemenceau, mais croit-il que celui-ci a inventé les nationalismes tchèque, slovaque, yougoslave(s), sans parler des pays Baltes ou de la Transsylvanie, plus roumaine que hongroise ? Bien sûr, la paix de Versailles n'était pas parfaite. Elle reposait sur le principe des nationalités et sur les garanties que donnait aux nouveaux États la Société des Nations, c'est-à-dire l'alliance et la détermination conjointe de la France et de la Grande-Bretagne. On en vit les limites face à l'ascension de Hitler. Mais la paix de Versailles a surtout souffert du refus des États-Unis d'honorer les engagements pris par Wilson à l'égard de Clemenceau, de leur non-adhésion à la SDN et de leur retour à l'isolationnisme d'avant 1914. Le respect de l'intégrité de l'Allemagne que Clemenceau imposa à Foch, sous la pression de Wilson, impliquait en retour le maintien de la garantie des États-Unis à l'équilibre de Versailles tel qu'ils l'avaient voulu. Ce fut le contraire qui se produisit.

L'URSS, enfin, en faisant alterner son soutien à l'Allemagne (Rapallo en 1922, le pacte Hitler-Staline en septembre 1939) et des périodes de rapprochement avec la France (l'accord Laval-Staline et surtout le soutien donné à la stratégie des « Fronts populaires » en 1935), a précipité l'éclatement de la Deuxième Guerre mondiale. Il est vrai que les démocraties occidentales, incapables de dominer le réflexe anticommuniste de leurs milieux dirigeants, l'y encourageaient et qu'elles-mêmes, en croyant s'en préserver, ont fini par en payer un prix écrasant.

On peut toujours rêver au maintien de l'Empire d'Autriche-Hongrie après 1918, tarte à la crème d'Alain Minc et des « européistes » d'aujourd'hui. À tort ou à raison, les peuples qui le constituaient le ressentaient comme une prison. C'est le principe des nationalités qui a triomphé en Amérique latine et en Europe, tout comme il a triomphé aussi sur les décombres de l'Empire ottoman avec la naissance de la Turquie moderne, le repli de la Grèce de la côte égéenne d'Asie Mineure sur la Thrace, enfin l'éclosion de nouvelles nations arabes au Moyen-Orient. D'autres nations naîtront ensuite de par le monde sur les ruines des défunts empires coloniaux anglais, français, hollandais, belge, portugais, et enfin avec la chute de l'Empire soviétique. Partout le principe des nationalités l'a emporté. La France qui, depuis 1815, s'en fit toujours la championne, ne devrait pas le regretter. Ce ne fut pas l'effet du hasard. Assurément, il en résulta maints problèmes (je pense à la partition entre l'Inde et le Pakistan, ou encore à l'Afrique des Grands Lacs, et même à la Hongrie qui se plaint d'avoir perdu les deux tiers de la Transleithanie – c'est ainsi qu'on appelait autrefois la partie orientale de l'Empire austro-hongrois dont la domination était confiée à Budapest par les Habsbourg). Chacun réécrit l'Histoire à sa façon.

Le retour de la France au XXIe siècle, un projet raisonnable

Aider à la consolidation des jeunes nations qui, pour certaines d'entre elles, ressuscitent des royaumes ou des empires oubliés est une grande tâche. N'interpelle-t-elle pas tout particulièrement la France qui a voulu, il y a plus de deux siècles, créer un modèle de nation « citoyenne » ? Or, n'est-ce pas là le défi qu'on retrouve partout, par opposition à l'ethnicité, que ce soit en Afghanistan avec l'équilibre difficile entre Pachtounes, d'une part, Tadjiks, Ouzbeks et Hazaras, de l'autre, ou encore en Côte d'Ivoire avec le dangereux concept d'« ivoirité » ? Et même en Europe où le droit de la nationalité fait litige entre la Hongrie et ses voisins ? Il me semble que la France devrait se sentir directement concernée par ces « défis républicains » que doivent relever tant de nations anciennes et nouvelles. N'avons-nous pas, dans notre expérience juridique, politique et administrative, des trésors à faire fructifier ? Encore faudrait-il que nos élites fatiguées se sentent investies du devoir de porter le message républicain. Au fond, la dynamique de l'égalité se heurte toujours à la conception de l'inégalité des cultures, déjà professée par Herder à la fin du XVIIIe siècle. Jacques Berque, à l'écoute du monde arabo-musulman, a ouvert des pistes de réflexion passionnantes sur l'art de concilier l'universalité des valeurs et la reconnaissance de l'originalité de chaque culture. Il nous invite à respecter l'authenticité des peuples et à parier sur leurs propres motivations pour leur permettre d'accéder aux « valeurs universelles » et à la modernité. Face aux théoriciens du « nouvel ordre mondial », il a incarné l'éternel message de la France en faveur de la liberté des peuples.

Après l'Espagne, la France et l'Allemagne, la Russie, à son tour, a échoué à dominer le continent. L'effondrement, sans quasiment aucune effusion de sang, de l'Empire soviétique plaide paradoxalement en faveur du communisme. La part d'idéal que celui-ci comportait au départ restait probablement assez présente, dans l'esprit de Gorbatchev et des adeptes des « valeurs universelles » qui l'inspiraient, pour qu'ils se soient refusés à écrire un nouveau chapitre du « Livre noir du communisme ». Le bilan objectif de l'URSS reste sans doute à dresser[1]. Sans la guerre de 1914, l'Union soviétique n'aurait pas existé. Si elle avait su préserver la paix, la social-démocratie allemande aurait gagné : l'Europe aurait probablement été « bernsteinienne ».

Après deux guerres mondiales « chaudes » et une troisième heureusement « froide », les peuples européens ne peuvent aujourd'hui survivre qu'en unissant leurs efforts dans un

1. Cf. à cet égard les œuvres de Moshe Lewin.

monde dont le centre de gravité bascule vers l'Asie et le Pacifique. Fatigués, tous aspirent aujourd'hui à la paix. Mais la meilleure manière de l'obtenir n'est probablement pas le pacifisme. Nos élites sont-elles capables de penser une entente continentale allant de l'Espagne à la Russie ? Elles sont « occidentalistes », comme dirait M. Balladur[1], c'est-à-dire alignées derrière les États-Unis d'Amérique, comme l'était déjà Jean Monnet, dans sa tête, dans les années trente du siècle dernier.

Cette « Union occidentale » qui nous met à la merci des options changeantes de la politique des États-Unis n'a rien de très raisonnable ni de fatale. L'idée d'une union continentale des peuples européens incluant non seulement ceux de l'Europe occidentale mais aussi la Russie – et pourquoi pas la Turquie ? – nous donnerait une autonomie raisonnable dans les relations internationales. Elle donnerait un corps au concept de « République européenne des peuples » que j'ai déjà évoqué.

Loin de faire litière des nations, cette « République européenne des peuples » prendrait appui sur elles, articulerait leurs projets nationaux avec le souci de faire émerger un projet partagé ou, à tout le moins, des projets complémentaires mais non antagonistes.

La nécessaire estime de soi

Mon instinct me dit ainsi que la France n'est pas finie. Elle a encore de nombreux atouts et le XXIe siècle lui propose en Europe et dans le monde des tâches dignes d'elle. Le XXe siècle a été pour elle une terrible épreuve. Elle en sortira vivante, à la lumière d'une histoire que j'ai souhaité revisiter à partir des faits pour lui rendre l'estime de soi sans laquelle elle ne pourrait la poursuivre.

Peut-être conviendra-t-il, avec le recul, de porter un regard plus charitable sur le peuple de l'an quarante. Cent mille morts

1. Edouard Balladur, *Pour une Union occidentale entre l'Europe et les États-Unis,* Fayard, 2007.

lors d'un combat perdu d'avance dans l'esprit des chefs militaires, ce n'était pas un mince tribut ! La France, lâchée par ses alliés, isolée en Europe et divisée contre elle-même, a été livrée : la trahison ou, à tout le moins, la défaillance de la plus grande partie de ses élites ne s'est pas inscrite assez profondément dans la mémoire collective. Cette leçon-là n'a pas été tirée. Jean-François Kahn a rappelé ironiquement que l'appel qui avait été entendu n'était pas l'appel du 18 juin, mais celui du 17 (c'est-à-dire la demande par Pétain de l'armistice) : « Le pétainisme, en fait, écrit-il, est une constante de notre Histoire. » Nos élites n'ont pas varié : « Les privilèges sont ma patrie. L'Argent est hors sol. Plutôt l'étranger qui impose nos idées que ma propre nation qui les bride[1]. »

Le patriotisme français en a pris un coup en 1940, et on ne peut pas en vouloir à de Gaulle d'avoir cherché à embellir ensuite la réalité : il fallait remettre le peuple debout ! Mais la France s'est relevée d'autres désastres. Qu'en restait-il, après les défaites de la guerre de Cent Ans et le traité de Troyes, sinon le royaume de Bourges ? Le « petit roi de Bourges », dernier morceau intact de la légitimité…

Certes, de Gaulle ne pouvait pas changer les élites à la Libération. La France de 1944 ne voulait pas d'une révolution communiste qu'aussi bien la géopolitique de Yalta interdisait. Ce fut un acte de vrai patriotisme du Parti communiste de le comprendre et de prendre sa part de la reconstruction de la France. La Résistance ne pouvait déboucher sur la révolution (malgré le titre du journal *Combat*), parce que les résistants n'étaient pas des révolutionnaires et que la situation ne l'était pas non plus. Quant au programme de réformes du Conseil national de la Résistance, ce n'était quand même pas si mal ! De Gaulle a fait au mieux avec ce qu'il avait « en magasin ».

Vingt ans après la Libération, les jeunes gens du Ceres voulurent réussir là où le Front populaire et la Résistance

1. Jean-François Kahn, in *Marianne*, 10 octobre 2010, « Juin 1940 : l'appel qui a été véritablement entendu ».

avaient échoué. Ils voulaient changer les élites pour relever la France. Pour ce qui est de la première partie du programme, ils ont trop bien réussi, si on en juge par la carrière faite dans la banque et l'industrie par un nombre assez coquet d'anciens militants ! Le temps qui passe rebat les cartes, mais la même question, taraudante, revient toujours : quelle page d'histoire enthousiasmante la France pourrait-elle encore écrire ? Et y a-t-il dans notre peuple les forces pour ce faire ?

Après avoir décrit la manière dont la gauche française avait été piégée par son histoire, je veux montrer que, désormais, le social-libéralisme ayant fait son temps, il existe pour la gauche, dans l'exigence républicaine, un chemin de régénération. La vraie victoire appartiendra à celui ou à celle qui, en 2012 ou après, saura mettre un terme à cette crise nationale de longue durée qui a déjà modifié et modifiera encore le contenu de ce qu'on appelle la « gauche » ou la « droite ».

Le secret d'une véritable réussite tient en deux conditions dont il n'est pas sûr qu'elles pourront être rapidement réunies mais qu'il faut impérativement avoir à l'esprit pour y parvenir :

- l'appropriation par la gauche des valeurs de transmission qui sont aussi des valeurs républicaines et, par conséquent, le dépassement de tropismes sectaires qui lui interdisent toute hégémonie culturelle et politique durable ;
- un accord de peuple à peuple entre la France et l'Allemagne sur un projet d'« Europe européenne ». Un tel projet partagé est-il concevable dans l'état actuel des mentalités de part et d'autre du Rhin ? Pour le mesurer, j'ai voulu encore une fois passer le fleuve pour essayer de comprendre la manière dont les Allemands voient réellement la France et ce qu'ils en attendent. Il me semble aussi qu'en comprenant mieux les objectifs mais aussi les hésitations de l'Allemagne, nous percevrons à notre tour plus clairement ce qu'il est raisonnablement possible de faire avec elle. Nous éclairerons ainsi un avenir que nous partagerons, en tout état de cause, soit pour le subir, soit pour le façonner.

CHAPITRE XI

2010-2040

France-Allemagne : sortir de l'Histoire ou la continuer ensemble ?

Sur la longue durée, le destin de la France en Europe ne se conçoit pas indépendamment de celui de l'Allemagne. Que veut-elle réellement ? Et que pouvons-nous faire ensemble ? On ne peut calibrer un projet pour la France sans avoir préalablement répondu à ces deux questions. Pour le faire, je me suis appuyé sur un brillant petit essai de Peter Sloterdijk consacré aux relations franco-allemandes[1], riche d'enseignements sur ce que pensent de la France les Allemands cultivés d'aujourd'hui. Peter Sloterdijk soutient la thèse d'un désintérêt mutuel entre les deux pays, les acheminant de concert vers une sortie pacifiée de l'Histoire. L'intérêt de cet ouvrage est double : il exprime un certain regard allemand contemporain sur la France, mais il souligne aussi les limites de la position allemande en matière de politique extérieure et de défense.

Au-delà de son indéniable intérêt, la thèse d'une sortie commune et pacifiée de l'Histoire de nos deux peuples mérite d'être discutée : sur quel avenir ouvre-t-elle non seulement pour l'Allemagne et pour la France, mais pour l'Europe entière ?

---

1. Peter Sloterdijk, *Théorie des après-guerres. Remarques sur les relations franco-allemandes depuis 1945*, *op. cit.*

L'Histoire, une option écartée ?

La vieille fascination franco-allemande aurait donc fait place, selon Peter Sloterdijk, à un désintérêt mutuel. Les deux nations, qui s'étreignaient, depuis les guerres napoléoniennes, dans « une prise mortelle », se seraient, selon lui, curieusement « désimbriquées[1] ». Paradoxal effet de la « construction européenne » !... Certes, il y a quelque chose de vrai dans le constat d'un éloignement culturel et psychologique croissant. Mais ne serait-ce pas tout simplement la traduction d'un rapport de force à l'heure de la mondialisation ? Français et Allemands parlent d'ailleurs de moins en moins la langue de l'autre. Pour communiquer, ils s'expriment en anglo-américain.

Peter Sloterdijk soutient la thèse que l'Histoire serait, pour les Européens, « une option écartée[2] ». Je n'en crois rien, pour ma part. Si nous croyions pouvoir « sortir de l'Histoire », l'Histoire, un jour, pour notre malheur, viendrait se rappeler à nous !

On ne peut fonder la relation franco-allemande sur l'indifférence, même si l'ignorance et le désintérêt mutuels d'aujourd'hui sont peut-être une étape inévitable vers une prise de conscience commune de tout ce qui doit nous réunir un jour. Je ne nie nullement qu'il y ait une certaine part de vérité dans les observations pleines d'acuité de Peter Sloterdijk sur la manière dont la France et l'Allemagne ont réglé leurs comptes avec leurs passés respectifs depuis 1945, même si, pour l'essentiel, je ne les partage pas. Je ne crois pas que la France et l'Allemagne aient retrouvé leur équilibre, soixante-dix ans après la fin de la Deuxième Guerre mondiale, la France parce qu'elle aurait rompu, selon Sloterdijk, avec la « double falsification » de son histoire opérée par de Gaulle, d'un côté, et par la gauche « engagée » sur le modèle du « héros sartrien », de

1. *Ibid.*
2. *Ibid.*, p. 9.

l'autre ; l'Allemagne parce qu'au terme d'un long travail de soi sur soi elle serait redevenue tout simplement « une nation comme les autres, en rejoignant la culture des vainqueurs ». Nous aurions ainsi inventé, selon Sloterdijk, un « modus vivendi post-historique ». Voilà bien une illusion extrêmement dangereuse pour la suite ! Et, si cela était vrai, ce ne serait que l'engourdissement qui précède la mort.

Il est sain que, soixante-cinq ans après la Deuxième Guerre mondiale, l'Allemagne ait recouvré les réflexes d'une « nation normale ». Ce n'est pas seulement l'effet du renouvellement des générations. Je ne reviens pas sur le récit que Sloterdijk fait de la *metanoïa*[1] allemande, c'est-à-dire de sa reconstruction morale. J'y souscris pour l'essentiel. Il est nécessaire qu'un rapport d'égalité puisse en effet s'établir dans notre relation avec l'Allemagne. Il nous faut dépasser, en les comprenant, les oppositions nées de l'Histoire. Cette reconstruction morale de l'Allemagne constitue un parcours complexe, mais qui, souligne à juste titre Sloterdijk, n'a à aucun moment menacé de s'inverser : « Ce travail est resté imperturbablement tourné vers la mission consistant à réévaluer et réviser le décorum allemand traditionnel à la lumière des résultats de la guerre et, plus encore, de la catastrophe de civilisation dans laquelle les Allemands avaient leur part de responsabilité. [...] Ce pays, poursuit-il, est entré dans une phase où il peut commencer à récolter les fruits de ses efforts "métanoiétiques[2]", il a regagné la confiance de ses voisins et suscité un certain respect pour sa mutation[3]. »

Ces analyses rejoignent en partie les considérations de l'historien August Winckler qui parle de nations « post-nationalistes » (pas seulement à propos de l'Allemagne) comme de nations apaisées où un patriotisme civique pourrait s'épanouir pour le plus grand bénéfice de la démocratie.

---

1. Du grec *meta* (après) *noïa* (conception), dépassement de soi.
2. Du grec *metanoïa*, travail de dépassement de soi.
3. P. Sloterdijk, *op. cit.*, p. 49.

Deux choses me gênent cependant dans la présentation de la « normalisation » allemande telle qu'y procède Sloterdijk :

D'abord, l'assimilation de la *metanoïa* allemande (le dépassement intellectuel et moral de la situation d'après-guerre) à un ralliement à la « culture des vainqueurs » (c'est-à-dire celle des Américains), ou encore à l'« intégration à l'Ouest[1] ». Aux États-Unis règne bien sûr la démocratie, mais il y a aussi le capitalisme américain, notamment dans sa variante néolibérale. Je ne suis pas sûr que tout était à rejeter dans la « culture des vaincus » qu'on ne peut assimiler seulement à l'héritage du nazisme. Rejoindre la « culture des vainqueurs », c'est ce qu'ont fait les Japonais en 1945 ou, à un moindre degré, les Russes après la chute de l'URSS : nous sommes là assez loin d'un travail de reconstruction morale « de soi sur soi ».

Le ralliement à la « culture des vainqueurs » n'ouvre pas la voie à une « Europe européenne »

Peter Sloterdijk a beau assimiler la « culture des vainqueurs » – celle des États-Unis – à un « degré supérieur de civilisation », c'est-à-dire à la démocratie, le ralliement à l'Ouest ne remplace pas une réappropriation critique de l'histoire allemande et européenne. Ce n'est pas ainsi, en tout cas, qu'on peut « faire l'Europe ». Tout au plus fera-t-on une « Union occidentale » entre l'Europe et les États-Unis, projet qu'en France a développé Edouard Balladur[2].

Les éminents mérites du peuple allemand ne doivent pas être occultés par un rejet global du principe d'autorité qui s'est imposé dans l'histoire allemande depuis la prise de position de Luther en faveur des princes pendant la guerre des paysans en 1525. D'où la conception protestante de la

1. *Ibid.*, p. 22-23.
2. Edouard Balladur, *Pour une Union occidentale entre l'Europe et les États-Unis, op. cit.*

« liberté intérieure » (*Innere Freiheit*) qui va de pair avec la soumission non seulement au pouvoir en place, mais à l'autorité quelle qu'elle soit, cette fameuse « discipline allemande » qui éblouit tant les élites françaises. De même ne doit-on pas jeter la philosophie allemande avec l'eau du bain, c'est-à-dire avec les métaphysiques du salut qui ont vertébré, à différentes époques, la vision allemande du monde (de Luther à Herder, Hegel, Marx et Heidegger)[1]. Comme Français et comme homme, je ne souhaite pas que l'Allemagne nous prive de son héritage le plus profond. Normalisation ne doit pas signifier aplatissement.

Hans Magnus Enzensberger vient de consacrer un livre à Kurt von Hammerstein, ancien chef d'état-major général de la Reichswehr qui démissionna pour ne pas avoir à servir Hitler. L'écrivain allemand déclare justement : « Les jeunes connaissent le monde entier. Mais que savent-ils de la vie de leurs grands-parents ? Le seul terrain étranger qui nous reste est notre passé[2]. » Le 4 juillet 2002, le Bundestag a décidé de reconstruire le château des Hohenzollern à Berlin, rasé en 1950 par les dirigeants communistes de RDA, lesquels y voyaient le symbole d'un passé impérial qu'ils voulaient éradiquer. La volonté de se réapproprier le passé ne signifie pas, comme l'a déclaré une députée des Verts, qu'on veuille le restaurer.

L'aplatissement, que je ne souhaite pas à l'Allemagne, je ne le souhaite pas non plus à la France qui, en faisant le choix de construire l'Europe en 1950, entendait non pas disparaître, mais fonder, sur une base égalitaire, la relation franco-allemande future. Il y aurait d'ailleurs, pour la France, un puissant ressourcement à s'approprier non pas la « culture du vainqueur », mais l'âme du frère vaincu. La culture allemande, en effet, a paradoxalement joué un plus grand rôle dans la formation de la pensée française, de la fin du XIXe siècle à la

1. Cf. Nicole Parfait, *Une certaine idée de l'Allemagne. L'identité allemande et ses penseurs, de Luther à Heidegger*, Desjonquères, 1999.
2. Propos recueillis par Émile Lanez in *Le Point*, 3 juin 2010.

première moitié du XXe siècle – de Renan à Jean-Paul Sartre –, que ce n'est le cas aujourd'hui.

Cet aplatissement, sous couvert de normalisation, je ne le souhaite pas non plus à l'Europe, riche de la diversité de tous ses peuples, dont je ne traite qu'occasionnellement dans ce livre, mais qui doit rester présente à l'esprit des lecteurs comme elle l'est au mien. Pierre Guidoni[1] eût été mieux placé que moi pour parler de l'Espagne, comme Max Gallo pourrait le faire de l'Italie.

Un ralliement à la « culture des vainqueurs » n'ouvre évidemment pas la voie à une « Europe européenne » soucieuse de préserver ses valeurs, ses cultures et, le cas échéant, ses intérêts légitimes.

Du point de vue du fonctionnement de sa démocratie, l'Allemagne est-elle redevenue tout à fait une nation normale ? Le contester paraîtrait sacrilège. L'Allemagne fédérale présente tous les traits d'une démocratie exemplaire. Son Parlement pèse plus lourd que le nôtre. Sa chancelière, malgré certaines hésitations stratégiques et les difficultés de gestion de toute coalition, suscite l'admiration pour son sérieux, sa connaissance des dossiers, sa réserve naturelle et l'autorité qui émane d'elle. Je soutiendrai plus avant la thèse que l'histoire particulière de l'Allemagne continue de peser subrepticement sur le fonctionnement de sa démocratie, aux plans intérieur comme extérieur.

Une comparaison déséquilibrée des deux « après-guerres »

Un second point m'interpelle dans la thèse de Sloterdijk sur le retour de l'Allemagne à la normale : « Avec la transforma-

1. Pierre Guidoni, l'un des fondateurs du Ceres, a été ambassadeur en Espagne de 1983 à 1986, puis en Argentine de 1991 à 1993, avant de devenir secrétaire international du Parti socialiste, puis délégué interministériel aux migrations internationales et au co-développement, jusqu'à sa mort en juillet 2000.

tion achevée de l'Allemagne en une nation […] à peu près régénérée du point de vue de la civilisation, écrit-il, les temps sont révolus où l'expression "intérêts allemands" était à elle seule évaluée comme un retour aux formes de pensée de la période nationale-socialiste. […] L'Allemagne est, de fait, […] en train d'évoluer vers un égoïsme politique normal. On n'offense personne en constatant qu'en la matière elle peut largement prendre exemple sur la France[1]. »

Ce glissement du « retour à la normalité » de l'Allemagne, dont je me réjouis, à la manifestation d'un « égoïsme normal », me fait cependant dresser l'oreille. Cet égoïsme « normal » gagnerait à être étayé par une conception « républicaine » de l'intérêt général au sens étymologique du terme : il y a des intérêts communs, européens et mondiaux, auxquels il faut savoir se rendre sans s'enfermer dans un « égoïsme » qui pourrait signifier le simple retour au particularisme allemand (le fameux *Sonderweg*). La même observation vaut évidemment pour la France. Il est au contraire souhaitable qu'une compréhension réciproque de leurs intérêts communs puisse s'établir entre Français et Allemands.

À vrai dire, je trouve un peu déséquilibrée la comparaison des deux « après-guerres », française et allemande. Bien qu'il professe l'indifférence et le désintérêt mutuels entre nos deux peuples, Peter Sloterdijk n'a pas l'air tout à fait immunisé contre cette fascination réciproque qu'ils ont exercée l'un sur l'autre depuis deux siècles. Sloterdijk soutient la thèse selon laquelle l'Allemagne aurait su, beaucoup mieux que la France, accepter, à l'issue de la Deuxième Guerre mondiale, la réalité de sa défaite et de son histoire. Elle a effectué un travail de conscientisation qui lui donne le droit de redevenir une « nation normale ». La France, quant à elle, n'aurait pas surmonté le traumatisme de 1940. Elle aurait maquillé son histoire, d'abord à travers le gaullisme, comme si d'un bout à l'autre de la guerre elle avait tout entière résisté à l'Allemagne

1. Peter Sloterdijk, *Théorie des après-guerres*, *op. cit.*, p. 74-75.

nazie, ensuite à gauche, à travers le roman d'un engagement à retardement tel qu'il a été théorisé par Jean-Paul Sartre. Certes, la description est plaisante : l'intellectuel engagé, confondu avec le résistant, est en quelque sorte le compagnon de route de l'Armée rouge, celui qui combat à l'avant des lignes. Cette théorie, écrit ironiquement Sloterdijk, a été un « excellent article d'exportation » tendant à faire passer la gauche française pour ce qu'elle n'était pas. Mais il n'en reste rien : la gauche française serait réduite à une quasi-insignifiance, comme si elle n'avait au fond été que l'ombre portée de l'URSS.

À l'effondrement de 1940, la France libre et la Résistance ont apporté une réponse morale dont Sloterdijk ne souffle mot. Il ne cherche pas à comprendre 1940 dans son contexte, mais se borne à évoquer « l'interprétation française de la défaite de 1940, qui mena miraculeusement à la victoire de 1945 », ou encore « l'évasion gaulliste dans l'affirmation nationale[1] ». Il ne comprend pas que de Gaulle a d'abord et avant tout maintenu l'honneur de la France. À la question « Que reste-t-il de De Gaulle ? », Paul-Marie de la Gorce[2] répond mystérieusement, en conclusion du beau livre qu'il lui a consacré : « Il reste le cri de "Vive de Gaulle !" poussé en s'abattant par des milliers de jeunes fusillés. »

Sloterdijk ne semble pas voir non plus que le combat du général de Gaulle a d'abord été un combat politique visant à restaurer la liberté, l'indépendance et la place de la France parmi les nations. Sa critique des institutions de la Ve République et de la « surélévation de la fonction présidentielle[3] » méconnaît la spécificité de la culture politique française et la difficulté historique de nos Républiques à trouver leur équilibre.

Je ne défendrai pas les choix politiques de Sartre, mais Sartre est-il réductible à ses choix politiques ? Il fut avant tout le théoricien de l'action engagée. Et de même peut-on ramener

1. *Ibid.*, p. 35.

2. Paul-Marie de la Gorce, *Charles de Gaulle*, t. 1 : 1890-1945, Nouveau Monde Éditions, 2008.

3. P. Sloterdijk, *op. cit.,* p. 37.

la résistance communiste (les FTP[1]) à la politique du PCF et à l'URSS de Staline ? Il me semble surtout difficile de dresser un parallèle entre la manière dont l'Allemagne et la France ont réinterprété leur histoire depuis 1945, parce que leurs situations de 1914 à 1945 n'ont jamais été comparables.

Bien qu'il fasse de la falsification allemande du résultat de la Première Guerre mondiale, dès le mois de novembre 1918 (la légende du « coup de poignard dans le dos »), une des causes de l'avènement du nazisme en 1933[2], Peter Sloterdijk ne semble pas considérer les deux guerres mondiales comme une séquence unique (1914-1945), à la différence de beaucoup de non-Allemands qui les regardent comme les deux guerres qu'il a fallu faire pour réduire le pangermanisme. Il se concentre sur 1940 et ne répond pas à René Girard quand celui-ci constate que les Français n'étaient pas prêts à livrer une deuxième bataille de Verdun, comme les Américains leur avaient implicitement demandé de le faire et comme les Soviétiques y comptaient peut-être, eux aussi, après le pacte Hitler-Staline de 1939.

Peter Sloterdijk ressent lui-même que son « bilan métanoïétique » penche de manière un peu unilatérale en faveur de la partie allemande. C'est qu'à mon sens sa vision des relations franco-allemandes depuis Napoléon (plus précisément depuis Iéna, en 1806) n'est pas juste.

Napoléon, facile bouc émissaire de la « catastrophe »

C'est à Napoléon que, suivant en cela René Girard[3], il accorde le rôle de *primum movens* dans l'histoire des guerres et des ressentiments franco-allemands, comme si les guerres de la Révolution et de l'Empire n'avaient pas été d'abord des heurts de conceptions idéologiques et sociales, et comme si Herder,

1. FTP : Francs-tireurs et partisans.
2. P. Sloterdijk, *op. cit.*, p. 38.
3. René Girard, *Achever Clausewitz*, *op. cit.*, p. 28-29.

implacable procureur des « idées françaises » et de l'idéologie des Lumières, n'avait pas écrit certaines de ses œuvres majeures dès avant 1789. « Napoléon, selon Sloterdijk, a semé les graines du ressentiment et d'une rivalité imitatrice, nourrie par un mélange d'amour et de haine, dans tous les pays européens[1]. » C'est sans doute vrai, et encore, partiellement pour la Prusse. C'est sans doute juste pour la droite espagnole. Mais je ne ressens rien de tel en Italie, en Russie, en Pologne, etc. Et même pour ce qui est de l'Allemagne, c'est une vue réductrice à laquelle n'ont adhéré, en leur temps, ni Goethe ni Hegel. Napoléon prolonge la Révolution. Il exporte aussi son Code civil. Il met fin à l'Ancien Régime qui va se prolonger en Allemagne jusqu'en 1918.

« Napoléon, écrit Sloterdijk, a joué un rôle déterminant sur la route qui conduisit les Allemands à leur catastrophe[2]. » C'est aller un peu vite en besogne ! Peter Sloterdijk fait l'impasse sur la tradition réactionnaire triomphante en Allemagne après 1815, sur l'échec de la Révolution libérale de 1849, l'unité de 1871 faite « d'en haut » par la Prusse, pour ne pas parler des emballements, des surenchères et des déraillements du pangermanisme au XXe siècle. Le rôle de Napoléon est déterminant dans la formation de l'unité allemande. N'en faisons pas cependant un bouc-émissaire facile. Il n'est pas le responsable du nazisme, à moins de confondre l'Allemagne avec celui-ci ! Nous sommes, me semble-t-il, encore loin d'une lecture pacifiée de notre commune histoire !

Ce sujet hautement politique n'est pas traité comme il le mérite : Emmanuel Le Roy Ladurie a raconté un jour une conversation qu'il avait eue avec Günter Grass. Entre la poire et le fromage, le grand historien français dit au célèbre romancier allemand : « Il est vraiment dommage pour la relation entre nos deux pays que Bismarck, en 1871, ait voulu annexer l'Alsace-Lorraine ! » Et Grass de lui répondre : « Ce qui est dommage, c'est que Louis XIV, au XVIIe siècle, ait voulu

1. P. Sloterdijk, *op. cit.*, p. 21.
2. *Ibid.*, p. 27.

annexer Strasbourg ! » Au-delà de cet échange piquant, ne peut-on cependant considérer qu'au temps de Louis XIV les relations de peuple à peuple n'existaient pas vraiment ? Il en allait tout autrement en 1871 : à travers deux conceptions de la nationalité qui mettaient en jeu l'idée qu'ils se faisaient d'eux-mêmes, ce sont deux peuples qui se heurtaient. Ces temps-là sont heureusement révolus.

Il serait sans doute prétentieux de dire que, sur deux siècles, Rousseau a triomphé de Herder. Mais soutenir l'inverse serait franchement absurde. 1945 a enfoui pour toujours, sous les décombres de l'ancienne chancellerie du Reich, le rêve de domination nazi, le plus cruel qui ait jamais germé dans l'esprit humain. Sur la longue durée, les idées de la Révolution française ont évidemment triomphé de la conception *völkisch*. Celle-ci n'a évidemment pas disparu, mais l'esprit du droit, partout en Europe, l'a rejetée.

Est-il bien juste, pour l'Allemagne, d'accabler Napoléon ? On peut soutenir au contraire qu'il a été un prodigieux accélérateur de l'unité allemande ! Avant la Révolution, Herder, en 1784, manifestait déjà tout le mépris que lui inspirait le classicisme décadent d'une culture française à ses yeux artificielle et fausse. Et Fichte, dans ses *Discours à la nation allemande* (1808), après Iéna, n'a-t-il pas « recyclé » une partie de son argumentation ? L'explication psycho-mécanique (par le ressentiment) ne tient pas. L'explication idéologique est plus juste : dès avant 1789, il s'agit bien d'une « autre philosophie de l'Histoire » faisant face à l'idéologie des Lumières, comme le soutient Zeev Sternhell[1]. Bien entendu, l'Allemagne n'est pas « une ». Elle a eu aussi, notamment avec Kant, ses « Lumières », son *Aufklärung*.

Quand je lis Sloterdijk entre les lignes, je ne suis pas sûr que le temps de l'indifférence entre l'Allemagne et la France soit venu. Entre elles deux, par-delà les déclarations officielles,

1. Zeev Sternhell, *Les anti-Lumières. Du XVIIIe siècle à la guerre froide,* Fayard, 2006.

demeure un fossé culturel qui est le legs de deux histoires parallèles. Il en résulte encore une remarquable aptitude aux malentendus, qu'on observe en maints domaines : en politique économique et de défense, notamment.

Pour les Français qui ont cherché à réfléchir sérieusement à la « catastrophe allemande », celle-ci ne procède pas seulement des caractéristiques particulières de l'histoire allemande, cette « nation tardive » qui n'a pas pu faire reconnaître sa place à la table des nations européennes au rang qu'elle estimait légitime ou qui a cherché à l'occuper de force. Elle résulte aussi, paradoxalement, de l'excellence du peuple allemand et du sentiment qu'il en avait (*An deutschen Wesen, die Welt genesen :* « À travers l'être allemand, guérir le monde »).

C'est à partir du sentiment d'un retard que se constitue l'Allemagne moderne par rapport à la Révolution française et aux idées libérales qu'elle portait. L'Allemagne a voulu renverser ce handicap en avantage, sans éviter les pièges de la démesure, puisant dans l'idéologie de la fin du XIXe siècle le culte de la force, ressentant l'injustice des « tard-venus », se vivant comme victime d'un encerclement qu'elle a voulu briser en donnant carte blanche à l'Autriche-Hongrie face à la Serbie, en juillet 1914, et en déclarant préventivement la guerre, les 2 et 4 août, à la Russie et à la France. Une guerre qu'elle perdra sans vouloir, dans sa majorité, reconnaître sa défaite, dénonçant le « coup de poignard dans le dos » de la gauche et des Juifs, et bientôt prête à la surenchère. Cette histoire malheureuse et ressentie comme injuste, eu égard aux réalisations artistiques, scientifiques et industrielles exceptionnelles de l'Allemagne, a conduit à l'*hubris* (la démesure) et à la « catastrophe allemande ».

C'est pourquoi le travail « métanoiétique » effectué par l'Allemagne ne peut, selon moi, se résumer à un simple ralliement à l'« idéologie des vainqueurs ». Ceux-ci, pas plus que n'importe quel autre peuple, ne sont, on l'a vu en 2003, à l'abri des dérapages. Et ce qui est arrivé à l'Allemagne peut fort bien arriver à d'autres.

L'impasse faite par l'Allemagne sur sa défense

Il y a un point sur lequel Sloterdijk concède que l'Allemagne ne serait pas redevenue une « nation comme les autres », et où il accorde à la France d'avoir tiré une plus juste leçon de sa défaite : c'est le domaine de la défense.

L'Allemagne a fait l'impasse sur une capacité de défense autonome. Certes, avant la réunification, ce choix, qui lui était d'ailleurs imposé, procédait d'un raisonnement logique : seuls les États-Unis pouvaient aider l'Allemagne à se réunifier. Vingt ans après la réunification, on s'aperçoit que cette incapacité à pourvoir à sa propre défense vient de plus loin que les stipulations du traité de Paris qui autorisaient, sous certaines conditions, le réarmement de l'Allemagne. Là encore, Sloterdijk formule une observation éclairante : « Les Allemands tendent à être persuadés que leurs crimes passés leur ont apporté le droit d'avoir une prétention supérieure à vivre dans un monde sans guerre. Il en résulte un syndrome de faiblesse arrogante qui ne pourra résister aux épreuves à venir[1]. »

Cette incapacité à se défendre par eux-mêmes met les Allemands à la remorque des États-Unis. Le pacifisme allemand a un frère jumeau : c'est l'atlantisme. L'un et l'autre empêchent qu'il puisse exister une « Europe de la défense », et peut-être même quelque chose qui ressemblerait à une défense commune entre l'Allemagne et la France.

Dans une vue pessimiste des choses, on pourrait soutenir que le retour de la France dans les structures militaires intégrées de l'OTAN, justifié, selon Nicolas Sarkozy, par le souci de bâtir une « défense européenne », est en réalité un choix qui nous a été indirectement imposé par l'Allemagne, et qui, naturellement, aboutit à l'inverse : « faire de l'OTAN – pour les États qui en sont membres (vingt et un sur vingt-sept) – le

1. P. Sloterdijk, *op. cit.*, p. 76.

cadre d'élaboration et l'instance de mise en œuvre de la défense européenne », ainsi que le prévoit d'ailleurs expressément le traité de Lisbonne. Tout se passe comme si avait été passé un accord tacite entre les États-Unis et les pays européens autres que la France pour qu'il n'y ait pas de défense européenne propre. Les dirigeants allemands ont célébré, comme la manifestation la plus évidente du retour de leur pays à la normalité, l'envoi de soldats allemands au Kosovo et en Yougoslavie (1999), puis en Afghanistan après 2001. Malgré les proclamations officielles quant au rôle de la Bundeswehr comme « force de sécurité nationale et internationale » (ainsi qu'il est dit dans le pacte de coalition conclu en 2005 entre la CDU-CSU et le SPD), l'opinion publique allemande perçoit de plus en plus négativement la dérive expéditionnaire qui en résulte, à la remorque d'une politique américaine elle-même indécise.

*

À l'exception de la Grande-Bretagne et de la France, qui consacrent un peu moins de 2 % de leur PIB à leur défense, l'effort moyen des autres Européens atteint péniblement 1 %. Les effectifs de la Bundeswehr, actuellement de 200 000 soldats, pourraient être ramenés à 155 000 en vertu d'un plan d'économie et d'une suppression du service militaire, qui, déjà, ne concerne plus que 10 % d'une classe d'âge[1]. Beaucoup de pays européens ne souhaitent pas autre chose que la protection américaine : les PECO's, pour commencer, qui préfèrent dépendre de Washington plutôt que de Bruxelles, Londres, Paris ou Berlin pour ce qui est de leur sécurité. On les comprend ! Les pays de l'arc atlantique (Grande-Bretagne, Portugal, Pays-Bas, Danemark) sont naturellement atlantistes. Les gouvernements des pays de l'Europe méditerranéenne ne sont pas en reste. L'Allemagne, qui ne veut plus de guerre, se fait un mérite de renoncer à sa défense. Vingt

1. *Le Monde,* 14 août 2010.

ans après la réunification allemande, le traité franco-allemand de l'Élysée (1963) reste un pont jeté au-dessus du vide, faute qu'on puisse construire une pile sur une rive dont le sol se dérobe. Il n'est pas jusqu'aux pays dits neutres (Irlande, Suède, Autriche) qui ne conçoivent leur neutralité qu'à l'abri du parapluie américain.

Bien qu'ayant retiré d'Europe l'essentiel de leurs troupes terrestres, les États-Unis restent présents à travers leurs bases aériennes et leur flotte, et, bien sûr, par le commandement suprême de l'OTAN. La Russie d'aujourd'hui n'est plus une menace, sauf dans les cauchemars de voisins trop longtemps soumis à sa domination. La guerre froide n'est plus qu'un souvenir, mais les États-Unis et la Russie s'entendent pour assurer la sécurité de l'Europe et y garantir la paix par la seule présence d'armes nucléaires qui, des deux côtés, compensent la faiblesse de leurs forces conventionnelles.

L'Allemagne pèse économiquement à l'est de l'Europe. Elle n'y pèse pas militairement. Son expansion vers l'est est purement boutiquière. Le point sensible, à vrai dire, s'appelle l'Ukraine. L'extension de l'OTAN à ce pays, que ni son opinion publique ni son gouvernement ne souhaitent aujourd'hui, allumerait à nouveau les brandons de la discorde entre Washington et Moscou. Telle n'est pas, pour le moment, la politique de l'administration américaine. Mais nul ne sait de quoi demain sera fait. L'Ukraine a concédé à la Russie, jusqu'en 2042, l'utilisation de la base de Sébastopol en échange d'une confortable ristourne (– 30 %) sur ses achats de gaz. Mais l'Ukraine restera une mine flottant à la surface des relations intra-européennes, sauf si un partenariat stratégique intelligent parvient à en faire un pont durable entre l'Union européenne et la Russie.

Il est souhaitable, pour l'équilibre européen et mondial, que la Russie, affaiblie démographiquement, réussisse à se moderniser et à se rétablir. C'est l'intérêt de l'Allemagne et de l'Europe tout entière d'y contribuer, surtout si l'avenir devait être non plus à une mondialisation effrénée, mais à la constitution de grands blocs économiques à l'échelle des continents. Mais les

États-Unis verraient-ils d'un bon œil pareil rapprochement de l'Europe et de la Russie ? Pour l'heure, cela coïncide plutôt avec la politique du président Obama. Mais telle n'était pas la politique de George W. Bush et encore moins la préconisation géostratégique du démocrate Zbigniew Brzezinski[1].

Depuis la fin de la guerre froide, les États-Unis n'ont plus sur l'Allemagne de moyens de pression directs, mais il serait bien surprenant qu'ils ne cherchent pas à « reprendre la main » à la faveur des crises à venir. Les États-Unis sont une puissance globale, ce que l'Allemagne n'est pas. L'intérêt de celle-ci, si elle veut pouvoir peser à l'échelle mondiale, n'est sans doute pas de s'évader de l'Europe.

En toute logique et en toute mesure, Berlin devrait ménager sa relation avec Paris. À cet égard, la France ne doit rien faire, bien au contraire, qui contrarie la légitime aspiration de l'Allemagne à redevenir une grande nation, prospère et respectée, au cœur de l'Europe. À long terme, il n'y a pas d'alternative au couple franco-allemand. La géographie et l'histoire nous ont mis côte à côte pour toujours. Mais il y a évidemment des compromis équilibrés à trouver entre les deux pays.

Malgré toutes les incantations élevées à la politique européenne de sécurité et de défense, constantes de François Mitterrand à Nicolas Sarkozy, l'Europe ne s'est pas donné les moyens d'avoir voix au chapitre. Nous devons ainsi conserver notre commune alliance avec les États-Unis. Mais ce serait une erreur pour l'Europe de s'en remettre entièrement et pour toujours à Washington, comme c'est le cas depuis 1945, du soin de sa défense et de sa politique extérieure. Tous les peuples européens veulent la paix. On ne peut cependant compter sur une puissance étrangère, si bienveillante soit-elle, pour défendre nos intérêts économiques, commerciaux, culturels, etc. Les États-Unis défendent prioritairement les leurs ; l'Europe doit donc exister par elle-même. C'est d'ailleurs, à bien y réfléchir, la

1. Cf. Zbigniew Brzezinski, *Le Grand Échiquier. L'Amérique et le reste du monde*, Pluriel, 2000.

condition à long terme d'une bonne et solide alliance avec les États-Unis. La France doit donc conserver une capacité autonome de défense. L'Allemagne, un jour, y verra peut-être son intérêt. Une telle perspective dépend en dernier ressort de l'opiniâtreté de la France et de sa capacité à soutenir, dans le long terme, l'effort qui, depuis un demi-siècle, l'a conduite à se doter d'une dissuasion propre, bref, d'une défense qui soit la sienne.

Cette capacité est-elle soutenable par la France sur la longue durée ? La dissuasion représente un dixième de notre budget de défense. Parce qu'elle est structurante pour l'avenir de notre continent, dans un monde décrit comme « multipolaire » entre les deux hyperpuissances nucléaires que sont les États-Unis et la Russie, et à proximité d'un Moyen-Orient qui est loin d'être dénucléarisé, sans parler des puissances émergentes de l'Asie, le bon sens consiste à maintenir l'effort pour que puisse apparaître un jour un « pôle européen ». Le malheur des temps veut que nous soyons obligés de maintenir cette possibilité d'une « Europe européenne » sans le concours ni même l'aval de l'Allemagne. À cet égard, l'hostilité de fait de l'opinion allemande à la dissuasion nucléaire française est assez irrationnelle. Sans doute peut-on comprendre que, ne pouvant accéder aux armes nucléaires du fait du traité de Paris (1954) reconduit par le traité de Moscou (1990), elle ne puisse qu'être favorable, sur le plan de la doctrine, à la perspective d'une dénucléarisation générale, dessinée par le président Obama dans son discours de Prague du 6 avril 2009. Mais il ne faut pas prendre des vessies pour des lanternes. Les États-Unis ne sont pas en mesure de réunir une majorité au Sénat pour ratifier le traité d'interdiction des essais nucléaires qu'ils ont signé en 1992 ! À supposer qu'il y ait une volonté politique de désarmement nucléaire de toutes les puissances « dotées » (y compris les trois puissances non signataires du traité de non-prolifération nucléaire : Israël, Inde et Pakistan), il faudrait, pour des raisons techniques et industrielles tenant à la difficulté du démantèlement des armes, au moins trois décennies pour en détruire les stocks actuellement existants !

La « Revue de posture nucléaire » américaine, rendue publique en avril 2010 et qui fixe la doctrine nucléaire des États-Unis pour les dix prochaines années, montre clairement que, pour ceux-ci, l'arsenal russe et la montée en puissance de la Chine restent « dimensionnants ». Il s'en faut par ailleurs de beaucoup que les tentations de prolifération puissent être aisément maîtrisées[1]. Par ailleurs, dans le monde tel qu'il est aujourd'hui, aucun bouclier antimissiles ne peut procurer une sécurité équivalente à la disposition d'une force de dissuasion nucléaire, même calibrée à un niveau dit « de stricte suffisance ». Un tel bouclier n'offre qu'une sécurité aléatoire (80 % des interceptions dans l'espace seulement sont réussies, selon les experts, et ce, dans les meilleures conditions). Un tel bouclier est immensément coûteux (les États-Unis y consacrent près de 10 milliards de dollars par an depuis 1984). Enfin, si l'Europe s'en remettait à cette protection, cela signifierait bien évidemment, pour elle, la perte de toute autonomie stratégique et technologique.

La coïncidence des intérêts stratégiques à long terme entre la France et l'Allemagne devrait conduire celle-ci à inclure la dissuasion française dans les paramètres d'une défense authentiquement européenne. Selon Alain Peyrefitte[2], déjà dans les années soixante, le général de Gaulle développait l'idée qu'une agression « contre l'Allemagne ou la Belgique » serait forcément considérée par la France comme la visant elle-même. Les Allemands sont tentés par une dénucléarisation unilatérale (y compris en demandant le retrait des armes nucléaires américaines stationnées en Allemagne). Cette position n'est pas sérieuse. L'avenir est par trop incertain. La France offre l'option d'une défense autonome qui permettrait à l'Europe de contribuer au maintien de la paix sur son sol et de se tenir en dehors de

1. Cf. Rapport de la commission des Affaires étrangères, de la Défense et des Forces armées du Sénat, « Désarmement, prolifération nucléaires et sécurité de la France », Jean-Pierre Chevènement, rapporteur, 250 p., avril 2010.

2. Alain Peyrefitte, *C'était de Gaulle,* Fayard-De Fallois, 1994.

guerres qu'elle ne reconnaîtrait pas comme siennes, aspirations communes à tous les peuples européens. Les opinions publiques européennes peuvent en effet comprendre que leurs gouvernements doivent rester libres de décider de leur participation – ou non – à une guerre qui surgirait au Moyen-Orient ou en Asie.

La même observation pourrait être faite à propos de la politique énergétique, haut lieu de débats bizarrement idéologiques ! L'Allemagne se divise sur l'opportunité de prolonger la durée de vie de ses centrales nucléaires. Elle écarte l'idée même d'en construire de nouvelles. Il y a là une divergence majeure avec la France, et la source d'une forte dépendance à l'égard du charbon et des importations de pétrole et de gaz russes, dont l'Allemagne s'accommode fort bien. Les propositions de la Commission européenne tendent à ouvrir le secteur à la concurrence : comme si c'était là le problème ! Celui des approvisionnements énergétiques de l'Europe n'est pas traité, ou plutôt il est sous-traité aux États et aux grands acteurs énergétiques qui dominent la production et le marché : EDF et Suez-Gaz de France d'un côté, EON et RWE de l'autre. Chacun se débrouille à sa manière. Il y a donc deux politiques différentes, mais qui peuvent être à certains égards complémentaires.

La clé de l'« Europe européenne »

L'Allemagne tient ainsi entre ses mains la clé de l'« Europe européenne », qui est, aux yeux de la France, la seule question qui vaille dans le long terme. En effet, s'il ne s'agit que de construire une « Union occidentale » façon Balladur, la France n'a nul besoin de l'Allemagne. Elle peut maintenir sa posture de dissuasion indépendante en attendant des jours meilleurs et accepter, *volens nolens*, la thèse du « mutuel désintérêt » professée par Sloterdijk. Celui-ci, d'ailleurs, ne déplore le pacifisme allemand que parce qu'il empêche son pays de « payer sa dette aux États-Unis » en participant autant qu'il le faudrait aux opérations militaires lointaines qu'ils décident au nom d'un « bien commun » qu'ils définissent eux-mêmes. L'opinion publique allemande, plutôt pacifiste, n'est évidemment pas en phase avec Sloterdijk sur l'engagement allemand en Afghanistan. Mais le problème est-il là ? La stabilisation de l'Afghanistan passe évidemment par le Pakistan. Or, y a-t-il une position européenne commune vis-à-vis du Pakistan ? Et même une position américaine ? Le retrait des forces américaines et alliées ne pourra s'effectuer en bon ordre que si le Pakistan est capable de stabiliser la région en tenant compte des minorités afghanes non pachtounes et des légitimes intérêts de sécurité de tous les pays voisins.

Sur les problèmes du Proche et du Moyen-Orient, l'Europe est un payeur ou un pourvoyeur de troupes, elles-mêmes otages d'acteurs régionaux. Elle est politiquement aux abonnés absents, à la merci de guerres dont les tenants et aboutissants lui échappent. Cette situation ne pourra durer toujours. À cela, plusieurs raisons : l'Europe ne peut se désintéresser de la situation au Moyen-Orient. De surcroît, la prolifération balistique, du fait de l'allongement des portées, mettra de plus en plus le sol européen à la merci d'armes de destruction massive. Nul ne peut enfin prédire les inflexions de la politique américaine, ni si l'administration Obama sera reconduite en 2014. L'Europe ne se laissera-t-elle pas surprendre par un nouveau conflit au Moyen-Orient ? Comment évolueront les rapports entre les États-Unis et la Russie ? L'Europe ne risque-t-elle pas d'être à nouveau coincée entre les deux ? Et, surtout, comment les États-Unis réagiront-ils à la montée de la Chine ? Les intérêts de l'Europe en seront inévitablement affectés.

Je ne sache pas qu'il y ait, sur ces sujets, une réflexion franco-allemande qui pourrait nourrir une politique européenne commune.

Cette absence de réflexion partagée sur l'avenir de l'Europe se retrouve, à un moindre degré, sur les questions économiques et monétaires.

L'Allemagne, pour s'en sortir, fait confiance à ses technologies. Mais c'est sous-estimer grandement les pays émergents de l'Asie, à commencer par la Chine et l'Inde, que d'ignorer leurs efforts et leurs capacités en matière scientifique et technique. D'ores et déjà, la Chine forme plus de 700 000 chercheurs et ingénieurs par an, plus que dans toute l'Europe. En matière de trains à grande vitesse, d'aéronautique, de centrales nucléaires et même de biens d'équipement, les Chinois développent des capacités qui égaleront les nôtres. Et s'il faut attendre que le niveau de vie chinois, à long terme, rattrape le nôtre, nous serons morts auparavant !

La réussite de l'Allemagne est aujourd'hui incontestable au plan économique, technologique et commercial, mais quatre dangers la guettent : outre le phénomène préoccupant du vieillissement de sa population, qu'elle partage avec pratiquement toute l'Europe, les soubresauts d'une crise économique qui est loin d'être derrière nous, l'irrésistible concurrence des pays émergents de l'Asie, et enfin la faiblesse de sa politique extérieure.

L'euro, dont l'Allemagne a largement profité, est aussi – on l'a dit – la monnaie de quinze autres pays. Or, le modèle allemand ne peut être transposé à l'échelle européenne. La France doit aider l'Allemagne à le comprendre, non pas dans le cadre d'un rapport de force, mais dans un rapport de convictions. Le dialogue des nations ne fait pas seulement appel à la raison ; il exige aussi beaucoup de sensibilité.

Martine Aubry et Sigmar Gabriel ont pris récemment une position réellement neuve concernant la régulation des échanges extérieurs. Ils proposent « un pacte européen des échanges extérieurs qui stipule la prise en compte des normes sociales et environnementales dans les relations commerciales de l'Union européenne avec le reste du monde, et l'ancrage de ces normes dans les règles du commerce international[1] ».

Une telle volonté peut-elle exister chez les socialistes français et chez les sociaux-démocrates allemands ? J'observe que

1. Martine Aubry et Sigmar Gabriel, « Pour une relance progressiste du projet européen », *Le Monde*, 14 juillet 2010.

Martine Aubry et Sigmar Gabriel ne disent pas un mot de la politique de change de l'euro.

Aucun de nos deux pays ne doit en tout cas chercher à imposer ses conceptions à l'autre sans qu'il en ait été préalablement discuté. Au fond, la question qui se pose à l'Allemagne et à la France est simple : voulons-nous, ensemble, donner sens à l'Europe, l'aider à trouver un cap ? La question de l'« Europe européenne », en matière de politique extérieure comme en matière économique, n'a jamais été posée clairement devant l'opinion publique allemande, sans doute par crainte de déplaire aux États-Unis. Mais cette question-là se posera de plus en plus. L'invasion de l'Irak fut une erreur. Barack Obama ne l'avait pas approuvée. Il est bon que la France et l'Allemagne, alliées des États-Unis, leur aient montré que l'alliance ne signifiait pas la vassalité. En matière de défense, mieux vaut sans doute pour les États-Unis avoir de solides alliés que des supplétifs inconsistants. De même, sur le plan économique, l'élaboration d'une stratégie de sortie de crise n'oppose pas forcément l'Europe et les États-Unis.

Pour l'Europe, le choix d'exister par elle-même ne pourra plus être constamment éludé. Que veut l'Allemagne ? Être une « petite Chine » ou une « grande Suisse » ? Que veut-elle pour l'Europe ? Et la France, acceptera-t-elle, avec les autres Européens, de suivre aveuglément, comme dans le conte de Grimm, le joueur de flûte de la bonne ville de Hameln, qui, après avoir purgé la ville de ses rats (l'inflation ? le laxisme ?), entraînerait ses enfants vers le précipice : une récession continentale et, sous couleur de « pacifisme », une « sortie de l'Histoire » grosse de périls ? Mieux vaudrait une crise salvatrice qui permettrait de rebattre les cartes en Europe.

La nature du nécessaire compromis franco-allemand dépendra sans doute de la profondeur de la crise, du contexte international, notamment aux États-Unis, et peut-être d'une recomposition de la gauche allemande qui, en rapprochant le SPD de *Die Linke*, apparaîtrait comme une « seconde réunification ».

Vers une recomposition de la gauche allemande ?

Le SPD, qui n'a réuni que 23 % des suffrages aux élections générales de 2009, se trouve lesté de deux formations : les Verts, avec lesquels il a déjà été associé, et *Die Linke*, agrégat du PDS de Gregor Gysi, héritier de la SED est-allemande et de la dissidence socialiste d'Oskar Lafontaine.

L'alliance avec *Die Linke* se heurte à une opposition viscérale et sans doute encore majoritaire au sein du SPD. Cette opposition remonte loin dans le passé, quand la social-démocratie allemande s'est ralliée au Second Reich en août 1914. Les divisions inexpiables qui en résultèrent entre SPD majoritaire, avec Ebert et Noske, et socialistes indépendants (USPD), avec Liebknecht et Rosa Luxembourg, destinés à former le noyau du futur Parti communiste, se réglèrent dans le sang en janvier 1919. Ce fut le prix payé à l'accord passé entre Ebert, président de la République (« Je vous salue, vous qui rentrez invaincus du front »), et l'état-major du général Gröner, dans une Allemagne qui n'était évidemment pas prête à se donner au bolchevisme.

On connaît la suite : la division entre sociaux-démocrates et communistes favorisa l'arrivée au pouvoir de Hitler. L'alliance puis la guerre germano-soviétique aboutirent à la division de l'Allemagne. Même si la « politique à l'Est » de Willy Brandt et Egon Bahr, dans les années soixante-dix, prépara le terrain à un rapprochement avec Moscou et Berlin-Est, ce furent en définitive le chancelier Kohl et les chrétiens-démocrates qui, après avoir gagné la bataille des euromissiles, imposèrent, en 1990, la réunification allemande à Gorbatchev. La droite allemande en tira un bénéfice historique. Encore en 2010, elle commémore « le chancelier de l'Unité », opportunément sorti de sa retraite pour son quatre-vingtième anniversaire (2010).

Ainsi la droite allemande a historiquement confisqué la légitimité nationale en s'appuyant sur un réflexe anticommuniste très ancien, encore aujourd'hui partagé jusqu'au sein du SPD. Tout se passe comme si l'idéologie dominante en Allemagne devait imposer longtemps encore la mise à l'écart de *Die Linke*, réduisant ainsi le SPD soit à l'opposition, soit à une coalition improbable avec les Verts, ou minoritaire avec la CDU-CSU. Cette situation handicape le fonctionnement normal de la démocratie allemande, puisque la gauche, structurellement divisée, ne combat pas à armes égales. L'excommunication jetée sur *Die Linke* empêche l'Allemagne de lever les vieux tabous qui caractérisent son histoire particulière, notamment le traumatisme historique résultant de la division du pays pendant quarante-cinq ans.

Mais l'histoire allemande peut s'accélérer. Que la gauche puisse s'unir et accéder au gouvernement serait un puissant facteur de normalisation dans le fonctionnement de la démocratie allemande. Peut-être la venue au pouvoir du SPD de Sigmar Gabriel, allié à *Die Linke* et aux Verts, ne se produira-t-elle pas en 2013. Un tel événement, quand il interviendra, aidera l'Allemagne, j'en suis convaincu, à purger définitivement les derniers fantasmes de son histoire chaotique. Plus encore que l'arrivée à la chancellerie d'une Allemande ayant vécu à l'Est, la réunion des gauches aiderait l'Allemagne à mieux se comprendre elle-même et à parachever ainsi politiquement et culturellement sa réunification. Elle la rapprocherait aussi de la France.

Ensemble continuer l'Histoire

Ou bien l'Allemagne cédera à l'illusion du « cavalier seul » qui lui permettrait de réussir, à travers une « domination douce », ce à quoi elle a échoué à deux reprises au XXe siècle à travers la guerre. Ou bien elle se convaincra que, pour différentes raisons, politiques, militaires et démographiques, ces temps sont révolus. Dans une « Europe des peuples », il n'y a pas de place pour un leadership national, mais il y a un intérêt général européen à définir et à servir. Nul ne contestera que l'Allemagne et la France ont à cet égard une responsabilité particulière, mais non exclusive. Plutôt que de « sortir de l'Histoire », elles pourraient alors ensemble la continuer.

Quel prodigieux destin pourrait alors s'ouvrir aux deux peuples issus du partage de l'Empire de Charlemagne de 843, s'ils parvenaient à s'entendre sur quelques défis communs :

- la prise en charge politique, avec tous ceux qui le voudraient, de l'héritage des Lumières dans le monde du XXIe siècle ;
- un modèle social préservé ;
- une défense autonome ;
- une alliance sans subordination avec les États-Unis ;
- une main tendue à la Russie pour construire une « République européenne des peuples » ;
- un co-développement organisé avec la Méditerranée et l'Afrique ;
- une régulation économique mondiale tendant à instaurer une concurrence équitable entre les grands pays émergents dont le développement, davantage orienté par leurs besoins, est naturel, et les vieux pays industrialisés, soucieux à juste titre de préserver leur modèle social.

Unissant leurs efforts et en entraînant d'autres, l'Allemagne et la France pourraient ainsi éviter la marginalisation de l'Europe, petit cap périphérique à l'extrémité de l'Eurasie.

Nous n'en sommes hélas pas là aujourd'hui. La France ne saurait subordonner le projet républicain dont elle a besoin pour se redresser à la réunion de conditions qui pourraient n'intervenir qu'à très long terme, quand nous serons tous morts. Seul l'énoncé clair et ferme d'une politique peut rapprocher l'échéance de sa mise en œuvre.

CHAPITRE XII

La gauche, la droite et la République du XXIe siècle

Le retour de la France au XXIe siècle comme une nation phare, capable de fournir des repères en Europe et dans le monde, n'est pas un projet moins raisonnable que celui de la France libre en 1940. De Gaulle avait clairement perçu l'abîme de honte, encore plus profond que la défaite, où serait précipitée la France si elle renonçait à la lutte pour la liberté. L'Europe maastrichtienne ne nous offre plus aujourd'hui qu'un destin en peau de chagrin, au rebours des valeurs républicaines : liberté – laïcité – égalité – citoyenneté, que la vocation de la France depuis deux siècles était de porter. Cette pente, pour être dévalée, n'exige de la France aucun effort, sinon la poursuite de jeux politiciens sans intérêt. Dans cette hypothèse, la France deviendrait de plus en plus un acteur de second rang : l'idée républicaine ne serait plus portée ; l'Europe elle-même, qui ne se confond pas avec l'« Union européenne », se perdrait en chemin.

Pour enrayer ce cours qui n'a rien de fatal et donner sa chance à une « République européenne des peuples », qui implique certes l'adhésion de l'Allemagne mais englobe la Russie et l'Euroméditerrannée, la France a besoin de rassembler toutes ses forces, comme elle a su le faire à certains moments clés de son histoire.

Elle doit dépasser des clivages obsolètes. La gauche, en particulier, serait bien inspirée de tourner le dos à des tropismes sectaires qui lui interdisent d'exercer une hégémonie culturelle et politique durable et, parallèlement, de se réapproprier ce que j'appelle les « valeurs de transmission », qui sont aussi des valeurs républicaines. Je sais que je touche là un point sensible, car la gauche – comme la droite d'ailleurs – a besoin de « marqueurs identitaires », lesquels sont comme autant de taches aveugles qui l'empêchent de prendre une vue d'ensemble du champ social qu'elle devrait couvrir pour remplir pleinement sa vocation républicaine.

La France doit inventer la République du XXIe siècle par-delà une gauche et une droite également dissoutes dans le bain acide du néo-libéralisme où elles ont séjourné trop longtemps. Pour remettre le peuple debout et en faire à nouveau l'acteur de son destin, revisitons d'abord ces concepts, devenus trop familiers, de « droite » et de « gauche », et particulièrement l'histoire de celle-ci. Nous comprendrons mieux ainsi ce que signifie aujourd'hui l'exigence républicaine.

Le clivage droite/gauche, un legs de la Révolution française

Deux cent vingt ans après que les députés de l'Assemblée constituante se furent répartis dans l'hémicycle, à droite ou à gauche, selon qu'ils étaient pour ou contre le veto royal, que reste-t-il de ce concept devenu structurant dans la vie démocratique, non pas seulement en France, mais dans le reste du monde ? En quoi demeure-t-il opératoire ? Faut-il le renouveler, voire le dépasser ?

Si les autres peuples ont adopté l'idée d'un clivage entre droite et gauche, c'est sans doute qu'il signifiait et sans doute signifie encore quelque chose.

Cette distinction n'est cependant pas née en France par hasard. Les Français avaient, à la fin du XVIIIe siècle, le sentiment que leur culture était celle de l'univers. N'éprouvant guère, à la différence des Allemands, le sentiment d'une culture particulière, l'appartenance politique, pour eux, en tient lieu, selon une observation perspicace de Louis Dumont[1] : « Pour le Français, l'existence de frontières, de langues différentes, de conflits d'intérêts entre nations, est négligeable par rapport à l'essence de l'homme telle qu'il la trouve reconnue dans sa devise : Liberté, égalité, fraternité. » Selon Dumont, nulle part ailleurs la distinction entre la droite et la gauche n'a pris le caractère absolu qu'elle revêt en France. « La France est caractérisée essentiellement par l'affirmation pure et simple de l'individualisme des Lumières, en face de l'Angleterre qui a su allier, à un individualisme en somme semblable, beaucoup de tradition, le précédent (jurisprudence, royauté, religion) remplaçant les principes, et face à l'Allemagne où holisme et individualisme se combinent de façon originale[2]. »

La « gauche » naît donc avec la Révolution française. Elle fait ainsi corps avec l'idée de souveraineté populaire : quel sens peut avoir, en effet, l'absurde contrepoids du veto accordé au roi, symbole de l'enracinement dans la tradition de droit divin ? La gauche est fille des Lumières, et tout particulièrement de Jean-Jacques Rousseau. Que pèse le « droit divin » face à la Raison ? L'esprit du « contrat social » triomphe. Il est celui d'un pacte passé entre des hommes également citoyens. Les Lumières affirment la liberté et la bonté foncière de l'homme par opposition à l'idée du péché originel, celui de nos premiers parents, Adam et Ève, déchus pour avoir osé toucher à l'« Arbre de la connaissance ».

Vite contrariée par la réalité d'une liberté qui s'identifiera très tôt à celle du « renard libre dans un poulailler libre », la gauche se fera égalitaire, spontanément avec Marat, puis Babeuf, « scientifiquement » avec Marx.

1. Louis Dumont, *L'Idéologie allemande. op. cit.*
2. *Ibid.*, p. 267-268.

Ce qui reste du socialisme : une méthode

Qu'y a-t-il à retenir du socialisme, cent quatre-vingts ans après que Pierre Leroux en a inventé le mot ? Nul ne peut nier qu'il était d'emblée nécessaire. En effet, le socialisme a d'abord été, selon le mot de Durkheim, un « cri de douleur ». Face à leur exploitation sans frein par le capitalisme naissant, les travailleurs ont cherché et réussi à s'organiser pour améliorer leur sort. À ce travail d'organisation près de deux fois séculaire revient le mérite d'avancées sociales que l'augmentation de la productivité, à elle seule, n'aurait pas assurées.

La seule définition rationnelle qui demeure, selon moi, du socialisme, c'est avant tout la critique du capitalisme. Il n'y a rien d'autre à retenir de Karl Marx que la méthode d'analyse, mais c'est l'essentiel : à travers la théorie de la valeur travail, l'analyse dite « matérialiste » du rapport entre l'évolution des classes sociales et celle des forces productives, la définition lumineuse, enfin, de l'« idéologie dominante » comme étant, en dernier ressort, celle des classes dominantes. Cette méthode d'analyse peut être affinée, mais elle reste incontournable. Elle est la contribution éminente de Marx à la science des sociétés. De là ne résulte pas que ce socialisme dit « scientifique » soit un système de prévision. Il est simplement une incitation à comprendre le mouvement global du capitalisme.

Est-ce que l'adoption d'une méthode d'analyse peut pour autant suffire à définir le socialisme ? Certainement pas ! Cette méthode, conçue dans la deuxième partie de l'avant-dernier siècle, est nécessairement imparfaite. J'essaierai d'en analyser quelques « trous noirs » (la nation, l'État, les cultures non européennes) à la lumière des échecs historiques du mouvement ouvrier : d'abord et avant tout l'incapacité de la IIe Internationale à empêcher l'éclatement de la Première Guerre mondiale, tant la faillite du socialisme démocratique est inséparable du naufrage de l'Europe en 1914.

Les socialistes ont vu venir la Première Guerre mondiale. Ils l'ont combattue en paroles. Ils prétendaient l'empêcher. S'ils n'y sont pas parvenus, au moins n'y ont-ils pas contribué. C'est ce qui fait la différence avec les forces politiques qui, volontairement ou par imprudence, ont apporté du petit bois au brasier qui s'est allumé en août 1914. Pourtant, là est la responsabilité majeure de la IIe Internationale : elle n'a pas su, contrairement à ses engagements claironnés, empêcher la Première Guerre mondiale dont a découlé, à travers ce qu'Eric Hobsbawm a appelé « le court vingtième siècle », l'effondrement de l'Europe. Cette responsabilité a d'abord été celle de la social-démocratie allemande, qui dominait la IIe Internationale par le nombre, la puissance d'organisation, l'influence et la qualité de ses théoriciens : Kautsky, Bernstein, Bebel, Hilferding, Rosa Luxembourg, sans parler des « austro-marxistes », Otto Bauer, Adler, etc.

La crise du « révisionnisme » porté par Eduard Bernstein déboucha sur un compromis peu stable : si la doctrine fixée à Erfurt (1891) par Kautsky, marxisme vulgarisé, fut maintenue au congrès de Hanovre du SPD (1899), le « programme d'action immédiate », c'est-à-dire la pratique, évolua de plus en plus vers l'acceptation des réformes et, à certains égards, du régime lui-même. Si la puissance de la social-démocratie était imposante, le parti était en fait profondément divisé entre son aile révisionniste et son aile radicale. C'est sur la question de l'impérialisme, et par rapport à la guerre qui menaçait depuis la crise d'Agadir (1905), que la division se marque le plus profondément. Si Karl Liebknecht prend des positions antimilitaristes dès les congrès de 1904 (Brême) et 1907 (Iéna), le nouveau député de Chemnitz, Gustav Noske, lui répond la même année (1907) : « En cas de guerre, les sociaux-démocrates feront leur devoir comme toutes les autres couches de la population. » Quelques mois plus tard, le congrès de Stuttgart couvrit cette position à travers les déclarations de Bebel affirmant une solidarité inconditionnelle avec la patrie allemande.

Malgré l'insistance de la SFIO à inscrire dans les résolutions de l'Internationale la perspective d'une grève générale face à la guerre, le SPD ne donna jamais suite. Il est vrai que la résolution n'était agitée que comme une stratégie préventive destinée à empêcher la guerre. Le projet de réunir un congrès de l'Internationale à Vienne d'abord, en juillet 1914, avant l'emballement de la crise balkanique, puis à Paris, dans le courant du mois d'août, fut rapidement dépassé par les événements. Le 31 juillet 1914, Jaurès est assassiné. Le 4 août, les députés sociaux-démocrates allemands votent à l'unanimité les crédits de guerre, malgré le viol déjà avéré de la neutralité belge. On sut seulement plus tard qu'une petite minorité, dans les instances de la fraction parlementaire, s'était prononcée contre le vote de ces crédits (quatorze voix contre, soixante-dix-huit pour).

Le jugement de 1912 du germaniste (et socialiste) français Charles Andler sur l'intégration de la social-démocratie allemande à l'impérialisme du Second Reich était malheureusement lucide. Héritière de la russophobie de Karl Marx, la social-démocratie allemande a accepté, dans sa majorité, l'idée que l'Allemagne, menacée d'encerclement par la France et la Russie, devait prendre les devants en déclarant la guerre. Elle a ainsi couvert le « plan Schlieffen » d'agression préalable contre la France, à travers la Belgique, plan concocté dès 1902 par l'état-major allemand et approuvé par l'empereur afin de donner à l'Allemagne le temps de se retourner contre la Russie pour éviter de combattre sur deux fronts.

En réalité, on peut se demander si le 4 août 1914 n'a pas été le moment décisif où la social-démocratie allemande a choisi de s'intégrer au Deuxième Reich en même temps qu'à la patrie allemande. Le moment n'était pas des plus heureux.

Les « trous noirs » de la pensée socialiste

On ne peut pas réécrire l'Histoire, mais on peut se demander si la IIe Internationale n'a pas échoué tout simplement parce qu'elle n'avait pas suffisamment réfléchi non pas tant peut-être à l'impérialisme qu'à la nation, à l'État et à la Révolution.

À la nation, parce qu'on ne peut nier son rôle dans la démocratie, ni la puissance du sentiment national, ni enfin la nécessité de canaliser celui-ci à travers une conception républicaine où la nation se définit comme communauté de citoyens.

La réflexion socialiste forgée à la fin du XIXe siècle était pareillement indigente sur la question de l'État : il ne suffisait certainement pas de prendre appui sur l'expérience de la Commune de Paris pour substituer, à l'État bourgeois ou aristocratique, un État ouvrier et démocratique.

1914 révéla aussi que les socialistes, dans leur ensemble, n'avaient pas assez réfléchi sinon à la Révolution, du moins au moyen de coordonner efficacement leur action internationale. Leur théorie n'était pas à la hauteur d'une guerre qu'ils avaient pourtant vu venir et dont ils avaient su analyser les causes (les contradictions inter-impérialistes).

Au sein de la social-démocratie internationale, des conceptions infiniment plus nuancées s'étaient néanmoins développées. Sans aller jusqu'à voir dans l'État, en régime parlementaire, l'instrument naturel de la volonté générale, comme y inclinaient les « socialistes de la chaire » en Allemagne, ou les républicains radicaux en France, on trouvera dans Jaurès des analyses profondes sur l'État comme « expression d'un rapport de forces entre les classes sociales ». Cette théorie ouvrait la voie à une participation raisonnée aux institutions républicaines que le socialisme démocratique aurait pu irriguer de son inspiration.

On sait que Lénine, imbu des conceptions marxistes sur l'État comme « machine de racket » de la bourgeoisie, n'acheva pas *L'État et la Révolution* qu'il avait entrepris d'écrire à l'automne 1917. Il jugea qu'il était « plus agréable de faire la révolution que de disserter sur elle ». Ce ne fut pas agréable pour tout le monde.

Comme l'a dit cruellement Kautsky, « l'Internationale socialiste n'était pas faite pour les temps de guerre ». Ce fut vrai pour la Seconde Guerre mondiale comme pour la Première. Comme si, par essence même, le socialisme démocratique n'était pas taillé pour faire face aux crises dont le développement du capitalisme est pourtant gros.

*

Après la Première Guerre mondiale, le socialisme démocratique a pris d'emblée ses distances avec la *révolution bolchevique.* Le discours de Léon Blum au congrès de Tours (1920) est le texte fondateur du socialisme français maintenu dans la « vieille maison ». Partout, et d'abord en Allemagne, le socialisme démocratique a pressenti la dérive bureaucratique et dictatoriale du communisme bolchevique.

De même, les socialistes ont immédiatement combattu et dénoncé le *péril fasciste,* même s'ils se sont révélés impuissants à l'enrayer. Ils étaient prisonniers du pacifisme né de la boucherie de la Première Guerre mondiale et de la naïve trilogie qu'ils avaient eux-mêmes introduite au sein de la SDN (désarmement, arbitrage, sécurité collective). Leur vision de la politique étrangère, dans le meilleur des cas (Blum), les mettait à la remorque des bourgeoisies occidentales et d'abord britannique, c'est-à-dire d'un anticommunisme et d'une volonté d'*apeasement* avec Hitler que beaucoup d'entre eux, d'ailleurs, partageaient.

C'est le drame du socialisme français que, maître du pouvoir en 1936, il n'ait pas su susciter en son sein un Robespierre ou un Carnot. Le mérite de Léon Blum fut cependant de faire accepter aux socialistes, dès 1942, l'autorité du général de Gaulle. Dans la lutte contre le fascisme, les socialistes n'ont pas tenu le premier rôle, mais leur rôle a été honorable.

*

Dernier « trou noir » de la pensée socialiste : son incapacité à penser les sociétés non européennes. Si les socialistes ont souvent dénoncé les méfaits de la colonisation, ils n'en ont jamais fait un thème central de leurs luttes. À bien des égards, certains voyaient même dans la colonisation un progrès ou une promesse d'avenir pour les peuples colonisés.

Le même européocentrisme a caractérisé l'attitude des socialistes devant les mouvements de libération nationale qui ont conduit à la décolonisation. Au moins les travaillistes britanniques ont-ils été pour quelque chose dans l'indépendance de l'Inde. Il est vrai que celle-ci a débouché sur une partition sauvage. En France, de Marius Moutet, en Indochine, en 1946, à Guy Mollet en Algérie dix ans plus tard, la cécité semble avoir été la règle, si l'on met à part la notable exception des lois Defferre en Afrique noire.

Le socialisme démocratique se retranche volontiers derrière l'argument, voire le prétexte de la démocratie pour prendre ses distances avec les nationalismes du tiers-monde ou épouser les croisades impérialistes – ainsi à l'occasion de la première guerre du Golfe. Il sous-estime l'humiliation des peuples colonisés. Tout se passe comme s'il était prisonnier de l'aire culturelle européenne. Il n'a pu ainsi prendre que de faibles racines sur les autres continents, hormis dans certains pays d'Amérique latine comme le Chili, ou au Japon où les socialistes sont cependant toujours restés minoritaires. Le socialisme démocratique s'est en général inscrit dans le sillage de l'hégémonisme américain.

Je n'épiloguerai pas non plus sur l'incapacité des socialistes à imposer, aujourd'hui, dans les institutions européennes et plus encore mondiales (OMC, FMI), un compromis social aux forces du capital.

D'un bilan global du mouvement socialiste et social-démocrate, il reste que les chefs socialistes ont souvent discerné avant les autres les périls qui menaçaient la civilisation. Même si certains, tel Léon Blum, restent de belles figures morales, la lucidité commande néanmoins la modestie, car ils n'ont pas été, dans leur ensemble, et malgré des exceptions notables, à la hauteur des défis de l'Histoire, faute sans doute d'une analyse suffisamment englobante de ce qu'était le capitalisme de leur époque.

Pour la gauche, le socialisme démocratique est un héritage. Il n'est pas vraiment une boussole.

Le mythe de la refondation à zéro : tradition et révolution

Depuis deux siècles, la gauche a ainsi écrit son roman, mais elle reste d'abord une foi dans la possibilité d'un nouveau départ pour l'humanité ou, comme on dit aujourd'hui, d'une « refondation ». Telle fut toujours l'ambition des révolutionnaires.

Ceux de 1789 qui entendaient donner une Constitution à la France et refaire le « contrat social », comme ceux d'octobre 1917 instaurant, à travers le pouvoir des soviets, la dictature du prolétariat, et comme les tenants de la Révolution culturelle qui, sous un Mao finissant, prétendirent extirper les racines de l'ancienne culture pour une refondation à zéro de l'humanité. Prétention illusoire, car comme Kant, le plus grand philosophe allemand des Lumières, l'a démontré, il est impossible de remonter jusqu'à l'origine. Il n'y a pas, en histoire, de rupture totale, car il est impossible à l'homme de s'émanciper des multiples liens sociaux qui le constituent, à commencer par la langue dite « maternelle ». Pour passer un contrat social nouveau, comme y aspiraient les constituants de 1789, encore fallait-il le truchement de la langue française !

Cette objection formulée sur-le-champ par les penseurs de la contre-Révolution ne clôt pas le débat. La volonté de rupture avec l'ordre ancien est en soi une nouvelle naissance. Bien sûr, des éléments de continuité subsistent. Louis Dumont note que la Révolution française fit une « application sélective » de l'idéologie, qu'elle n'accorda pas l'égalité aux femmes ni ne supprima la famille, ce à quoi la Révolution russe elle-même dut renoncer, mais le choix de la liberté et de l'égalité procède de ce qu'Adorno a appelé la « volonté de raison ». On ne peut renvoyer dos à dos la tradition et la révolution. La conscience est supérieure à l'inconscience, la création à la répétition, l'invention à la reproduction du même. Telle est la foi républicaine, fondamentalement optimiste.

Les constituants américains, à rebours des nôtres, s'appuyaient plus ou moins sur la tradition anglaise : ils rompaient avec l'Angleterre, mais au nom des libertés anglaises censées être nées de la Grande Charte de 1215. Telle était du moins la conception de Burke, à vrai dire très critiquable : la Révolution anglaise de 1689 et le *Bill of Rights* doivent plus à Locke qu'à la Grande Charte, et la Révolution américaine est imprégnée des principes du « droit naturel ».

Pour mieux avancer, la révolution se réfère toujours à une tradition. Il n'est pas jusqu'à nos révolutionnaires français qui prétendaient aussi revenir aux sources de la République romaine par une sorte de reconstitution théâtrale qui ne pouvait tromper qu'eux-mêmes. Plus généralement, il n'est guère de rupture qui ne fasse appel à une tradition plus ou moins revisitée. Mais on est déjà là dans l'ordre du fantasmatique. La réalité est qu'il y a toujours, en histoire, une continuité plus ou moins assumée ou dissimulée. Mais il est aussi des ruptures conscientes, assumées comme telles.

Ce fut le génie politique de Napoléon Bonaparte que d'imaginer un ordre nouveau qui, par plusieurs traits, à commencer par l'institution d'une monarchie républicaine, pouvait rappeler l'ancien, mais dont l'objectif était de « stabiliser » la Révolution, et qui, pour l'essentiel des règles de droit, en reprenait les acquis.

Et ce fut aussi la force des fondateurs de la IIIe République que de vouloir assumer toute l'histoire de France en même temps qu'ils promulguaient d'audacieuses réformes. Ce fut l'une des conséquences de la défaite de 1871 que cette victoire du principe de réalité. Elle conduisit les républicains à n'engager leurs réformes qu'autant que le peuple pouvait les accepter, et à surseoir, jusqu'en 1905, à l'instauration de la séparation de l'Église et de l'État. La rupture et la continuité sont comme deux fils noués l'un à l'autre. On se dira de gauche ou de droite selon qu'on privilégiera le fil rouge de la révolution ou le fil blanc de la tradition. La rupture a une histoire. Mieux, elle est une histoire : celle des républicains, radicaux, socialistes, communistes, trotskistes, maoïstes, etc., surenchères et dépassements dont les brins s'entremêlent…

Et qu'est-ce que la tradition ? Elle se brise d'elle-même en multiples héritages. Il se crée bientôt une tradition née de la rupture, ce qu'on appelle la « tradition républicaine ». Un ordre se substitue ainsi à un autre. Est-ce à dire qu'ils se valent ? Nullement, car l'ordre né de la révolution repose sur des principes tout différents de l'ordre précédent : liberté, égalité, souveraineté populaire, citoyenneté, auxquels on peut toujours faire appel contre les dérives de l'existant et la tentation du retour en arrière. Actualité de la République, qui possède en elle-même la capacité de se ressourcer « aux lumières de la Raison » …

La gauche, de même que la droite, avec laquelle elle forme une complémentarité organique, constitue une notion évolutive. Claude Nicolet, dans son magistral ouvrage, *L'Idée républicaine en France*[1], a très bien montré que les mots « nation », « démocratie », « révolution », « république » étaient des « mots voyageurs ». On a ainsi fait procès à Clemenceau d'avoir commencé sa carrière politique comme libertaire et de l'avoir terminée comme un homme d'ordre. Ce à quoi Clemenceau répondait qu'il avait toujours été « un vrai républicain qui avait accompli son programme ». Et son programme, c'était l'œuvre – immense – de la IIIe République, des lois scolaires à la loi de 1905, et ses combats, ceux allant de l'affaire Dreyfus à la victoire de 1918.

Je ne chercherai pas à pousser plus loin l'effort de définition de la gauche ou de la république, la première n'en pouvant trouver de meilleure qu'en se constituant en avant-garde de la seconde. Il y a une « république intérieure », comme l'a rappelé, après Alain,

1. Claude Nicolet, *L'Idée républicaine en France (1789-1924)*, Gallimard, 1982, coll. Tel, 1995.

Claude Nicolet, qui se résume au devoir de penser. Mais ce n'est pas un mince devoir. La « république intérieure » est une exigence de tous les instants : elle implique de la part du citoyen culture, lucidité, patriotisme et surtout courage et mise en conformité de l'action avec la pensée. Il n'y a donc pas de définition arrêtée de la gauche, sinon à travers cette conscience exigeante.

*

Dans des situations exceptionnelles, on a pu penser que la distinction entre droite et gauche pourrait s'effacer ou devait être profondément renouvelée. Ce fut vrai dans l'« union sacrée », en 1914, et face à Hitler en 1938, quand Blum proposa en vain un « Front français », ou dans la Résistance, qui était pourtant loin d'être homogène, mais que de Gaulle, avec l'aide de Jean Moulin, sut unifier. D'autres événements – la guerre d'Algérie, l'Europe de Maastricht – ont pu encore brouiller la distinction. Pour sortir de l'ornière libérale, la gauche républicaine, aujourd'hui, doit se dépasser pour trouver des alliés.

Au-dessus de la droite et de la gauche telles qu'elles sont devenues, la République

Moi-même, dès le lendemain de l'ouverture de la « parenthèse libérale » en 1983, j'avais appelé à la fois à revenir à notre projet de 1981 (« D'abord l'emploi ») et à « déplacer les lignes » : « Beaucoup de gens en France se croient à droite et votaient à droite parce qu'ils identifiaient sincèrement à la droite la rigueur, l'exigence, le patriotisme. Sachons leur renvoyer de la gauche l'image d'une plus grande exigence et d'un patriotisme plus élevé, au service de la justice sociale, de la démocratie et d'une plus juste idée de la France[1]. » Cet appel

1. *Cahiers de la République moderne* n° 1, été 1985, éditorial, « À période nouvelle, réponse nouvelle ».

était bien évidemment le corollaire d'une prise de distance avec le néo-libéralisme triomphant, y compris au sein même de la gauche (« il n'y a pas d'autre politique possible », « on a tout essayé contre le chômage », etc.).

Seize ans après, candidat à l'élection présidentielle, je déclarai à Vincennes, le 9 septembre 2001 : « La gauche et la droite continueront d'exister, à l'avenir, sous des formes mais avec des contenus différents, mais il y a une chose qui est au-dessus de la droite et au-dessus de la gauche telles qu'elles sont devenues, c'est la République. » Que ne m'a-t-on reproché d'avoir développé cette idée d'une désuétude commune à la gauche et à la droite, la première pour avoir tourné le dos aux couches populaires, la seconde pour s'être détournée de la nation jadis redressée par le général de Gaulle, et cela pour rallier toutes deux le néo-libéralisme triomphant ! J'en appelais à une idée actualisée de la République à travers dix orientations fondamentales ; j'y procédais notamment à une critique du capitalisme financier et je proposais un plan de redressement de l'Europe dont il n'y aurait pas, aujourd'hui, un mot à retrancher. Je persiste à penser que la gauche doit se renouveler profondément. C'est ainsi qu'elle pourra rassembler largement. Elle ne doit pas seulement gagner en 2012. Elle doit ne pas décevoir ensuite. Ce qui suppose, bien entendu, qu'elle ait un projet de rupture avec le néo-libéralisme à proposer au peuple français. Cette démarche est évidemment à l'opposé de l'« ouverture » sarkoziste, qui part de l'idée d'une « seule politique possible ».

*

L'« ouverture » pratiquée ou offerte, en 2007, par le président de la République à d'anciennes « têtes » du Parti socialiste est en effet sans mystère : c'est qu'au fond, sur la plupart des sujets, les figures de proue de cette « ouverture », aujourd'hui refermée, n'étaient jamais arrivées, par l'exercice de leur esprit critique, à penser autrement que la droite libérale ; depuis longtemps déjà ils pensaient comme elle. Si ces hommes, réputés de gauche, avaient changé, il eût été honnête de le dire et de l'expliquer. Mais ils n'avaient pas eu besoin de changer. Libéraux ou atlantistes, ils étaient restés les mêmes. Il n'y avait rien à expliquer. Louons au contraire leur continuité !

Ainsi Michel Rocard avait établi sa réputation, dans les années soixante-dix, en se faisant le chantre du marché contre l'intervention de l'État dans l'économie. Éclatant mérite que d'avoir relayé en Europe les idées de l'École de Chicago !

De même, à la fin des années quatre-vingt, Bernard Kouchner préconisait déjà le « droit d'ingérence » en Irak : a-t-on jamais vu les faibles s'ingérer dans les affaires des forts ? C'était ouvrir la voie à la guerre américaine. En quoi donc Bernard Kouchner n'a-t-il pas été fidèle à lui-même en défendant en 2009 au Parlement la réintégration par la France de l'organisation militaire de l'OTAN ?

En vérité, ces « transfuges » supposés ne se sont pas immolés sur l'autel de leurs convictions. Ils ont été logiques avec eux-mêmes. Ils représentaient déjà, à la fin des années soixante-dix, ce que j'appelais ironiquement la « gauche américaine ». Et beaucoup de leurs « camarades » n'ont pu ensuite les ostraciser que du bout des lèvres, car, indépendamment des postures opportunistes commandées par leur situation d'opposants, beaucoup en sont venus, après vingt-cinq ans de pratique sociale-libérale, à partager, au fond, les mêmes analyses. Cette ouverture en trompe-l'œil a fait long feu aujourd'hui. Je ne propose évidemment pas une ouverture en sens inverse. Le rassemblement que je crois nécessaire est indissociable du projet de redressement de l'Europe sur la base duquel il doit se réaliser. Il est inséparable d'une réorientation fondamentale.

Faire fond sur la France pour redresser l'Europe

Les circonstances ont profondément changé par rapport à celles qui prévalaient encore il y a dix ans. Le capitalisme financier mondialisé est entré depuis 2007-2008 dans une crise

« systémique ». En Europe, la monnaie unique se révèle extrêmement fragile. Les outils dont elle s'est dotée, en l'état actuel des choses, ne lui permettraient pas de résister à un choc tant soit peu violent. Beaucoup, à gauche, pensent encore qu'on peut s'en sortir par l'invocation à « plus d'Europe » ou à une « croissance verte ». Ces invocations sont illusoires. Comme le pouvoir, il arrive que la proximité du pouvoir rende fou. La pression que les Verts exercent sur un Parti socialiste déjà excessivement sensible à leurs thèses risque d'incapaciter gravement un gouvernement qui naîtrait de leur alliance et dépendrait, au Parlement, des voix d'Europe-Écologie-les Verts.

La philosophie des deux partis ne puise pas aux mêmes sources : l'un croit au progrès, l'autre à ses dégâts. L'un veut la croissance, l'autre la décroissance, sans s'aviser qu'en 2009 nous l'avons déjà expérimentée : cela s'appelait la récession, avec, à la clé, la suppression de quatre cent mille emplois. Les deux formations n'ont en commun qu'une Europe mythique de type « fédéraliste » dont le corollaire est le rejet plus ou moins ouvert de la nation. Franc chez Cohn-Bendit, ce rejet est plus ou moins dissimulé chez la plupart des dirigeants socialistes. Il est vrai qu'avec la droite post-gaulliste – pour ne pas dire antigaulliste – nous ne sommes pas logés à meilleure enseigne.

Or, dans la crise qui vient, nous aurons besoin non pas de « plus d'Europe », mais d'une « autre Europe », ou, pour parler clair, d'une Europe confédérale des nations, ou, si l'on préfère, d'une « République européenne des peuples », dont la clé est d'abord une nouvelle entente franco-allemande englobant bien entendu les autres peuples, à commencer par l'Italie et par l'Espagne (pour en rester aux pays de la zone euro), mais aussi la Russie et les peuples de l'Euroméditerranée. Ce sera une question de vie ou de mort, si tant est que l'Europe n'ait pas déjà été « sortie » définitivement de l'Histoire. Parions donc que la mort n'a pas déjà saisi le vif. Nous l'avons vu, il faudra, dans cette hypothèse, bouleverser la pratique européenne pour introduire un mécanisme de solidarité financière acceptable par l'Allemagne, revoir les statuts et le rôle de la

Banque centrale européenne, et instaurer enfin une politique économique harmonisée au niveau de la zone euro, là où précisément ne peuvent plus jouer, aujourd'hui, les mécanismes d'ajustement monétaire. C'est donc le contenu même du traité de Maastricht, son « logiciel », que, sous l'empire de l'urgence, il faudra revoir. Sera-ce possible ? Si l'occasion s'en présente, cela dépendra beaucoup de la capacité de la France à rassembler sur un tel projet une majorité dépassant les clivages habituels. Seule une France unie pourra faire bouger l'Allemagne.

Beaucoup de dirigeants socialistes n'ont malheureusement pas encore compris qu'ils allaient d'abord devoir faire fond sur la France pour redresser l'Europe. Ils disposent d'un outil sans équivalent, à la fois pour retrouver le soutien des couches populaires et pour exercer un effet de levier sur l'Europe et sur le monde. Il serait temps qu'ils s'en avisent s'ils ne veulent pas laisser à Nicolas Sarkozy le soin d'interpréter le rôle.

L'impasse du fédéralisme : quand les socialistes font voler les coquecigrues

Mais, au lieu de cela, que voit-on ? Si j'en crois Mme Pervenche Berès, rapporteur au Parlement européen d'un projet de texte sur la crise et les mesures à prendre pour y faire face[1], « ce dont l'Europe a besoin, c'est de plus d'union plutôt que de coordination. [...] La Commission, à qui il appartient de définir l'intérêt général européen, doit, dans le cadre de son droit d'initiative, privilégier son engagement à agir au nom de l'Union là où elle dispose de compétences partagées ou de coordination. [...] Elle ne peut pas s'arrêter à la seule définition du cadre d'intervention des acteurs du marché et des États » (alinéa 116 du projet de rapport).

1. Parlement européen, commission spéciale sur la crise financière économique et sociale, projet de rapport de Mme Pervenche Berès, 2009/22182, 6 mai 2010.

Cette vision représente la quintessence d'une philosophie d'illusions qui se brisera comme l'esquif sur le roc à la prochaine et prévisible tempête.

Qui, en effet, peut encore professer que la Commission est le lieu où se définit « l'intérêt général européen » ? C'était là la prétention de Jean Monnet dans l'Europe des Six. Mais depuis quand l'intérêt général, en république, peut-il se définir dans un étroit conclave, peu importe que ce soit à six ou à vingt-sept ? L'intérêt général, en république, ce sont les citoyens qui ont la charge de le définir à travers le débat républicain, bien sûr sanctionné par les élections. Je n'ai pas besoin de démontrer qu'il n'existe pas de débat public européen. Celui-ci serait souhaitable, mais il est rendu très difficile pour la simple et bonne raison qu'en Europe il n'y a pas un peuple, mais trente, comme l'a rappelé la Cour constitutionnelle de Karlsruhe dans son arrêt du 30 juin 2009 déjà cité. Les institutions européennes fonctionnent « hors sol ». Dans tous les pays, les peuples s'en détournent. Aux dernières élections européennes, les citoyens se sont abstenus massivement, à 60 %, niveau historiquement le plus élevé depuis que le Parlement européen est élu, dans chaque pays, au suffrage universel (1979). C'est que les institutions européennes actuelles sont coupées de la démocratie telle qu'elle s'exprime dans le cadre national. C'est ce défaut d'articulation entre les démocraties nationales qu'il faudrait combler pour rendre un projet européen populaire.

On peut toujours faire voler les coquecigrues et s'évertuer à prendre la Commission pour un gouvernement européen. C'est prendre le Pirée pour un homme et M. Barroso pour Barack Obama ! Il est proprement irresponsable, comme le fait Pervenche Berès, femme sincère au demeurant, d'inciter la Commission, qui n'arrive déjà pas à exercer, dans l'intérêt européen, ses compétences propres – dites exclusives –, à accaparer, outre la totalité des compétences dites « partagées », le domaine restant où le traité de Lisbonne – copie conforme du projet de Constitution européenne – ne lui accorde qu'un « pouvoir de coordination ». À suivre Mme Berès, la Commission – où, rappelons-le, sur vingt-sept commissaires, la France ne dispose que d'un seul en la personne de M. Barnier – devrait absorber l'ensemble des compétences, bref s'occuper de tout, régenter l'ensemble de la vie de l'Union européenne ! On croit rêver : ce n'est plus du fédéralisme, c'est une forme inédite de totalitarisme issu du croisement monstrueux d'une boulimie technocratique – celle de la Commission – et de la fringale de pouvoir d'un pseudo-Parlement ! Mieux vaudrait en rire si ce délire idéologique, reflétant malheureusement les boniments dont les dirigeants socialistes assomment leurs militants depuis bientôt deux décennies, n'était pas le masque de l'impuissance et déjà de la résignation à « sortir de l'Histoire ».

Toute surenchère « fédéraliste » serait stupide, à contre-courant des réalités politiques et économiques. Évitons la démesure de ceux qui prétendent forcer le cours de l'Histoire. Ceux qui se sont trompés à Maastricht ne sont pas qualifiés aujourd'hui pour proposer, au nom de « toujours plus d'Europe », un remède de cheval à la crise de l'euro, c'est-à-dire une Europe « fédérale » que les peuples ne réclament pas, bien au contraire. Ceux-ci comprennent intuitivement que le fédéralisme, par le saucissonnage des responsabilités qu'il implique, est destructeur de la « chose publique ». Surtout, la perspective fédéraliste est irréaliste. Bien au contraire, il faut imaginer une Europe souple, à géométrie variable, qui progressera d'autant mieux qu'elle le fera démocratiquement, avec l'accord des peuples. On peut raisonnablement anticiper sur la formation d'une opinion publique européenne, mais toute voie brusquée serait périlleuse. Il faut compter sur le bon sens et sur le courage des futurs dirigeants de la France pour écarter d'emblée la perspective de créer aujourd'hui, à partir de l'euro, une Fédération européenne qui serait à la fois antidémocratique et ruineuse.

Antidémocratique, d'abord : l'européisme benêt qui sert de boussole à la plupart de nos politiques les amène à prôner un « fédéralisme budgétaire », c'est-à-dire, en clair, à soustraire le budget à l'approbation des Parlements nationaux. Cette voie, dite abusivement « fédérale », serait un déni de démocratie.

Quant au fédéralisme proprement dit, il ne correspond à aucune réalité : le budget européen ne dépasse pas 1 % du PIB (alors que le montant des prélèvements obligatoires oscille dans chaque pays autour de 40 %). Il n'est donc pas et ne peut devenir un budget fédéral.

Le fédéralisme que prônent les élites maastrichtiennes ne serait aujourd'hui qu'un carcan antidémocratique renforcé. Cette vision correspond peut-être au tropisme de l'euro fort, qui en serait la justification, et à l'intérêt des couches privilégiées, qui détiennent l'essentiel des actifs financiers. Perspective ruineuse, car le culte de la monnaie forte, qui nous a mis depuis trente ans dans une position structurellement diminuée sur le marché européen et mondial, accélérerait définitivement notre déclin industriel. Ce serait la fin de la France comme puissance industrielle et comme puissance tout court. Ce choix traduirait surtout un esprit de démission, une sorte de pétainisme rémanent, une perte de confiance définitive dans la démocratie et dans le peuple français, donc dans notre capacité à poursuivre notre histoire.

Revenons donc à un sain réalisme : déjà, dans l'Europe à vingt-sept, les règles que le traité de Lisbonne définit – critères de déficit et d'endettement, interdiction de l'entraide financière entre États et, pour la Banque centrale, de prendre en pension leurs titres d'emprunt – ont volé en éclats ou ont été contournées sous la pression des nécessités. Dans sa composition actuelle, la Commission est hors d'état de jouer le rôle que lui confèrent les traités. L'a-t-elle d'ailleurs jamais joué ? Et qu'eût pu, en son âge d'or, proposer Jacques Delors s'il n'avait pas eu l'aval conjoint de Helmut Kohl et de François Mitterrand ?

Le destin de la Commission est de devenir ce qu'elle n'aurait jamais dû cesser d'être : une administration, et ce sera tant mieux pour la démocratie si les gouvernements recouvrent, comme je l'ai proposé depuis longtemps, le pouvoir d'initiative et de proposition. Il suffit de regarder la manière dont les choses se passent désormais : c'est le Conseil européen qui décide. Il est inévitable qu'en période de crise la réalité reprenne le dessus. Ce sont les nations qui se font entendre. Ainsi, la « république européenne des peuples » prend forme par nécessité. La légitimité politique est dans le Conseil, non dans la Commission.

Dans les années soixante-dix du dernier siècle, le docteur Kissinger demandait ironiquement : « L'Europe, quel numéro de téléphone ? » Taraudés par cette insistante question, les dirigeants européens ont répondu en 2008 par le traité de Lisbonne. En vertu de celui-ci, ils ont désigné en 2010 un « président stable » du Conseil européen, élu pour une durée de deux ans et demi renouvelable : ce fut M. Van Rompuy. Que croyez-vous qu'il arriva ? Le président Obama ne forma pas le numéro de téléphone de M. Van Rompuy, pas plus que celui de M. Barroso, qui rappela pourtant qu'il présidait la Commission européenne, et encore moins celui de M. Zapatero, qui exerçait, au nom de l'Espagne, la présidence tournante de l'Union. Quand la crise de l'euro menaça de faire chavirer tout le système monétaire international, en mai 2010, M. Obama appela Mme Merkel et M. Sarkozy. La nature des choses fait que l'Allemagne et la France, à la charnière de l'Europe nordique et de l'Europe méditerranéenne, ont, dans le processus de décision communautaire, une responsabilité particulière. Ce qui est choquant dans la relation franco-allemande, ce n'est donc pas le débat, ce serait plutôt l'absence de débat. Pour le conduire, il faut à la fois doigté et fermeté, conscience des enjeux, à la fois économiques et géopolitiques et sens historique, car cette renégociation du pacte européen devra aussi s'inscrire comme un nouveau départ dans la longue durée de la relation franco-allemande.

La gauche doit se mettre à la hauteur du défi

Tout président de la République française devrait avoir pris la mesure de l'enjeu, et bien sûr tout candidat, comme un chevalier doit se recueillir avant d'être adoubé. Est-ce aujourd'hui le cas ? Y a-t-il, à gauche, un candidat qui soit à la hauteur du rôle ? Comment dessiller les yeux de femmes et d'hommes auxquels l'emploi du mot « France » est suspect et qui n'y voient qu'un « petit pays », alors que la France est le seul véritable levier pour affirmer notre responsabilité vis-à-vis du monde ?

La gauche doit se hisser à la hauteur du défi. La remontée du Front national et le retour au bercail des électeurs frontistes qui s'étaient portés sur Nicolas Sarkozy en 2007 peut, certes, faciliter la défaite de celui-ci en 2012, mais, à terme, elle recèle un immense danger. Si la gauche française n'était pas capable d'incarner en période de crise le salut public, on verrait alors une radicalisation de la droite, qui faciliterait son rapprochement avec le Front national de Marine Le Pen.

Pour réussir en 2012, la gauche doit hausser la mire. Les choix effectués à partir des années 1983-85 l'ont mise en porte-à-faux par rapport aux aspirations et aux besoins de son électorat naturel. Elle peine à renouer avec le Peuple : autant avec le peuple des « travailleurs » qu'avec le « Peuple français », celui des citoyens. La tentation est grande de surfer sur les échecs et les difficultés de Nicolas Sarkozy. Comme toujours (sauf de 1965 à 1981), la plupart des dirigeants de la gauche comptent sur l'effet « essuie-glace », c'est-à-dire sur le réflexe de rejet d'un corps électoral déçu par les promesses dont il a été abreuvé et déshabitué de penser la chose publique à la lumière de l'intérêt général.

Critiquer Nicolas Sarkozy non sur sa personne, mais sur son projet

On peut ne pas aimer le style du président Sarkozy, encore moins son électoralisme. Mais le rejet viscéral dont il fait l'objet dispense trop souvent de le critiquer sur le fond. Apprenons à distinguer, comme Pascal nous y incite, la personne et la fonction. Nicolas Sarkozy a été élu président de la République par une nette majorité de Français. Il l'est donc légitimement et mérite à cet égard la considération qui s'attache à sa fonction. Une critique par trop systématique ne peut que desservir une gauche qui aspire un jour, à son tour, à gouverner.

Nul ne soutiendra qu'à titre personnel Nicolas Sarkozy soit dépourvu de talents, même si ce sont souvent ceux de l'avocat habile à déstabiliser l'adversaire. Il est dynamique et réactif, même si une somme d'intuitions ne fait pas une politique. J'ajoute qu'il n'a pas que de mauvaises idées : l'autonomie des universités, l'idée du Grand Paris, certes gâchée par l'absence de concertation et de moyens, le grand emprunt, même vidé largement de son contenu, la réactivité à la crise économique, enfin. La présidence française de l'Union européenne a été, à cet égard, un succès. Le Parti socialiste gagnerait à critiquer le président de la République sur son projet plutôt que sur son style.

Nicolas Sarkozy est un libéral, un européiste, un occidentaliste. Ces trois griefs devraient suffire à nourrir la campagne de la gauche en fondant un projet alternatif.

Son libéralisme outrancier au service des grands intérêts, en matière fiscale notamment, ne l'a pas empêché d'ouvrir une « parenthèse interventionniste », même si celle-ci s'est fermée plus vite que la « parenthèse libérale » de 1983.

Nicolas Sarkozy est un « européiste ». Il a fait adopter le traité de Lisbonne, codification de la substance libérale de tous les textes européens antérieurs. Ceux qui ont voté le traité ne sont évidemment pas les mieux placés pour le critiquer. Je suis conscient de l'effort que cela leur demandera. Mais il est nécessaire que les socialistes repensent la « chose européenne » à la lumière des réalités nationales.

Nicolas Sarkozy, enfin, est un « occidentaliste ». Il oublie que la France, dans sa meilleure définition, appartient à la grande famille des nations humaines et, secondairement, à celle des nations « occidentales ». La réintégration de l'organisation militaire de l'OTAN par la France nous met à la remorque de guerres ou d'entreprises qui ne sont pas les nôtres.

Bref, Nicolas Sarkozy manque d'une large vision historique pour la France. Sa myopie – il est vrai – reflète celle de nos élites. Elle devrait inciter au dépassement ceux qui espèrent lui succéder.

Ainsi, la critique purement « morale » de la crise du capitalisme financier dispense souvent la gauche sociale-libérale – comme la droite libérale, d'ailleurs – d'imaginer un autre système de régulation que la domination ultime des marchés financiers. Le Parti socialiste, par nécessité électorale autant que par conviction, évoque bien un « autre modèle de développement » – durable, celui-ci. Prenons garde, cependant, que les présupposés du raisonnement – la Nature opposée à l'Homme – ne soient pas encore un moyen de nous faire prendre des vessies pour des lanternes ! Il ne me paraît pas anormal, en 2011, d'attendre du PS qu'il procède à une analyse critique de la globalisation libérale et de sa crise actuelle, et qu'il nous fournisse un mode d'emploi pour dépasser l'horizon d'un système où les marchés financiers dictent leur loi. La gauche a tellement intériorisé la défaite historique qu'elle a subie dans les années quatre-vingt, sans même avoir combattu, qu'elle n'imagine plus qu'il puisse y avoir un substitut à la domination du capitalisme financier. Il est temps de remédier à cet aveuglement qui, nous l'avons vu, puise loin dans le passé.

Sur la base d'un tel projet, un gouvernement républicain, animé par un Parti socialiste responsable mais ouvert, sans sectarisme, aux sensibilités démocrates et gaullistes qui font passer l'intérêt général avant l'esprit de clan, pourrait rassembler largement au nom du « salut public ». Encore faudrait-il pour cela que les socialistes non seulement fassent leur le concept de « nation républicaine » (je les en crois capables), mais s'approprient aussi la France comme une totalité venue du fond de l'Histoire.

Par un humour sans doute involontaire, Louis Dumont[1] décrit la France comme étant « idéologiquement à gauche, mais empiriquement, c'est-à-dire dans les faits, à droite ». Le grand anthro-

1. Louis Dumont, *L'Idéologie allemande*, *op. cit.*, p. 9.

pologue explique ce paradoxe par le caractère même de notre culture nationale. Il montre que l'universalisme de la culture française (Montaigne disait déjà : « Je suis homme en général et français par accident ») la rend aveugle aux autres cultures, le Français identifiant naïvement sa propre culture à la culture universelle.

Chez les Français, note encore Dumont, l'appartenance politique remplace l'appartenance culturelle : « Le Français se sent tel essentiellement comme citoyen. La France, c'est avant tout, pour lui, la démocratie, la République[1]. » Dans une assemblée du « Pôle républicain », j'ai ainsi entendu un militant s'écrier au lendemain du 21 avril 2002 : « La gauche, c'est ma patrie ! » J'ai dû lui répondre : « Non, c'est la France qui est ta patrie. La gauche n'est que la manière dont tu exprimes ton engagement pour la servir. » Je ne suis pas sûr que ce discours exigeant ait porté.

Le caractère universaliste de notre culture nationale est un trait sympathique, mais cette vision du monde, cette *Weltanschauung*, ne peut évidemment que se heurter aux dures leçons de la réalité, en particulier à l'existence de cultures « holistes[2] » qui privilégient l'appartenance au groupe : hier la commotion subie, avec la défaite de 1870-71, face à l'Allemagne ; aujourd'hui, la résistance à l'intégration d'une partie des jeunes nés de l'immigration. Cet invariant historique que constitue l'universalisme spontané de notre culture nationale devrait faire réfléchir la gauche ou, au moins, ses dirigeants. En grand spécialiste des sociétés de castes et plus généralement des sociétés holistes, Louis Dumont observe avec malice qu'en France la gauche est « affaire de principes » : « Les révolutionnaires ont légué à la gauche cette attention exclusive apportée aux principes, au mépris de leur application aux faits. » Il en résulte à la fois des débats inexpiables et un large champ accordé dans la réalité à des valeurs qui sont considérées

1. *Ibid.*, p. 250.
2. Holisme : du grec *holos*, qui signifie la tribu ou l'ethnie. Plus généralement, sentiment d'appartenir à un collectif.

comme de droite, alors qu'elles ne sont bien souvent que des valeurs de transmission ou de simple conservation permettant tout simplement le « vivre ensemble ». C'est avec cela qu'il faut rompre.

Se réapproprier les « valeurs de transmission »

Il est capital qu'une gauche de gouvernement se réapproprie ces valeurs qu'on décrie encore injustement au prétexte qu'elles étaient celles de la IIIe République : le rôle de l'École dans la transmission des valeurs et du savoir, le souci d'une égale sécurité pour tous, l'amour de la patrie, indissociable d'un civisme élémentaire, toutes valeurs que nos maîtres enseignaient encore avant le grand chambardement de 1968. L'enracinement de la IIIe République, à la fin du XIXe siècle, comporte bien des leçons que nous avons oubliées. L'arrachement de l'Alsace-Lorraine en 1871 avait été une atteinte insupportable à l'idée que la France se faisait d'elle-même en tant que communauté élective de citoyens. Elle a provoqué à la fin du XIXe siècle la « crise allemande de la pensée française » (Claude Digeon) et l'apparition d'un nationalisme identitaire et antirépublicain, de même que le « Front national », aujourd'hui, se nourrit des problèmes posés par l'immigration et de la « panne » proclamée du modèle républicain d'intégration. Mais les grands républicains de la fin du XIXe siècle surent ériger la digue d'un patriotisme républicain intransigeant. Ce sont eux qui ont défait le nationalisme d'extrême droite à travers le combat de l'affaire Dreyfus mené jusqu'à son terme logique : la réhabilitation de 1906. Aux valeurs traditionnelles de liberté, d'égalité et de fraternité, les fondateurs de l'École républicaine ont su agréger d'autres valeurs : l'amour du travail bien fait, le respect de la connaissance, la « bonne éducation », valeurs qui n'étaient nullement incompatibles et qu'ils ne considéraient pas comme de droite. Comme je le faisais remarquer déjà en 2002, « s'il y a beaucoup de choses à changer dans la société, il y en a aussi quelques-unes à conserver »...

J'ai porté une idée du rassemblement dont le dessein était de permettre à la gauche de dépasser ses réflexes conditionnés, voire sectaires, pour la mettre en situation « centrale ». J'ai voulu ainsi soustraire aux affrontements droite/gauche la question de la sécurité ou celle de l'immigration, ou encore celle de l'École. Ambition toujours actuelle. La gauche est-elle capable de se réapproprier cet héritage républicain, d'opérer une nouvelle synthèse, bref, de fermer la parenthèse libérale-libertaire ? La rupture avec le néo-libéralisme va de pair, à mon sens, avec la répudiation, par la gauche, de postures devenues « identitaires » qu'elle croit pouvoir adopter dans l'opposition – ainsi un « sans-papiérisme sans rivage » –, ou une « culture de l'excuse » face à la délinquance, mais qui, dès qu'elle accède aux responsabilités, deviennent de lourds handicaps.

Jaurès, mais de Gaulle aussi, ont senti la nécessité de dépasser le sectarisme d'oppositions par trop sommaires. Jaurès excellait à réconcilier dans son verbe le prolétaire et l'entrepreneur, le soldat et l'officier, la patrie avec l'internationalisme. De Gaulle a accepté l'acquis républicain sans renoncer pour autant à l'enrichir, voire à le modifier. Ce fut sa force que de comprendre assez vite, à Londres, à quel point la France faisait corps avec la République. En 1942, il reprend la devise républicaine « Liberté, égalité, fraternité » à côté de la première devise de la France libre, « Honneur et Patrie ». Et c'est Jean Moulin, l'ancien chef de cabinet de Pierre Cot sous le Front populaire, qui, l'année suivante, lui apportera le sceau de la légitimité de la Résistance intérieure. Si, enfin, le programme du CNR en 1944 n'est pas un programme de gauche, je ne sais pas ce que c'est ! Qu'il s'inscrive dans la perspective de la reconstruction nationale ne change rien à l'affaire...

Enfin, on peut analyser les institutions de la Ve République, ainsi que le fait Louis Dumont, comme introduisant un élément de « holisme » nécessaire dans une culture politique essentiellement individualiste.

*

La gauche doit rencontrer la République… et la France

Pour ne pas laisser à la droite « la gestion empirique des choses », la gauche, en 2012, doit enfin rencontrer la République, c'est-à-dire le peuple français. Elle doit donc aussi et d'abord rencontrer la France. C'est la seule manière pour elle non seulement de reconquérir les couches populaires, mais d'établir ce que Gramsci appelait une « hégémonie culturelle », en renouant le fil d'une histoire à continuer dans cette très vieille nation qui souffre surtout d'avoir vu sa succession ouverte il y a déjà trop longtemps. Les couches populaires n'ont plus la compacité d'antan. Elles n'en existent pas moins sous une forme émiettée. Souvent dispersées dans les périphéries urbaines ou les campagnes, elles ressentent plus que d'autres le poids de la précarité. Entre ingénieurs et techniciens, cadres, employés et ouvriers intérimaires, leurs statuts et leurs salaires se sont différenciés.

Les couches moyennes et supérieures se divisent elles-mêmes de plus en plus en deux « constellations » : d'une part, les oligarchies financières et les couches privilégiées qu'elles entraînent dans leur sillage, d'autre part l'essentiel des petits et moyens entrepreneurs, auquel on peut ajouter l'essentiel des classes moyennes, ceux qui produisent sur le territoire national, dans l'industrie, les services, l'artisanat, l'agriculture, et dont la mondialisation lamine de plus en plus les revenus.

La crise du capitalisme financier désarticule ainsi les anciennes alliances de classes. Il faudra donc rassembler à partir d'une conception élevée de l'intérêt national, inséparable d'une vue mondiale des choses. Le rassemblement doit ainsi se faire sur une base « républicaine ». L'appel à la citoyenneté, lancé d'en haut et d'en bas, est encore ce qui peut le mieux rassembler. Trêve de « patenôtres » adressés à la République ! On ne peut redresser la République qu'en en faisant comprendre l'exigence ! Méditons la forte pensée de Kant selon qui la république est une idée trop forte, même si elle était temporairement vaincue, pour ne pas ressurgir un jour à la faveur de circonstances favorables.

CHAPITRE XIII

Le grand pari sur la France au XXIe siècle : faire vivre le modèle républicain

Penser un projet pour la France au XXIe siècle, c'est d'abord, bien sûr, comprendre le monde qui vient, mais c'est plus sûrement encore se comprendre soi-même.

Le monde dans lequel nous sommes entrés au début du XXIe siècle est marqué par la montée rapide de l'Asie, et d'abord de la Chine. En termes de produit national brut, celle-ci aura sans doute rattrapé les États-Unis avant 2030. Ceux-ci ont amorcé leur déclin, qui peut encore durer longtemps. Les décennies devant nous sont dangereuses comme toutes les périodes où deux hégémonies, l'une déclinante, l'autre montante, se mesurent.

Peut-on gérer pacifiquement cette pluralité à l'échelle du monde ? Cela supposerait, entre autres, l'affirmation de l'Inde, naturel contrepoids de la Chine en Asie, et la résilience de l'Europe – j'entends par là sa capacité à surmonter les conséquences du choc immense, psychologique autant que matériel, que constitue, à retardement, la fin de l'hégémonie qu'elle a exercée sur le monde depuis le XVIe siècle. Le moins qu'on puisse dire est que la « construction européenne », censée éviter le renouvellement d'affrontements fratricides, mais entreprise sur de mauvaises bases, n'a pas enrayé son déclin, mais l'a plutôt accéléré depuis le milieu des années soixante-dix. En tous domaines – démographie, économie, industrie, commerce, diplomatie –, l'Europe rétrécit à vue d'œil.

À l'échelle d'un monde dominé par l'Asie, l'Europe devient ainsi un continent périphérique. La construction européenne a peut-être permis la réunification de l'Allemagne, mais elle n'a pas interrompu son déclin global, et encore moins le déclin de ses nations. Les « Pères de l'Europe » n'ont oublié qu'une chose : historiquement, la force de l'Europe a toujours été celle de ses nations… Personne n'est mieux placé qu'Hubert Védrine, secrétaire général de l'Élysée en 1992 avant de devenir ministre des Affaires étrangères de 1997 à 2002, pour évoquer l'« irrealpolitik » européenne, « mélange brumeux d'abstraction et d'ingénuité bien intentionnée », et l'illusion que « le monde contemporain est entré dans une ère postnationale et postidentitaire[1] ».

D'abord se comprendre soi-même

Nous vivons ainsi une période qui ressemble à celle des années trente, quand nous ne savions plus dans quel monde nous étions, qui était notre ennemi et qui nous étions nous-mêmes. Gabriel Robin[2] a justement suggéré que la plupart des contraintes dont nous faisons résulter nos actions sont des contraintes « intellectuelles ». Je suggère moi aussi que nous fassions d'abord le ménage dans nos têtes pour réapprendre à penser librement, à partir de la France, seul point d'appui solide pour exercer des effets de levier vers l'extérieur. Nous pourrons ainsi donner à l'Europe sa juste place. Mais à condition d'être d'abord nous-mêmes. L'Europe ne peut avoir de sens, à nos yeux, que si elle est « européenne », si elle protège ses citoyens, fortifie ses nations et prolonge leur « vouloir vivre ensemble » dans un espace modelé par l'héritage des Lumières. À l'inverse,

1. Hubert Védrine, « La France, l'Europe et l'"Irrealpolitik" », *Le Monde*, 22 avril 2007.

2. Gabriel Robin, « La France et ses stratèges », Fondation Res Publica, mai 2010.

nous ne pouvons que refuser une Europe, cheval de Troie d'un libéralisme biaisé et destructeur aussi bien du tissu industriel que de l'identité collective.

Plutôt que de nous abandonner à des perspectives trompeuses (une conception téléologique de l'Europe, l'idée d'un monde qui ne serait régi que par le Droit) qui se révèlent n'être que des chimères, il est temps de revenir à la réalité, qui est d'abord nationale : refaire de la République une idée neuve, en France d'abord, mais aussi en Europe et dans le monde.

Après tout, c'est la France qui a fourni, la première, le modèle de la « nation républicaine ». Ce modèle s'est imposé dans le monde entier. Il n'y a pas lieu d'en rougir. La France n'a jamais eu vocation à l'empire, Napoléon constituant l'exception qui confirme la règle. Elle n'a pas besoin d'être un empire pour être une grande nation ni pour rayonner, car elle est une nation avant tout politique : elle se définit à travers le projet que forment ensemble ses citoyens. Pour cela, elle doit d'abord et à nouveau « penser le monde », en commençant par prendre la mesure de toutes les conséquences, immenses, de l'émergence de la Chine au premier rang, sans oublier l'Afrique dont le destin est et sera de plus en plus lié au nôtre. Pour rester fidèle à sa vocation et se mettre à l'écoute des peuples du monde, elle doit se souvenir d'abord de ce qu'elle est : une nation.

Promouvoir et faire vivre le modèle républicain dans le monde

Partout la démocratie s'est organisée, depuis deux siècles, sous la forme nationale. Certes, il y a plusieurs conceptions de la nation, mais la forme républicaine, c'est-à-dire la nôtre, l'a presque partout emporté sur la conception ethnique. Celle-ci, bien sûr, est encore pratiquée, mais plus guère revendiquée. La France a un rôle particulier à jouer pour promouvoir l'idée républicaine, celle de la citoyenneté, mais aussi celle d'un intérêt général commun à toute l'humanité.

Il y a une façon niaise de promouvoir les valeurs républicaines, qui est le « droit-de-l'hommisme », lequel oublie au passage les droits du citoyen. L'invocation des droits de l'homme à l'appui d'initiatives unilatérales de politique étrangère n'est bien souvent que la marque de l'ingérence, qu'on appelait autrefois « impérialisme ». Certes, il y a le « droit de protéger » les populations dans les très nombreuses contrées livrées à l'« anomie[1] ». Ce droit est reconnu et codifié par l'ONU. Seul le Conseil de sécurité est habilité à le reconnaître. Il est une manière plus intelligente de promouvoir le modèle républicain : c'est d'affirmer la liberté des peuples et, par conséquent, le « droit à l'Histoire » que les vieilles nations ne peuvent dénier aux plus récentes. C'est, pour elles, un impérieux devoir que d'offrir à tous les États qui lui en font la demande les capacités d'organisation qui leur font souvent défaut pour s'affranchir de toutes les dominations, anciennes ou nouvelles. L'indépendance de la France est une garantie pour les peuples du monde entier. Aider les jeunes États à se construire sur des bases républicaines, c'est aussi contribuer à faire reculer la tentation des intégrismes et des replis communautaires ou ethnicistes.

L'islamisme radical propose ainsi aux musulmans du monde entier la reconstitution d'une communauté transnationale par-delà les frontières d'États considérés comme « impies ». Cette prétention dangereuse, génératrice de violences sans fin, n'a évidemment aucun avenir. Les quatre cinquièmes de l'humanité ne sont pas musulmans. Quant aux musulmans eux-mêmes, que d'irréductibles diversités entre chiites et sunnites, wahhabites et soufis, riziculteurs javanais et caravaniers du Sahel, musulmans russifiés des bords de la Volga et fellahs égyptiens, Berbères de l'Atlas et Pendjabis du Pakistan, Algériens et musulmans indiens !

1. Anomie : du grec *a-nomos*, « sans règles », où la seule loi est celle de la jungle.

Le monde arabo-musulman s'est lui aussi organisé en nations. La Turquie moderne, l'Iran, l'Égypte, le Maroc, l'Algérie, la Tunisie, la Syrie sont des nations incontestables. Il n'est pas jusqu'au Pakistan, constitué en 1947 sur une base religieuse, qui n'apparaisse aujourd'hui comme une nation en formation, ressuscitant des empires constitués autrefois autour du fleuve Indus. Certains États sont fragiles, comme le Liban. Ils ont d'autant plus besoin de notre soutien. Cela ne signifie pas qu'il n'y a pas une unité culturelle et même politique du monde arabe, caisse de résonance de préoccupations qui répondent à une sensibilité commune. De la même manière, il y a, par-delà les frontières, une réalité du monde musulman qu'il nous faut aussi prendre en compte.

Le rétrécissement du monde à l'enseigne de la mondialisation n'a que paradoxalement conduit à durcir les conflits dits « de civilisation » ou les oppositions interreligieuses. Il existe bien sûr d'autres formes d'intégrisme : le néo-conservatisme américain a pu passer pour une forme d'intégrisme occidentaliste. Heureusement, tout comme l'Orient, l'Occident est pluriel. Il est fait de nations, et, dans ce monde de nations, la France a un rôle particulier à tenir. En promouvant l'idée de la citoyenneté et le modèle républicain de par le monde, elle servira d'autant mieux l'Europe. Celle-ci a besoin de toutes ses nations si elle veut rester un grand carrefour de civilisations, de cultures et d'influences.

La France doit donc réactiver son modèle républicain. Elle a montré à la Libération une capacité de rebond insoupçonnée à travers l'application du programme du Conseil national de la Résistance. Déjà, après 1871, la IIIe République avait illustré la puissance du volontarisme politique en traduisant en grandes réformes les idées nées de la Révolution. C'est cette capacité de projection dans l'avenir qu'il nous faut retrouver aujourd'hui, en nous donnant les armes qui nous permettront d'affronter un monde plus difficile demain qu'il ne l'était hier.

Retrouver le sens de la durée

La République implique la durée. Comment une nation qui se définit par le projet collectif que sont capables d'élaborer ensemble ses citoyens à travers le « débat républicain » pourrait-elle survivre à la dictature de l'instant ? Ce débat a besoin d'être éclairé. C'était, dans la pensée des grands républicains, le rôle de l'école. Le souverain, c'est-à-dire le peuple, doit être instruit. Il a besoin d'instituteurs au sens étymologique du terme (*instituere* : mettre debout). Or, il est de bon ton, aujourd'hui, d'incriminer l'école, qui, à force de notes, classements et redoublements, ôterait aux enfants le désir d'apprendre. C'est renverser les rôles : ce n'est pas l'école, c'est la société, dominée par l'instantanéité de la communication, le consumérisme, le narcissisme, l'hyperindividualisme, qui est devenue profondément anxiogène. L'incertitude de l'avenir et le pressentiment du « descenseur social » sont la vraie source de la violence à l'école. Freud a montré dans *Malaise dans la civilisation* que celle-ci ne peut se développer sans une certaine dose de « répression ». Quels cris horrifiés n'ai-je pas entendus dans la bouche de syndicalistes enseignants quand je leur ai expliqué que la transmission du savoir ne pouvait se faire sans efforts !

Rompre avec la dictature de l'instant

La crise actuelle de la civilisation pourrait se résumer en la dictature de l'instant. C'est aussi une conséquence de l'électronique, qui permet la communication instantanée. M. Jouyet, président de l'Autorité des marchés financiers, explique devant la commission des Finances du Sénat qu'il n'a pas les moyens technologiques de suivre le nombre des ordres donnés sur les marchés : 200 instructions à la seconde sur un même titre, chacune valable 25 microsecondes, et dont 90 à 95 % ne sont pas exécutées ! Bien sûr, il ne faut pas faire de l'électronique et d'Internet les boucs émissaires de la mondialisation financière. Celle-ci, rendue techniquement possible par le développement des techniques modernes de communication, n'a pu advenir que portée par la déréglementation néolibérale mise en œuvre par des dirigeants politiques conservateurs ou myopes. La dictature du court terme n'a pas procédé que d'un phénomène technologique. Elle a résulté de choix politiques. La mondialisation financière, en créant un espace sans frontières et entièrement décompartimenté où les mouvements d'oscillation peuvent s'amplifier indéfiniment, redouble les effets de la révolution électronique. Le règne de l'instant nous fait perdre le sens de la durée, qui est celui de l'action féconde.

Une prise d'otages au Niger déclenche ainsi un tohu-bohu médiatique irresponsable qui fait évidemment le jeu d'al-Qaida. Quelle que soit l'orientation des gouvernements, ceux-ci passent leur temps à sortir des bulles médiatiques qui handicapent leur action et que, bien souvent, ils ont contribué à créer : une bulle chasse l'autre. Le meilleur moyen d'en dégonfler une est d'en susciter une autre. La communication se substitue ainsi à la politique. Avec la perte du sens du long terme, c'est aussi le sens de l'État qui s'efface.

La dictature de l'instant ne s'exerce pas qu'à la tête. La globalisation financière transforme l'investisseur en pur spéculateur.

Dans une société fondée, de Henry Ford à Walmart, sur la consommation, l'individu est de moins en moins considéré comme un citoyen en puissance, mais de plus en plus comme un consommateur, cible de campagnes publicitaires à travers les médias de masse. Les techniques de marketing s'étendent aux campagnes politiques. Le rapport de la politique à la vérité, cher à Pierre Mendès France, s'estompe. Bernard Stiegler[1] a décrit comment le développement d'une société consumériste

1. Bernard Stiegler, « L'Avenir de la croissance », Institut Diderot, conférence du 17 novembre 2009.

fondée sur l'exploitation de la « libido » a provoqué chez les enfants prématurément exposés aux médias un véritable désordre mental, conduisant à la déréalisation du monde et à la rupture des liens avec le milieu. La canalisation du désir par les industries culturelles sape ainsi l'attention à autrui et induit un sentiment de déresponsabilisation. Les savoir-vivre se perdent. Les rapports entre les générations se distendent. Des tendances pulsionnelles se développent. J'avais évoqué – à l'indignation des bien-pensants – le problème des « sauvageons » à partir du cas d'un enfant de quatorze ans qui avait tué à bout portant une épicière dans un village de Seine-Maritime. On pourrait encore citer la multiplication de crimes commis par des déséquilibrés pour se donner le sentiment d'exister, ou d'actes terroristes comme ceux d'al-Qaida, qui sont souvent le fait de petits groupes autoconstitués de déclassés vivant au contact du monde occidental et s'érigeant eux-mêmes en « justiciers ».

*

La réactivation du modèle républicain implique que la société se déprenne du modèle consumériste pour se réapproprier le sens de la durée. Ce mouvement est engagé. Milan Kundera avait écrit, il y a plusieurs années déjà, un *Éloge de la lenteur.* De plus en plus nombreux sont ceux qui, aujourd'hui, ne veulent plus d'un système qui, même à un très haut niveau, les prolétarise : ils ne savent plus ce qu'ils font. Le sens de leur vie leur échappe. Bernard Stiegler avance une définition englobante : « Le prolétaire est celui qui sert un système dont il n'a pas le savoir. »

Il y a évidemment deux réactions possibles à cette situation. La première est la fuite : chacun se réfugie dans son particulier ou se replie sur une communauté, quelle qu'elle soit. Se libérer, c'est d'abord se déprendre. Mais le refus d'entrer dans le système ne permet pas d'en changer. Une autre démarche est possible : prendre du recul à l'égard du système, c'est aussi chercher à le comprendre, développer des savoirs théoriques et pratiques, substituer au réflexe de retrait la curiosité, l'engagement, l'initiative, l'invention, et pourquoi pas, même, l'autogestion, c'est-à-dire la mise en commun des capacités créatives de chacun.

Bernard Stiegler évoque le développement d'une économie « contributive », fondée sur la « mutualisation » (invention de logiciels libres, généralisation des réseaux, etc.). Je ne récuse nullement une telle évolution sociologique, mais je crois beaucoup plus à une secousse morale et politique d'une magnitude sans doute inégalée depuis un demi-siècle. Si la crise est le problème, elle est aussi la solution pour sortir de l'impasse néolibérale.

Dépasser l'horizon des marchés

La crise du capitalisme financier, en effet, n'est pas derrière nous. La colossale dette publique qui s'est substituée, en 2008-2009, à la dette privée n'est qu'une digue fragile. Les timides mesures de régulation prises depuis lors n'éviteront pas de nouvelles crises financières, parce qu'elles n'agissent qu'à la marge du système sans en altérer les fondements. La spéculation qui est à son ressort continue de se propager comme un incendie. Le système bancaire sous-marin et les pratiques de titrisation qui ont conduit à la crise des subprimes ont encore de beaux jours devant eux.

La source systémique des crises repose en dernier lieu sur les déséquilibres macro-économiques qui n'ont pas été, à ce jour, corrigés : stagnation des salaires favorisant l'endettement, envol de la dette privée grâce à des politiques monétaires laxistes, gonflement des déficits et de la dette publics, creusement des déficits commerciaux américains, désordre monétaire international.

Les réponses esquissées ne sont pas à la hauteur des problèmes : les États-Unis cherchent à la fois à restaurer leur taux d'épargne et à diminuer leur déficit commercial, y compris en agitant la menace de mesures protectionnistes. La Chine déclare vouloir augmenter sa demande intérieure, mais se refuse à toute réévaluation substantielle du yuan (cette réévaluation en octobre 2010 s'est bornée à un modeste 2 % depuis l'annonce de son principe, faite en juin 2010 par les autorités chinoises). L'Europe est incapable de mettre en œuvre une stratégie de croissance coordonnée et de prendre ainsi sa part de la résorption des déséquilibres mondiaux. L'Allemagne, comme la Chine, exerce par ses excédents une pression déflationniste sur la conjoncture mondiale. À son instigation et pour suivre la lettre des traités, les institutions européennes – Commission, Banque centrale au premier chef – couvrent la mise en route de plans d'austérité, dans tous les pays-membres, au prétexte d'une dette publique qui, comparée à celle des autres (États-Unis, Japon), est loin d'être la plus lourde. La crise de l'euro ne peut que rebondir. Après la Grèce, c'est, à l'heure où j'écris, le tour de l'Irlande, qui affiche un déficit public de 32 % de son PIB et rechigne à augmenter son impôt sur les sociétés (12,5 %). L'occasion ne repassera pas de conditionner toute aide du Fonds européen de stabilité financière à une harmonisation de la fiscalité sur les sociétés et à la fin du dumping fiscal !

Tout montre que, dans le grand désordre des monnaies, l'euro est la variable d'ajustement. La Chine refuse de réévaluer son yuan. Les États-Unis font marcher la planche à billets et laissent filer le dollar. Ainsi l'euro monte. Il a dépassé sa parité d'avant la crise grecque. On nous assurait il y a quelques mois que, finalement, celle-ci avait eu du bon en rapprochant le cours de l'euro de son cours initial. Même chanson avec l'Irlande : l'euro, en fait, est structurellement poussé vers le haut par la faiblesse du dollar. Les difficultés de l'économie américaine, le gonflement du chômage outre-Atlantique, la partie de bras de fer engagée entre la Chine et les États-Unis au sein du G2, partenariat de rivaux, ne laissent nullement augurer une amélioration à moyen et long terme. Avec un euro à 1,50 dollar, voire davantage, c'est toute la zone euro qui sera étouffée, sauf peut-être, provisoirement, l'Allemagne. Mais c'est l'euro lui-même qui risque d'être emporté par l'exaspération des contradictions qui se manifestent en son sein.

Les marchés financiers ne constituent pas l'horizon de l'humanité. Ce sont les peuples et les nations qui, en dernier ressort, écrivent l'Histoire. Le peuple français, au début du XXIe siècle, doit donc répondre à une question simple : est-il résigné à sortir de l'Histoire ou veut-il encore continuer la sienne ?

Changer les règles du jeu

Pour poursuivre notre histoire, il faut d'abord remettre la politique au poste de commande et procéder par ordre.

Comme l'observe judicieusement un économiste non conformiste, Jean-Luc Gréau[1] : « Nous disposons du pouvoir de réformer et de réglementer en profondeur le système bancaire et financier européen sans entrer en divergence grave avec les États-Unis. »

J'ajoute pour ma part que toute mesure accroissant la « viscosité » des flux financiers (taxation même minime, régime d'autorisation au-dessus d'un certain montant) serait de nature à freiner les mouvements purement spéculatifs. En matière de régulation financière comme en matière de réorganisation du système monétaire international, il faudrait d'abord qu'une volonté commune se dégage de part et d'autre de l'Atlantique. C'est dans ce cadre que nous pourrions trouver un accord avec la Chine et remettre les banques au service de l'économie réelle.

*

Changer les règles du jeu de la compétition mondiale signifie aussi l'instauration d'une concurrence équitable avec les

1. Jean-Luc Gréau, « Comment reconfigurer les économies et les finances en Europe ? », Cercle Condorcet de Paris.

pays à très bas salaires et généralement dépourvus de systèmes de protection sociale. Il est certes légitime que ces pays puissent se développer, de préférence en prenant d'abord en compte les besoins de leurs peuples (protection sociale, pouvoir d'achat), mais il est non moins légitime que les pays anciennement industrialisés défendent non seulement leur tissu industriel, mais, plus généralement, leur démocratie et leur modèle social. C'est l'intérêt général de l'humanité que de préserver la finalité sociale du développement économique. Il est quand même curieux de constater qu'un libre-échangisme dogmatique constitue aujourd'hui l'ultime boussole de l'OMC (Organisation mondiale du commerce), indépendamment de toute autre considération sociale ou morale. La « loi des avantages comparatifs » est mise au-dessus de tout. C'est l'Évangile selon saint Ricardo ! Pascal Lamy est son prophète !

Les règles du jeu du commerce international devront aussi être modifiées. En l'insuffisance prévisible des mécanismes spontanés de rééquilibrage des déficits américains, il n'est pas très aventureux de prédire que le réflexe de protection viendra d'abord des États-Unis, sauf si la Chine réévalue son yuan et relance sa demande intérieure. Le retour au protectionnisme ne s'affichera évidemment pas comme tel, mais la seule chose qu'on puisse avancer avec certitude est qu'il sera américain. Un enchaînement spontané de mesures américaines, suivies de moins en moins timidement par l'Europe, pourrait aboutir à un certain recentrage de l'économie mondiale autour de trois grands pôles : l'Asie, l'Amérique… et l'Europe. Encore faudrait-il que celle-ci, tout empêtrée qu'elle est dans les mécanismes décisionnels à vingt-sept – qui ne sont pas sans évoquer le système nerveux des dinosaures –, trouve en elle-même le ressort de se défendre.

*

Changer les règles du jeu de la compétitivité mondiale signifierait enfin mettre un terme à l'instabilité chronique des grandes monnaies, à commencer par les monnaies occidentales : dollar, euro, livre britannique, franc suisse, dollar canadien, etc.

Une première proposition consisterait à couvrir le « marché unique » à vingt-sept par un système monétaire européen incluant l'euro aussi bien que les monnaies des pays non membres, de façon à empêcher les dévaluations compétitives comme celle de la livre britannique.

Mais la question décisive est évidemment celle de la parité entre l'euro et le dollar. En exerçant une pression constante pour une réévaluation du yuan chinois, les États-Unis reconnaissent la légitimité d'une concertation entre l'Europe et les États-Unis pour amarrer leurs deux monnaies l'une à l'autre. Comme le suggère Jean-Luc Gréau, un tel amarrage, renforçant la solidarité économique entre les États-Unis et l'Europe, leur permettrait de se retrouver ensemble pour relever le défi crucial des pays à très bas coût salarial.

L'objectif serait alors la réorganisation du système monétaire international autour des quatre grandes monnaies : dollar, euro, yen et yuan. L'obstacle à cette réorganisation d'ensemble des relations économiques internationales tient bien évidemment aux divergences d'intérêt entre les grandes puissances. Celles-ci ne seront surmontées qu'à partir d'une vision commune de ce que pourrait être un autre modèle de développement et de société. Cette convergence n'est pas évidente.

*

Parce qu'elle reste fondamentalement une « nation politique », la France peut saisir les occasions qui se présenteront inévitablement pour remettre en question l'omnipotence des marchés financiers et l'organisation actuelle des relations internationales. Les États ne pourront pas toujours voler au secours du système bancaire. Pour réactiver le modèle républicain, ils devront aussi en reprendre le contrôle. C'est toute la logique économique « court-termiste » qu'il faudra remettre en cause pour promouvoir des projets en rupture avec les mécanismes actuels de reproduction sociale et en phase avec l'économie réelle.

DEUX PROJETS RÉPUBLICAINS

Je me bornerai à évoquer ici deux défis essentiels : la politique industrielle, au regard du droit à l'emploi d'abord, car nous devons avant tout restaurer notre base productive ; puis l'éducation et la recherche, qui sont au fondement de tout projet républicain et d'un rebond durable de la France dans la compétition mondiale.

La politique industrielle

Il n'y a pas de république qui tienne si le droit au travail, proclamé en 1946, ne peut devenir réalité. Ni l'assistanat prôné sous forme d'« allocation d'autonomie », ni la multiplication de « petits boulots » à la mode américaine ne peuvent permettre l'intégration des jeunes, aujourd'hui tenus en lisière, à une société de citoyens. Seul un travail correctement rémunéré et autant que possible valorisant confère la dignité requise dans une république civique.

Naturellement, d'aucuns objecteront que certains jeunes ne veulent pas travailler et préfèrent vivre de « petits trafics ». Il s'agit là d'une catégorie minoritaire. J'observe que dans ma région, quand Peugeot a multiplié les contrats d'intérim, dans les années 1999-2000, le taux de chômage chez les jeunes des quartiers dits « sensibles » a été réduit de plus de moitié. L'offre d'emplois est le facteur décisif. Il ne s'ensuit pas que la mise au travail aille de soi. Mais ce qui est en cause, beaucoup plus qu'un état d'esprit propre à la jeunesse, c'est l'hyper-individualisme libéral qui domine toute notre société. C'est cet état d'esprit général qu'une république réellement moderne chercherait à modifier par la promotion des valeurs collectives de citoyenneté et de solidarité. La recréation d'un service national de six mois ouvert sur des formules variées – militaires (avec un volontariat service long de deux ans), de sécurité civile, sociales, de coopération, etc. – serait un facteur de cohésion pour notre société et pour la République.

D'autres politiques de l'emploi plus ciblées sont sans doute nécessaires : les emplois-jeunes en 1997 étaient une bonne idée et le redeviendraient, surtout s'ils pouvaient déboucher sur des préparations aux concours de la Fonction publique. De même, j'avais proposé en 2001-2002 la résurrection, pour les étudiants, de préparations rémunérées aux concours, en particulier de l'enseignement (qu'on appelait jadis les IPES). Il y a mille façons d'aider à la remise en marche de l'« ascenseur social ».

Évidemment, la revalorisation du travail ne dépend pas que d'un taux de croissance, même si la récession de 2008-2009 – ne l'oublions pas – a supprimé en France près d'un demi-million d'emplois ! La France a surtout besoin de retrouver une industrie forte, car celle-ci est le moteur de l'économie. Elle tire à la fois l'innovation (85 % de la recherche-développement des entreprises sont réalisés dans l'industrie), l'exportation (80 % des ventes de biens et de services à l'étranger), enfin le secteur des services aux entreprises (16,6 % du PIB).

La France a laissé décliner la part de l'industrie dans sa production (13 % en 2009 contre 22 % en 1998 et 29 % en 1982). Il est difficile, comme le suggère Louis Gallois, président d'EADS, de ne pas rapprocher cette évolution, au moins pour la période 2005-2010, du renforcement de l'euro[1]. Nous sommes, avec la Grande-Bretagne, la lanterne rouge industrielle de l'Europe, loin derrière l'Allemagne (30 %). Celle-ci a su préserver sur son territoire les chaînons sensibles de sa production, protégeant ainsi les processus critiques et la réputation de ses produits. Il est temps de faire comprendre aux électeurs

1. Louis Gallois, « Pour une nouvelle ambition industrielle », in *Commentaires* n° 130, été 2010.

qu'on ne peut plus défendre notre modèle social et continuer à laisser s'éroder notre base productive.

2012 est l'occasion de renouer avec les exigences d'une politique industrielle cohérente :

- d'abord un grand ministère de l'Industrie digne de ce nom, avec des équipes d'ingénieurs compétentes et des outils financiers puissants ;
- de grands projets, si possible en concertation avec nos partenaires européens, dans des domaines comme la mobilité, l'énergie, la robotique (ou productique), les biotechnologies et la santé, le numérique, les nanotechnologies, etc., sans oublier l'aéronautique et l'espace, et l'exploitation des océans ;
- un soutien massif aux PMI en les aidant à grandir et à travailler dans la durée ;
- une réforme de la politique de concurrence à Bruxelles : il faut revoir à la fois le régime d'autorisation préalable aux aides publiques mis en œuvre par la Commission, sans équivalent dans le monde, et le contrôle tatillon exercé sur les concentrations au mépris des intérêts industriels européens (affaires Leroy-Schneider, Alcan-Péchiney, De Haviland-Aérospatiale, etc.) ;
- une orientation systématique de l'épargne vers l'investissement industriel en France par la création d'un « livret d'épargne industrie » ;
- la promotion, dans la jeunesse, de la culture scientifique et technique et d'un état d'esprit favorable aux sciences, à la technologie et à l'industrie ; l'encouragement aux vocations scientifiques chez les jeunes et l'augmentation du nombre des ingénieurs.

Pour dresser la liste des impulsions à donner, il suffirait, en bien des domaines, de prendre le contrepied des idées dominantes qu'on a laissées s'installer par une coupable négligence : croyance à une économie « de services » « postindustrielle », méfiance voire dédain à l'égard de la science et des disciplines scientifiques, culte de l'argent facile, attrait pour les bulles spéculatives, idolâtrie du marché, méconnaissance des énormes investissements que requiert, notamment en matière énergétique, le changement nécessaire de notre modèle de croissance. La liste serait longue des « sociologues », façon Alain Touraine, et des innombrables « économistes » qui ont devancé ou accompagné cette involution désastreuse de l'esprit public. Il n'est que temps de le redresser par un langage de vérité et de responsabilité.

Renouer avec la politique industrielle, c'est aussi rompre avec la dictature d'un actionnariat de type purement rentier, valoriser l'actionnariat responsable, c'est-à-dire attaché à l'entreprise, en le distinguant d'un capital anonyme seulement soucieux de sa rentabilisation, restaurer le rôle des managers, maîtres de la gestion au sein du directoire de l'entreprise, bref, inaugurer une nouvelle conception de l'entreprise associant des actionnaires durables, engagés contractuellement avec elle et majoritaires au conseil de surveillance, le collectif du personnel ayant droit de vote en son sein, avec la présence éventuelle de l'État, soit à travers une participation, soit par le biais d'une action privilégiée (*golden share*), soit encore par le canal du Fonds stratégique d'investissement, aujourd'hui insuffisamment doté. Ce nouveau statut de l'entreprise prévoirait la responsabilité des commissaires aux comptes devant le seul conseil de surveillance et inclurait les dispositions protectrices vis-à-vis des prédateurs (fonds de *private equity*, OPA hostiles).

Un tel nouveau statut, qui romprait avec la société de capitaux héritée du XIXe siècle, donnerait à l'industrie française un véritable avantage comparatif dans la compétition mondiale.

L'Éducation et la Recherche

L'éducation est évidemment au fondement de tout projet républicain. J'avais donné en 1984-86 une feuille de route claire à l'Éducation nationale. Les résultats de 1985 à 1995 ont été à la hauteur des objectifs fixés : en dix ans, le nombre des lycéens doubla. La proportion d'une classe d'âge « au niveau du bac », c'est-à-dire en terminale (et non pas au bac, comme on me l'a fait dire), passa de 40 à 68 %. Le baccalauréat professionnel, nouvellement créé, conduisit plus de 100 000 jeunes à devenir bacheliers chaque année, ce qui assura un meilleur niveau de qualification à nos entreprises. Bien entendu, l'Université amorça largement l'ouverture de ses portes, le nombre d'étudiants passant de 1,2 million à 2 millions au tournant des années 2000.

La machine éducative enrayée : le « quartile réfractaire »

Pourtant, depuis 1995, la « machine éducative » s'est enrayée. Le nombre de jeunes poussant leurs études jusqu'à l'âge de dix-huit ans, c'est-à-dire en terminale, est resté stagnant (68 à 69 %). Dans les classements internationaux du type PISA[1], la France ne cesse de régresser. La proportion d'élèves en grande difficulté atteint 21,1 % à l'âge de quinze ans. Nous sommes ici la lanterne rouge, juste derrière les États-Unis (24,4 %). Inversement, la proportion des bons et très bons élèves n'atteint que 8 % (contre 13,8 au Royaume-Uni et 11,8 en Allemagne). Ces indicateurs, certes approximatifs, traduisent cependant une réalité : un pourcentage d'élèves en difficulté, compris entre 20 et 25 %, se retrouve à tous les niveaux de l'école, dès l'entrée au cours préparatoire, puis en CM2, à l'entrée puis à la sortie du collège, ce que semble découvrir un récent rapport du Haut conseil de l'Éducation[2] : il ne faut pas chercher plus loin la cause de l'énorme gâchis qui consiste à laisser sortir du système éducatif, chaque année, près de 100 000 jeunes sans aucune qualification. C'est sur ce « quartile réfractaire », du cours

1. PISA (Program for International Student Assesment), programme d'évaluation mis en œuvre par l'OCDE et concernant cinquante-sept pays.

2. Haut conseil de l'Éducation, rapport 2010 remis le 1er octobre au président de la République.

préparatoire à la sortie du collège qu'il faut en priorité faire porter l'effort. Il faut s'attaquer, comme le suggère avec force Daniel Bloch dans un essai argumenté et stimulant[1], au problème que pose, dès la petite enfance, l'incapacité où se trouvent les élèves, presque toujours issus de milieux défavorisés, à s'exprimer clairement, faute de vocabulaire et d'une connaissance minimale de la syntaxe, et à maîtriser l'apprentissage de la lecture. L'amélioration des performances globales du « système éducatif » à tous les niveaux passe aujourd'hui par un effort prioritaire en direction de l'école élémentaire et sans doute, en amont, dès l'école maternelle. Il faut motiver les maîtres à revoir l'organisation de l'enseignement pour qu'il soit remédié dès le plus jeune âge à l'insuffisance du bagage lexical et syntaxique de ces enfants et aux troubles comportementaux qui résultent d'une exposition prolongée à la télévision. Une école structurée est seule capable de « remettre en marche l'ascenseur social ».

L'« effet maître »

Le point décisif est dans l'« effet-maître », c'est-à-dire dans le rapport du maître à l'élève : « Des élèves, initialement en grande difficulté en fin de CE1, peuvent être conduits à un niveau convenable en fin de CM2, pour autant qu'ils ont affaire à des enseignants bien formés et motivés… Des pédagogies structurées, combinaison directe de pratique guidée et d'apprentissage autonome visant à la maîtrise des matières de base et à la réussite académique, sont plus efficaces que les stratégies amenant les élèves à s'approprier les concepts par une découverte autonome[2]. » C'est la condamnation, certes en termes choisis, de l'idéologie « pédagogiste » qui a triomphé

1. Daniel Bloch, *École et démocratie – pour remettre en route l'ascenseur économique et social*, Presses universitaires de Grenoble, 2010.
2. *Ibid.*, p. 32.

avec la loi d'orientation scolaire de 1989 mettant non plus le savoir, mais l'élève au centre de l'école.

La méthode dite « de pédagogie structurée » va évidemment de pair avec une réallocation des moyens de l'Éducation nationale au bénéfice de l'école élémentaire. Cette méthode implique la création de petits groupes de niveaux, temporaires et non stigmatisants, dans la classe, l'accent mis d'emblée sur l'expression orale, avec le concours d'intervenants extérieurs et, bien sûr, la priorité accordée à la formation des enseignants.

Une telle réforme, qui implique d'abord une révolution culturelle au sein du ministère de l'Éducation nationale, ne peut évidemment réussir qu'avec la mobilisation enthousiaste de tous les enseignants. Les jeunes, pour élever le niveau de leurs aspirations et de leurs ambitions personnelles, ont besoin, comme me le faisait remarquer récemment Raymond Aubrac, l'un des derniers grands résistants, que le pays retrouve une grande ambition collective.

Prendre une vue « systémique » des choses

Il faut recréer l'École républicaine, rompre avec l'« enseignement de l'ignorance » (Jean-Claude Michéa), rappeler que l'école, à tous les niveaux, doit d'abord former le jugement et, dans le même temps, augmenter massivement le nombre de jeunes ayant accès à l'enseignement supérieur. Ils sont 25 % en France contre 50 % en Finlande et au Danemark, 40 % au Japon et au Royaume-Uni, et 38 % aux États-Unis. Sur une classe d'âge de près de 800 000 jeunes, il n'y a que 250 000 bacheliers généraux qui ont une chance réelle d'accéder à l'enseignement supérieur long. La dépense consacrée chaque année à l'enseignement supérieur (1,3 % du PIB en France contre 2,9 % aux États-Unis, 2,7 % au Canada, 2,5 % en Corée, 1,5 % au Japon) est évidemment insuffisante. Pour relever le défi du monde anglo-saxon, de l'Europe nordique et de plus en plus de l'Asie, la France doit faire plus, beaucoup plus.

Pour mettre la France à la hauteur dans la compétition mondiale et pour valoriser pleinement le potentiel que représente, dans son ensemble, notre jeunesse, il est nécessaire, comme je l'ai fait en 1985, de prendre une vue « systémique » des choses. L'Éducation nationale, en effet, est un « système » dont on est loin d'avoir tiré tout le parti souhaitable. Pour rejoindre le peloton de tête, il faudrait idéalement doubler le nombre de jeunes accédant au niveau licence. Pour ce qui est de l'enseignement supérieur, nous sommes dans la même situation retardataire que celle que j'ai trouvée en 1984 pour ce qui est de l'enseignement secondaire.

Chacun comprendra que la priorité accordée à l'école élémentaire pour réduire des trois quarts le nombre d'élèves « en grande difficulté » ne portera pleinement ses effets dans l'enseignement supérieur qu'à l'horizon d'une génération. Là est évidemment le blocage principal.

Mais il est possible d'agir à échéance plus rapprochée en réformant intelligemment le contenu des bacs et des filières d'accès au bac pour mieux les adapter aux besoins des enseignements supérieurs.

À l'articulation du lycée et de l'enseignement supérieur

Seule une minorité de bacheliers technologiques et professionnels poursuit des études supérieures.

15 % seulement des bacheliers professionnels (13 000 sur 90 000), pour la plupart en STS (sections de techniciens supérieurs), 67 000 bacheliers technologiques (sur 138 000) continuent leurs études après le bac, en STS également, et, pour une minorité d'entre eux, en IUT, bref dans des formations supérieures courtes, à bac + 2. L'idée de débonder vers le haut les IUT en généralisant un enseignement au niveau licence (bac + 3) est séduisante : c'est ce qui se fait en Allemagne avec les *Fachhoshschulen*, et en Angleterre avec les *Polytechnics*. On

peut le faire en étendant le nombre des licences professionnelles ou, mieux, en créant une licence de technologie pour former des ingénieurs de production.

Deux mesures pourraient être prises :

- d'abord, accentuer le caractère généraliste du baccalauréat technologique et réduire le nombre des spécialisations précoces qui ne favorisent pas la poursuite d'études supérieures ;
- ensuite, transformer les certificats d'aptitude professionnelle (CAP) en « bacs pro » afin d'élever le niveau de qualification.

Ces mesures répondraient à la fois à l'intérêt des jeunes, à celui des entreprises et à celui du pays. Il faut absolument ne pas casser la filière S (scientifique), mais plutôt la renforcer. La filière économique et sociale a trouvé son équilibre. Pour ma part, je reste partisan d'une filière littéraire revalorisée à partir des langues, y compris des langues anciennes qui nous rattachent aux racines mêmes de notre culture. Je sais combien, dans les entreprises et les administrations, on a besoin de gens qui sachent écrire d'une manière compréhensible.

Contrairement à une idée reçue, nous devons donc continuer à élever le nombre de bacheliers et permettre à un beaucoup plus grand nombre de jeunes de poursuivre des études supérieures longues (au moins au niveau licence (bac + 3)).

À la perspective d'augmenter encore le nombre de bacheliers et d'étudiants, j'entends d'avance les cris d'orfraie : massification, transformation de nos universités en « garderies » pour étudiants analphabètes, etc. Ma réponse tient en deux points :

- la qualité des bacheliers dépend d'abord de la qualité du système éducatif dans son ensemble, d'où la nécessité impérative de réduire le fameux « quartile » des élèves en grande difficulté ;
- il y a actuellement dans l'enseignement supérieur pour moitié des filières sélectives et pour l'autre moitié des filières ouvertes. Je suis, pour ma part, partisan du développement

de l'orientation sur dossier s'appliquant à l'ensemble des bacheliers. Il suffirait d'admettre ce qui procède du bon sens : certaines licences pourraient être effectuées en quatre ou même cinq ans, et d'autres en trois, voire deux. Rappelons-nous qu'il y avait, dans les années soixante, des classes « propédeutiques » qui permettaient de tenir compte de l'insuffisante formation initiale des étudiants. On limiterait ainsi grandement le gâchis qui pénalise à la fois les étudiants et les universités. Le professeur Axel Kahn souligne la fonction « maïeutique » des universités, que leur vocation de service public conduit à accueillir tous les étudiants. Cette fonction « maïeutique » peut s'organiser un peu mieux.

Résorber les fractures de notre système d'enseignement supérieur et de recherche

J'avais pris conscience, de par les responsabilités que j'ai exercées successivement à la Recherche et à l'Éducation nationale, de la double fracture qui caractérise notre système d'enseignement supérieur et de recherche : entre les universités et les grands organismes de recherche, d'une part, entre les universités et les grandes écoles, d'autre part. Ces spécificités liées à notre histoire nous pénalisent dans les classements internationaux du type Shanghai. Il faut généraliser les « laboratoires mixtes » entre les grands organismes (CNRS, Inserm, INRA, etc.) et les universités, toute règle comportant des exceptions. Par ailleurs, il faut pouvoir continuer à développer la recherche dans les grandes écoles, celles-ci devant accueillir un beaucoup plus grand nombre d'élèves. Ainsi Polytechnique pourrait être le noyau d'un MIT à la française.

L'attractivité des universités françaises doit être renforcée. Nous n'avons pas assez de doctorants (14 pour 1 000 jeunes de la génération, contre 23 en Allemagne et 21 au Royaume-Uni). Notre part dans le total mondial des publications scientifiques est convenable (5 %). Inversement, dans le total des dépôts de brevets, nous ne comptons que pour 4 % (contre 11 % pour l'Allemagne et 33 % pour les États-Unis). Les regroupements opérés entre universités sur des bases souvent trop larges ne sont pas le remède adéquat à leur insuffisante attractivité. Les dix premières universités retenues par le classement de Shanghai ont un effectif d'étudiants compris entre 7 500 (Princeton) et 35 000 (Berkeley), parmi lesquels on compte, en revanche, un nombre élevé de doctorants (plusieurs milliers). Il faut que nos universités restent gouvernables, et la recherche de l'excellence devrait avant tout guider la politique de regroupement.

L'idéal de l'« homme libre »

Relever le citoyen par l'école, grand rêve des républicains ! C'est le combat même de la démocratie. La république, gouvernement du peuple par le peuple, a plus que jamais besoin de citoyens éclairés. L'« homme libre », capable d'aller au bout de toutes ses capacités, voilà l'idéal républicain. Malraux soulignait qu'après les modèles historiques du *gentleman*, du *caballero* et du héros soviétique, notre époque manquait cruellement d'un « modèle d'humanité ». Il me semble que l'idéal de l'« homme libre », capable de faire vivre la République et d'abord en lui-même, peut peut-être répondre à cette demande. Je ne résiste pas au plaisir de citer le regretté Gilles Châtelet[1] moquant la triple alliance qui est, selon lui, au fondement du « conservatisme festif » de nos sociétés « avancées » entre :

- « l'*homo œconomicus*, ou citoyen méduse, Robinson égoïste et rationnel ;
- l'*homo mediocris*, citoyen paneliste, cible privilégiée des opérateurs de contrôle social, cramponné au sommet des “cloches de Gauss” : “J'ai gagné, j'ai deviné ce que pensent les autres !” ;

1. Gilles Châtelet, *Les Animaux malades du consensus*, Nouvelles Éditions Lignes, 2010, p. 86.

• et enfin l'*homo communicans*, ou citoyen-thermostat, ténia cybernétique perfusé d'imputs, vomissant des outputs et totalement soumis aux fluctuations de l'environnement. »

Gilles Châtelet ressuscite là l'ironie socratique en décrivant une société mortifère, droguée à la consommation, au consensus et à la communication, le contraire d'une démocratie de citoyens. Sa description donne à voir l'idéal de l'« homme libre » en contrepoint.

*

La république doit ouvrir l'esprit… et le cœur. Ce n'est pas par hasard que François Mitterrand, en 1981, avait imposé dans le premier budget de la gauche deux priorités : la culture – spectacle vivant, cinéma, musique, danse, arts plastiques et toutes les formes d'expression encouragées alors par Jack Lang – et la recherche scientifique, que j'ai dynamisée pour une décennie par la loi d'orientation et de programmation de juillet 1982. L'effort national de recherche est passé de 1,8 % du PIB en 1980 à 2,35 % en 1985, pour n'atteindre plus aujourd'hui qu'un modeste 2 %. Les Assises de la recherche furent aussi un magnifique combat culturel pour affirmer les valeurs de la connaissance, la place prééminente de la science et la liberté de la recherche, terrains que la gauche, aujourd'hui, sous la pression d'une fausse conception de l'écologie, me semble avoir passablement désinvestis… J'ai aussi créé, à cette époque-là, le Collège international de philosophie : depuis deux mille cinq cents ans, la République n'a-t-elle pas toujours eu partie liée avec la philosophie ?

L'École au cœur du modèle républicain civique

L'exigence républicaine, qui implique la solidarité sociale et fiscale, ne pourra être comprise qu'à travers le renouveau du civisme, et par conséquent du patriotisme. Les Français doivent être à nouveau convaincus qu'après un siècle d'éclipse, correspondant aux deux guerres mondiales et à leurs conséquences, notre pays a plus que jamais un modèle républicain à proposer face aux intégrismes et aux communautarismes, et que la France seule peut porter un projet de redressement de l'Europe, nécessaire à l'équilibre du monde.

Nous n'avons pas à rougir de la République. Ne laissons pas réécrire son histoire par ses ennemis. Célébrons ses héros, tel Jean Moulin, préfet d'Eure-et-Loir, qui, le 17 juin 1940, veille de l'appel du général de Gaulle, préféra tenter de se trancher la gorge plutôt que de dénoncer aux nazis des tirailleurs sénégalais pour des crimes qu'ils n'avaient pas commis.

C'est aussi en faisant aimer la France que nous pourrons résoudre le lancinant problème de l'intégration des jeunes de nos banlieues, tout particulièrement de cette jeunesse issue, à la troisième ou à la quatrième génération, de l'immigration. Ces jeunes n'ont aucun avenir ailleurs qu'en France. Le maintien d'une « certaine idée de la France » est nécessaire à leur intégration. Nos élites ne peuvent pas donner l'exemple de l'incivisme, dénigrer la France en permanence, y compris en cautionnant ou en tolérant des campagnes de repentance qui ne laissent plus voir que les ombres de notre histoire, et exiger en même temps de cette jeunesse qu'elle s'assimile à un pays honni.

Donner à tous les jeunes toutes leurs chances par un volontarisme de toutes les institutions, c'est le cœur même du projet républicain. Les jeunes issus de l'immigration sont une chance pour la nation. Jacques Berque me proposait déjà, en 1986, de créer des lycées franco-arabes et franco-portugais qui seraient des pépinières pour notre expansion économique et notre rayonnement à l'étranger.

Remettre l'éthique, le civisme et le patriotisme à leur place, la plus haute, est un préalable. Faire la guerre au racisme sous toutes ses formes est à la base du message républicain. Il faut qu'il soit entendu une fois pour toutes que la couleur de peau n'a pas d'importance. Cela doit être enseigné dans toutes les écoles et affirmé dans toutes les institutions de la République. Seul compte le mérite. Distinguons la promotion sociale et l'accès à la citoyenneté, qui doivent être facilités, et la « discrimination positive » : celle-ci n'est bien souvent que l'alibi des privilégiés pour opposer entre elles les classes défavorisées. Elle ne peut qu'alimenter un racisme institutionnalisé. La France est déjà et sera de plus en plus un pays métissé. C'est l'intérêt supérieur de la République que de tenir en lisière toutes les formes de racisme. Elle y réussira d'autant mieux qu'elle fera vivre ses valeurs et respecter ses principes. J'ai rétabli en 1985 l'enseignement de l'éducation civique qu'un gouvernement de droite avait supprimé en 1968. Avec le recul, je regrette de n'avoir pas inclus dans cet enseignement la bonne et simple morale, « celle de nos pères », disait Jules Ferry. Aucune société, à plus forte raison laïque, ne peut se passer de quelques règles élémentaires de vie civilisée. La laïcité n'est pas l'ennemie des religions. Elle distingue l'espace commun et celui des religions révélées. L'éducation civique et morale serait un ciment pour une société qui ne peut plus compter pour cela sur l'Église ni sur le Parti communiste. Qu'on le déplore ou qu'on s'en réjouisse, il faut que cette mission continue d'être assurée à travers l'affirmation d'une laïcité sereine, faite de confiance en l'homme et en sa raison, à l'épreuve des intolérances présentes et à venir. C'est une tâche qui incombe à tous les éducateurs, mais dont l'Éducation nationale doit être clairement investie, avec le soutien des parents et de tous les citoyens. C'est en faisant de l'École, de l'Université et de la Recherche le grand projet collectif de la France que nous refondrons la République pour le XXIe siècle.

On ne court aucun risque de se tromper, à l'orée de ce siècle, en faisant fond, encore une fois, sur l'École républicaine.

CHAPITRE XIV

Le grand pari sur la France au XXIe siècle : organiser la « résilience » de l'Europe

À l'Orient de l'Eurasie, des nations milliardaires en hommes accèdent désormais à la technologie et à la puissance. Le développement de ces grandes nations est légitime, comme l'est le retour de ces peuples, qui sont aussi des civilisations, à l'avant-scène de l'Histoire. Mais la défense de nos démocraties et de notre modèle social n'est pas moins juste. La démocratie, le progrès social, la paix ne sont pas de vieilles lunes.

Notre projet ne peut être que d'organiser la « résilience » de l'Europe. J'entends par là sa capacité de survie en tant qu'ensemble de nations libres, démocratiques, et que nous voulons maintenir prospères et innovantes dans la nouvelle phase de l'Histoire succédant à la domination européenne et occidentale, période qui est définitivement derrière nous. Pour autant, l'héritage des Lumières ne doit pas tomber en deshérence. Qui, mieux que l'Europe, pourrait le porter dans un monde où les pays émergents auront besoin d'être « responsabilisés » ? Le concept de « résilience » n'a rien de défensif. Il vise à maintenir un « espace de civilisation ». Il est conservateur, certes, mais du progrès.

Réapprendre à penser en trois dimensions

Le choix « européen » de François Mitterrand a eu une conséquence heureuse : il nous a permis de penser un espace européen plus large que l'espace national. Il nous a dégagés d'un esprit étroitement hexagonal, mais souvent au prix d'une illusion potentiellement ruineuse selon laquelle, dans l'Europe, désormais, l'intérêt national n'aurait plus sa place. C'est le contraire qui est vrai : les politiques nationales, certes feutrées, ont continué à structurer la définition et l'application des politiques européennes. L'Allemagne, par exemple, a aujourd'hui l'impression de payer pour les autres, mais les autres éprouvent le sentiment que l'Allemagne a été la principale bénéficiaire de la construction européenne : grâce à elle, elle a pu se refaire, se réunifier et réaffirmer, sur le plan économique au moins, sa primauté. La France, qui défend bruyamment ses intérêts (souvent les plus médiocres), passe pour arrogante, tandis que d'autres font plus discrètement leur pelote et utilisent l'Europe comme un tremplin pour rattraper des retards historiques.

En fait, l'Europe, telle qu'elle s'est développée depuis trois décennies, n'a pas fait disparaître les ambitions nationales. Si elle s'est efforcée de dissoudre les nations, elle n'y est pas parvenue, sauf en offrant un cadre à l'affirmation de nationalismes nouveaux : basque, catalan, flamand, corse, toujours soucieux de trouver un fil direct avec Bruxelles pour s'affranchir des vieilles capitales.

L'Europe nous a peut-être appris à penser le marché, mais, en même temps, elle a paradoxalement suscité un provincialisme européen sur le mode suisse. Elle a découragé le sentiment de puissance consubstantiel aux vieilles nations. Elle a favorisé un certain désinvestissement à l'égard du monde réel, que n'a pas compensé le sentiment humanitaire. Au total, elle a abouti à un mixte assez curieux de pacifisme et d'alignement derrière les positions américaines – notre pays maintenant une exception il est vrai de plus en plus résiduelle… En effet, la

France, qui, d'une certaine manière, était encore obligée de « penser mondial » au temps de son empire colonial, a progressivement cessé de le faire après la disparition du général de Gaulle, comme on l'a vu avec le naufrage de notre politique arabe (1991), le déclin de notre intérêt pour l'Afrique, l'Amérique latine et même le Québec, et enfin l'érosion de notre relation spécifique avec la Chine.

Le général de Gaulle a été notre dernier grand « stratège », capable d'une vision mondiale que la suite de l'Histoire n'a, pour l'essentiel, pas invalidée. La diplomatie française a vécu sur son héritage, progressivement gommé par le retour au bercail atlantique.

La France était-elle trop petite pour de Gaulle ? Après la vision gaullienne vint la vision mitterrandienne : il fallait d'abord « faire l'Europe » sans trop y mettre de conditions (« Europe européenne », « Europe sociale », etc.), bref, « donner du temps au temps ». Le reste, c'est-à-dire le projet, viendrait par surcroît.

Or, le projet, à ce jour, n'est pas venu. Et pour cause : il y avait, au départ, un vice de conception. On ne pouvait faire l'Europe qu'avec ses nations, et pas sans elles, a fortiori pas contre elles. François Mitterrand nous a peut-être appris à « penser européen », mais nous avons parallèlement désappris à « penser national » et même « mondial ». Or, être républicain, c'est réapprendre à penser dans ces trois dimensions : en commençant par la dimension nationale, mais sans oublier les deux autres : l'intérêt national à long terme ne peut s'opposer à l'intérêt européen, et celui-ci ne peut se définir dans l'oubli des intérêts généraux de l'humanité. C'est en cela que l'idée républicaine est universelle.

Deux changements majeurs

Il est vrai que l'idée d'une « Europe européenne » n'a pas, aujourd'hui, le même contenu qu'à l'époque de la guerre froide. L'enjeu n'est plus de se définir par rapport à l'URSS et aux États-Unis, mais par rapport au G2, ce partenariat de rivaux entre les États-Unis et la Chine qui sont comme le yin et le yang de ce début du XXIe siècle.

Deuxième changement majeur : le néo-libéralisme que l'Europe a rallié, au tournant des années 1980-90, s'est définitivement retourné contre elle : érosion du tissu industriel, chômage, parts de marché déclinantes, etc. En tous domaines – commercial, monétaire, diplomatique –, la capacité de réaction de l'Europe est faible, sinon nulle : marché offert, monnaie-ludion, politique extérieure inconsistante et inaudible... Or, organiser la « résilience » de l'Europe, c'est d'abord la mettre en situation de se défendre : protection commerciale, politique de change, politique industrielle, doctrine de défense, etc. Une telle réorientation n'est possible que si la France, aidée autant que possible par d'autres pays européens, convainc d'abord l'Allemagne de rompre avec ses tabous : libre-échangisme dogmatique, attachement à l'euro fort, particularisme de ses industriels, atlantisme mâtiné de pacifisme à courte vue en politique étrangère. Il y faudra plus que de la patience : de l'obstination.

La « République européenne des peuples » : un nouveau mode d'emploi des institutions européennes

J'ai déjà évoqué à deux reprises une « République européenne des peuples[1] » articulant entre elles les volontés nationales. Il faut réconcilier l'idée européenne et l'idée républicaine. Cette réconciliation n'est possible que sur la base d'une « géométrie variable ». Le socle de la République européenne, c'est la convergence de projets nationaux que la géopolitique du XXIe siècle rend possible et même probablement inévitable. Les destins des peuples européens sont de plus en plus intimement

1. Voir *supra*, p. 130-131 et 205-207.

liés et cela est particulièrement vrai pour les peuples de l'Europe occidentale. Chacun peut être tenté de rechercher une voie particulière conforme à ses tropismes historiques : la relation spéciale de la Grande-Bretagne avec les États-Unis, les tropismes allemands vers l'Est et français vers le Sud. Mais plutôt que de les opposer, le moment ne serait-il pas venu de les additionner ? Si la démocratie implique, par respect pour la volonté des peuples, la géométrie variable, le sens général de l'évolution ne peut que favoriser un projet ou des projets de plus en plus partagés. L'Europe s'est construite par cercles concentriques. Son noyau dur est évidemment la zone euro où se concentrent sa population, ses infrastructures, son industrie, ses richesses.

Il y a un « intérêt général » (*res publica*) qui peut s'apprécier différemment selon qu'on se place du point de vue de la nation, de l'Europe ou du monde. La nation, assurément, reste une réalité autrement plus consistante que toute autre. Elle est vraiment la brique de base de la démocratie. Il est temps, à cet égard, que la France s'en souvienne. Elle l'avait oublié, par une sorte d'universalisme un peu niais, en prétendant « faire l'Europe » sur une table rase. Malgré le traité de Lisbonne, l'Europe fonctionne de plus en plus sur un mode intergouvernemental. Cette évolution – encore une fois – est dans la nature des choses, et c'est une bonne chose pour la démocratie. On n'achève pas aussi facilement les nations que les chevaux… La France existe et a toutes les raisons d'exister. À côté de l'Allemagne d'abord, dans l'intérêt de l'Europe et de l'Allemagne elle-même. L'Allemagne est elle aussi une grande nation à laquelle la France fait naturellement contrepoids. L'une et l'autre, à la charnière de l'Europe du Nord et de l'Europe du Sud, se complètent et s'équilibrent.

Comment redresser l'Europe à partir de ses nations ? Quels que soient leurs défauts, les institutions européennes ont au moins un avantage : elles fournissent un cadre, sinon à l'harmonisation des politiques nationales, du moins à leur confrontation par la voie du dialogue. Le Conseil européen, c'est-à-dire la réunion des chefs d'État et de gouvernement issus des différentes nations, constitue aujourd'hui le lieu essentiel du pouvoir. Je suggère donc que, « ayant fait le ménage dans nos têtes », nous adoptions un mode d'emploi nouveau et réaliste des institutions européennes. Jusqu'ici, celui-ci a toujours été brouillé par la démesure de certaines approches « communautaires » qui entendaient substituer l'« Europe » aux nations qui la composent. Or, l'Europe est faite de nations qu'il faut laisser libres de s'organiser comme elles l'entendent, selon le principe de la géométrie variable. Si donc nous nous plaçons clairement dans la perspective « nationale », celle où la France entend rester évidemment une grande nation maîtresse, en dernier ressort, de sa souveraineté, et si cette liberté intellectuelle reconquise se grave dans notre esprit, il faut d'abord que nous laissions vivre les traités européens « à l'anglaise » : comme chacun sait, l'Angleterre n'a pas de Constitution. Les traités en vigueur sont difficilement réformables à vingt-sept. Ainsi l'amendement que Mme Merkel veut introduire dans le traité de Lisbonne pour assouplir l'article 125 qui proscrit la solidarité financière entre États est censé répondre à une éventuelle interprétation stricte dudit article par la Cour constitutionnelle de Karlsruhe. Mais celle-ci pourrait aussi bien s'appuyer sur l'article 122, qui fait référence aux « graves difficultés » que peuvent éprouver des États confrontés à des « circonstances exceptionnelles ». On peut interpréter les traités, les compléter et même leur faire dire autre chose que ce qu'on leur a fait dire dans un autre contexte. La rédaction des traités alors que s'imposait le « politiquement correct » néo-libéral ne facilitera évidemment pas la tâche des juristes.

Pour tout ce qui touche le marché intérieur et les normes, l'« acquis communautaire » doit évidemment être sauvegardé : ce grand marché de 500 millions d'habitants est une chance pour nos entreprises et pour la prospérité commune. Peut-être un jour, dans un contexte politique radicalement nouveau, faudra-t-il revoir les traités. Mieux vaudrait, en attendant, y ajouter des codicilles, les préciser, les amodier, y ajouter d'autres conventions. L'erreur serait de se hâter. Place ici au pragmatisme !

Et place aussi aux idées claires ! Le mode d'emploi des institutions européennes répond, pour la France, à une finalité qui s'énonce simplement : il s'agit de « construire une Europe européenne », selon l'expression employée jadis par le général de Gaulle, c'est-à-dire une Europe capable d'exister par elle-même dans le monde du XXIe siècle.

Intérêt général européen et projet(s) partagé(s)

De l'Europe, on peut dire qu'elle implique, de la part de ses nations, la conscience d'une certaine solidarité de destin. Encore n'est-ce pas évident pour toutes selon l'endroit où la géographie les a placées : la Pologne et les pays Baltes, par exemple, ne réagissent pas de la même manière, par rapport à la Russie, que l'Allemagne, la France ou l'Italie. Heureusement, ces différences de sensibilité peuvent s'atténuer : il est peu douteux, en effet, que l'intérêt et la paix de l'Europe passent par un partenariat étroit avec la Russie ; l'Allemagne, pour des raisons historiques, politiques, économiques, énergétiques, y est particulièrement attachée. Nous devons le comprendre sans ranimer les vieilles craintes d'un rapprochement germano-russe, qui renvoient à une conception étroitement « européenne » de la politique extérieure, valable de 1890 à 1940 mais évidemment dépassée dans le cadre de la mondialisation. L'amélioration de la relation russo-polonaise est ainsi un grand pas en avant de l'Europe tout entière. La conscience d'une solidarité de destin est au fondement d'un ou de projet(s) partagé(s). La définition d'un intérêt général européen est évidemment rendue plus difficile par l'imprécision des limites de ce qu'on appelle « l'Europe » : celle-ci devrait-elle englober l'Ukraine, et, dans ce cas, pourquoi pas la Russie ? La Turquie, mais alors pourquoi pas le Maghreb ? Il y a inévitablement plusieurs cercles de solidarité : pour la France, bien entendu, la relation avec l'Allemagne est à tous égards essentielle, avec sa charge historique et culturelle spécifique. Des affinités particulières aussi bien que l'intérêt mutuel nous rapprochent de nos grandes sœurs latines, l'Espagne et l'Italie. La Grande-Bretagne, enfin, nation par excellence, ne nous sera jamais indifférente. Et que dire de la relation franco-russe ou franco-polonaise ?

La « résilience » de l'Europe au XXIe siècle implique d'abord la consolidation des liens de l'Union européenne avec la Russie et avec la Méditerranée. De véritables partenariats stratégiques sont nécessaires. L'Europe se doit aussi de rester pleinement présente en Afrique et au Moyen-Orient.

La Russie

La Russie est une grande nation. Elle fait naturellement partie de l'Europe, à la civilisation de laquelle son apport est inestimable. Certes, la Russie est immense, mais sa démographie (140 millions d'habitants) ne la met pas en mesure de rivaliser avec les grands pays d'Asie. Elle en fait seulement un peuple européen un peu plus nombreux que les autres. Pour toutes sortes de raisons économiques et énergétiques, la complémentarité de la Russie avec l'Europe est évidente. Cela ne lui interdit évidemment pas de diversifier ses partenariats (avec la Chine, les États-Unis, l'Inde, le Japon). Mais l'apport des technologies et des capitaux européens comme l'existence d'un grand marché de 500 millions d'habitants à ses portes lui offrent la seule perspective de développement véritablement stratégique, de surcroît conforme à l'histoire et aux aspirations du peuple russe. La Russie, même si son étendue et son arsenal nucléaire lui confèrent un statut spécifique, a pleinement droit de cité, si elle le veut, dans la République européenne.

L'intérêt de l'Allemagne et celui de la France se rencontrent dans la création de ce partenariat stratégique. Ce serait encore une fois une erreur, pour la France, de se méfier du rapprochement germano-russe. Quelques attardés de la guerre froide cherchent avec constance à attiser la méfiance anti-russe dans l'opinion française. Quels intérêts servent-ils ? Pas l'intérêt de l'Europe, car il y a un avantage commun à associer toutes les nations européennes au développement de la Russie. C'est la seule manière de peser ensemble vis-à-vis des États-Unis comme de la Chine dans les grands équilibres du monde. Une relation privilégiée entre Paris et Moscou est un élément de l'équilibre non seulement européen, mais mondial.

La Méditerranée et l'Afrique

Autre impératif : consolider la relation de l'Europe avec les pays riverains de la Méditerranée, mer ancestrale, pour le meilleur – le dialogue des cultures – et contre le pire – le choc des civilisations. Turcs, Arabes, Israéliens en partagent avec nous les rivages. La France, pour un destin commun, est et doit rester une grande puissance méditerranéenne et africaine et y impliquer le reste de l'Europe. Ce devrait être une priorité essentielle de notre politique étrangère que l'approfondissement de nos relations avec les pays du Maghreb, nos plus proches voisins dans le monde arabe. De même l'Europe – et d'abord la France – doit-elle renouer avec sa politique de présence dans le Golfe. Les peuples de cette région, si cruellement éprouvés depuis trois décennies, ne sont pas condamnés pour toujours aux heurts des fondamentalismes. Eux aussi aspirent au progrès et à la modernité dans le respect de leur authenticité.

L'Europe et la France doivent accepter un inéluctable métissage. Le grand danger, pour ce qui nous concerne, serait de nous claquemurer par une politique des visas si restrictive qu'elle gâterait notre relation avec la presque totalité des pays francophones. Vue myope des choses !

Par sa langue, la France est présente sur tous les continents, et bien sûr d'abord en Afrique. L'Angleterre, l'Espagne, le

Portugal partagent avec elle ce privilège extraordinaire d'une relation forte aux mondes extra-européens. Elle doit nous responsabiliser à leur égard. La langue française, avec ses deux cents millions de locuteurs, est déjà plus parlée en Afrique qu'elle ne l'est en Europe. Je n'ai jamais compris pourquoi nous ne consacrions presque aucun moyen à la construction de systèmes éducatifs modernes et adaptés dans les pays d'Afrique, où, souvent, tout est à faire (je pense par exemple à la République démocratique du Congo). L'analphabétisme frappe en moyenne le tiers des jeunes Africains d'âge scolaire. L'aide à l'Afrique devrait mobiliser notre jeunesse et devenir une grande cause nationale et européenne. L'Afrique subsaharienne comptera près de deux milliards d'hommes en 2050, dont six cents millions dans les pays francophones : a-t-on bien mesuré le défi que cela constitue, pour la France et l'Europe ?

Nouer une relation politique avec les pays émergents

La France et l'Europe doivent enfin se tourner vers les pays qu'on dit « émergents » (ou, souvent, plutôt « réémergents ») : la Chine, le Vietnam, l'Indonésie, l'Inde, le Pakistan, l'Iran, la Turquie, le Brésil et le reste de l'Amérique latine, et bien sûr le monde arabe, notre voisin, pour apprendre leurs langues, leurs cultures, et favoriser ainsi l'essor de nos relations. Celles-ci ne doivent pas être le seul apanage de nos multinationales.

La France est présente partout dans le monde à travers ses collectivités d'outre-mer. N'y a-t-il pas moyen de les tourner davantage, comme autant de passerelles, vers leur environnement et les continents qui les entourent ?

Ainsi, l'Europe doit s'organiser. Elle doit le faire à la bonne échelle, en y incluant la Russie. Elle doit concevoir un « co-développement » avec l'Euroméditerranée et l'Afrique. Elle doit se défendre dans la compétitivité mondiale, mais elle ne doit pas se fermer. Défendre ses intérêts dans la partie de bras de fer engagée entre les États-Unis et la Chine, mais aussi s'ouvrir vers les jeunes nations. Ne pas se laisser réduire à l'« Occident », vis-à-vis duquel tous les autres se retrouveraient solidaires pour prendre une revanche sur l'Histoire. Affirmer au contraire la « pluralité des mondes », particulièrement au sein de l'« Occident ». Dans cette partie, la France a des atouts que d'autres n'ont pas. Elle en fera profiter le reste de l'Europe.

Organiser la « résilience » de l'Europe ne signifie pas – j'y reviens – tourner le dos au monde, mais restaurer une relation politique que, prisonniers de schémas préétablis et d'idées toutes faites, nous avons trop souvent laissée péricliter.

Une France libre, condition d'une Europe résiliente

Toutes les initiatives « européennes » majeures ont été prises pour l'essentiel sous l'impulsion franco-allemande (système monétaire européen et élection au suffrage universel du Parlement européen en 1979, et, après qu'eut été levé en 1984 le blocage de Mme Thatcher par l'octroi du « chèque britannique », Acte unique en 1985 et traité de Maastricht en 1991). Depuis la réunification de l'Allemagne, la machinerie communautaire a fonctionné pour l'essentiel comme une machine à déréglementer ce qui pouvait encore l'être et à avaliser les choix allemands (élargissement, pacte de stabilité, etc.). Au printemps 2010, la crise de l'euro a rendu manifeste que l'Allemagne, vingt ans après sa réunification, ne faisait plus de l'Union européenne sa priorité première. Elle entend désormais jouer sa partition dans la cour des Grands : États-Unis, Russie, Chine, etc.

Or, de son côté, la France reste trop prisonnière de sa dimension « petit-européenne ». L'Union européenne était son dernier projet. Mais voici que l'opinion publique française redécouvre aussi la nation à travers l'Allemagne. La France peut-elle faire autre chose que de redevenir à son tour une nation ?

La France ne peut se mettre, en Europe, à la merci du bon vouloir allemand en matière économique et monétaire. Ce n'est pas ainsi qu'elle fera une « Europe européenne ». Si l'Allemagne ne veut pas d'une telle Europe, capable de défendre ses intérêts dans le monde, la France attendra. Elle doit en prendre les moyens.

Sans doute aucune alternative solide au couple franco-allemand n'émerge-t-elle spontanément en Europe. L'idée heureuse d'un tandem franco-britannique, en matière de défense, supposerait, pour qu'on puisse parler de « défense européenne », que se distende la relation « spéciale » que la Grande-Bretagne entretient avec les États-Unis. Peu probable ! Le risque n'est pas nul, en revanche, que nous ne soyons entraînés dans cette « relation spéciale » ni nous ne veillons pas à préserver notre souveraineté. Plus raisonnable est celle d'un pilier franco-britannique au sein de l'Alliance atlantique. Mais c'est une autre politique dans laquelle entrent pour beaucoup des considérations budgétaires. Reste que, en maints domaines (l'Afrique, par exemple), la France et le Royaume-Uni ont des responsabilités communes.

Le rapprochement franco-italien serait une perspective plus sérieuse s'il pouvait faire l'objet d'un consensus bipartisan de part et d'autre des Alpes. Ce rapprochement prendrait sens s'il était un moyen de peser sur l'orientation de l'Allemagne pour l'amener à revoir les « règles du jeu » de la construction européenne sur le plan intérieur aussi bien qu'extérieur.

De même le resserrement de nos liens avec le cinquième « Grand » de l'Union européenne, l'Espagne, permettrait aussi de peser plus et, parallèlement, de revaloriser la place de la Méditerranée et celle de l'Amérique latine dans la définition des politiques européennes.

L'intérêt de la France au XXIe siècle est dans la convergence franco-allemande pour défendre les intérêts de l'Europe vis-à-vis des États-Unis et de la Chine. Mais peut-être faudra-t-il attendre que les conditions économiques, diplomatiques et militaires en soient réunies. La patience est nécessaire.

Pour la France, en cas de blocage persistant, la seule politique alternative au couple franco-allemand serait, en toute logique, l'alliance américaine pour gérer au mieux de nos intérêts communs la transition vers un monde multipolaire et si possible la préservation de notre modèle social et politique. Praticable et même nécessaire avec Obama. Mais profondément contraire à la vocation de la France, hier avec George W. Bush, demain avec ses possibles émules... L'alliance américaine, souhaitable, ne peut être inconditionnelle. Et cela est vrai pour l'Allemagne comme pour la France. La seule ligne de conduite raisonnable, c'est encore l'indépendance, qui permet les alliances.

*

Si désireuse qu'elle soit d'un accord profond avec l'Allemagne, la France ne peut sacrifier sur l'autel de l'euro sa substance économique. Or, l'envol de l'euro, poussé par la faiblesse du dollar, est un danger mortel pour l'industrie française, comme le serait le rétrécissement de la zone euro à un « noyau dur » qui nous isolerait des autres Européens.

Depuis trente ans, la France gère à petit feu le déclin de son tissu industriel. L'approfondissement de la crise économique nous oblige aujourd'hui à des choix plus drastiques.

Il faut changer les règles du jeu de l'euro pour le rendre soutenable par notre économie ; défendre la zone euro telle qu'elle est, à seize, et ne pas accepter de la voir se réduire à un « noyau dur » mortifère ; changer les statuts de la Banque centrale européenne pour y introduire l'objectif de la croissance et de l'emploi à travers une politique de change réaliste ; promouvoir une politique commerciale extérieure inspirée de celle des États-Unis ; lancer enfin une grande politique industrielle européenne.

À défaut, et bien que ce ne soit pas mon choix premier, je rejoins Alain Cotta quand il écrit qu'il vaut mieux « sortir de l'euro que mourir à petit feu[1] ». En brisant un carcan

1. Alain Cotta, *Sortir de l'euro ou mourir à petit feu,* Plon, 2010.

étouffant, nous redonnerions des marges de croissance à l'économie française. Encore faudrait-il ne pas céder au chantage quotidien des soi-disant « responsables » politiques ou autres, terrorisés par les marchés financiers et les agences de notation. Notre dette est dans la moyenne de celle de la zone euro, inférieure à celle des États-Unis, du Japon et de la Grande-Bretagne. Les actifs accumulés par la France dépassent nettement son passif. Et je ne dis pas qu'il ne faudrait pas travailler plus. Au contraire. Une monnaie commune pourrait se substituer, au moins pour un temps, à la monnaie unique. Pour des raisons démographiques (160 000 naissances de plus par an), la France a besoin d'une croissance plus forte que l'Allemagne. Jamais les lancinantes exhortations à la compétitivité, devenues ritournelles depuis 1983, ne permettront à elles seules de l'obtenir. La remise en cause de l'euro ne serait, pour la France, qu'un choix par défaut. Non pas le premier choix, mais l'alternative nécessaire à sa survie. Nous n'en sommes pas là, mais la France, à moins de se laisser réduire à n'être plus dans l'Union européenne qu'un parc d'attractions, une sorte d'Europapark, doit se ménager deux fers au feu. Elle sera ainsi mieux armée face au monde de demain.

CONCLUSION

L'avenir de la jeunesse ne s'écrit pas à Wall Street ni à la City de Londres

Subsumer la France dans l'Europe pouvait paraître, au lendemain de la Deuxième Guerre mondiale, un choix judicieux : la France était au cœur de l'Europe ; l'Allemagne était divisée ; l'Europe prolongerait la France...

À l'heure de la réunification allemande, le choix d'une monnaie unique ouvrant sur le fédéralisme était gros de contradictions, d'autant plus que l'Europe, déjà économiquement hétérogène, s'élargissait à l'Est...

Bâtie à l'apogée et à l'aune du néo-libéralisme, cette Europe-là nous désarme dans la nouvelle configuration du monde. Elle est une camisole de force pour l'initiative. La guerre des monnaies aujourd'hui nous piège. L'euro nous étouffe. En défendant l'« Europe » dans les forums internationaux (G20, FMI, OMC), nous ne savons plus, aujourd'hui, quels intérêts nous défendons. Nous ne savons même plus qui nous sommes !

Que devient dès lors la responsabilité qui est la nôtre vis-à-vis des générations futures ? Abandonner la France pour une chimère serait les trahir. Nos enfants et petits-enfants avaient reçu un héritage fabuleux. On les en a dépossédés sans qu'ils s'en soient même encore aperçus.

Sur quelles valeurs pourraient-ils s'appuyer demain pour témoigner et lutter face au monde qui vient ? Quels mécanismes de solidarité pourraient-ils faire jouer pour préserver le « vivre ensemble » ? Avec quelles armes pourront-ils encore combattre ? Notre jeunesse ne pourra pas ne pas s'aviser bientôt que la nation est une communauté de destin infiniment plus forte que toute autre.

Certes, la jeunesse comprend la nécessité d'un cercle de solidarités plus vaste, qu'on a pris l'habitude d'appeler « Europe ». Mais la jeunesse n'est pas sotte. L'Europe qu'on lui a léguée ne la protège pas. Elle voudra la reconstruire et lui donner sens. Il est inimaginable qu'un mouvement venu des profondeurs de l'avenir ne la conduise pas à se réapproprier la France pour la libérer des chaînes dont le néo-libéralisme l'a chargée. C'est la jeunesse qui relèvera la France pour en faire l'outil de reconstruction de son propre avenir. Ce sont ces générations sacrifiées à la rentabilité, méconnues dans leurs talents, souvent bafouées dans leur dignité, à qui incombe la responsabilité de continuer notre histoire.

La France ne disparaîtra pas au XXIe siècle. Le coup porté à la France en 1940 aurait pu être mortel. « Ce n'est pas seulement la France qui a été vaincue, déclarait alors un idéologue du nazisme, ce sont les idées de 1789. » Grâce à de Gaulle, le coup n'a pas été fatal. La France et les idées de 1789 ont fini par l'emporter. Elles ont l'avenir devant elles. Les historiens savent qu'on ne peut ainsi effacer un grand peuple de l'Histoire. La France connaît, depuis les années trente du siècle dernier, une crise nationale de longue durée. Elle ne se poursuit aujourd'hui que du fait de choix idéologiques opérés au tournant des années 1980-90. La France a les moyens de surmonter cette crise sans se dissoudre. Elle a connu dans son histoire d'autres « passages à vide » : la guerre de Cent Ans, les guerres de religions…

Après un siècle de dépopulation, elle a refait sa substance. Elle sera, dans trente ans, avec soixante-quinze millions d'habitants, l'un des peuples les plus nombreux de l'Europe. Elle a les moyens de prolonger, pour autant qu'elle le veuille, la longue période de paix que lui a assurée la dissuasion nucléaire.

La France a surtout besoin de retrouver confiance en elle-même. Elle ne manque pas encore d'autres et solides atouts, au premier rang desquels je mettrai la valeur de son peuple, son modèle républicain, sa tradition d'État et de services publics, la nature qui l'a favorisée, son cadre de vie, sa position géopolitique au cœur de l'Europe occidentale, son statut de puissance nucléaire, membre permanent du Conseil de sécurité, une diplomatie à vocation mondiale, une économie et une industrie qui comptent les plus beaux fleurons, une recherche dynamique, porteuse des révolutions scientifiques et technologiques de l'avenir, enfin une langue et une culture répandues dans le monde entier.

Regardons autour de nous : a-t-on vu que sur les autres continents, en Chine, en Inde, au Brésil, au Vietnam, en Iran, en Turquie, pour ne pas parler des États-Unis, les nations aient renoncé ? Et même celles de plus petite taille comme Israël, Cuba ou encore le Venezuela ? À côté, la France fait encore figure de mastodonte ! Le modèle de la nation ne s'est jamais imposé avec tant de force. Et, parmi toutes les nations, laquelle peut se prévaloir d'un héritage tel que la Révolution de 1789, véritablement fondatrice du monde moderne ? Ce sont l'imagination et la volonté qui manquent le plus aujourd'hui dans notre pays.

Renoncer à la France serait renoncer à la démocratie, à la capacité pour le peuple français d'être encore un peuple, bref, de demeurer, et d'abord en Europe, l'acteur de son destin. Pour la jeunesse, c'est le choix de la vitalité. Parier sur la France au XXIe siècle c'est aussi aujourd'hui le pari le plus sûr. Encore faut-il en réunir les conditions : retrouver nos marges de liberté, armer ensuite un projet qui, loin de nous isoler, puisse rassembler autour de nous les peuples d'Europe et du monde. Et convaincre.

L'heure de vérité ne saurait tarder. Notre jeunesse sait d'instinct que son avenir ne s'écrit pas à Wall Street ni à la City. Elle pressent que son destin va se jouer ici, et que la vraie aventure, pour elle, sera de parier sur la France. Celle-ci ne méritait pas tant d'outrages. Le courage sera de saisir, quand elle se présentera, l'occasion de desserrer l'étau d'un système bloqué. Que la jeunesse se pose en recours pour amener les forces méritant d'être appelées « du pareil au même » à changer de politique ! Ce sera difficile ? Mais il faut compter sur les secousses d'une histoire qui s'est remise en route !

Le bateau France est aujourd'hui immobilisé au milieu de l'océan. Il a fait fausse route. On lui a fait prendre la monnaie unique pour un projet. Au carré des officiers, c'est la confusion ! Le moment est venu de redonner un cap au navire. Car, en définitive, le vaisseau France a encore plus d'honneur et d'allure que les bateaux pirates qui rôdent à l'horizon !

Il n'y a pas d'avenir pour la France en dehors d'une réappropriation de son destin par la jeunesse. Emportée aujourd'hui par des vents contraires, la France va se trouver bientôt placée devant une alternative historique :

- Soit elle accepte de sortir, en tant que telle, de l'Histoire pour se fondre dans un magma sans tête, à la remorque d'une Allemagne incertaine, qui, au fond d'elle-même, et peut-être inconsciemment, semble déjà résignée à pareille issue « post-historique ». Bonjour alors les secousses, passivement subies !
- Soit elle redevient, après une longue éclipse, une nation libre et consciente d'elle-même, choix selon moi beaucoup plus raisonnable dans un monde qui reste fait de nations. Bref, elle continue son histoire sans renoncer jamais à vouloir la maîtriser. Elle choisit d'être un modèle républicain pour les autres nations, et l'âme d'une Europe « résiliente ». Convainquons-nous d'une chose : il n'y aura pas d'« Europe européenne » sans la France. Prix de nos efforts, elle viendra par surcroît !

TABLE DES MATIÈRES

Photocomposition Nord Compo
Villeneuve-d'Ascq

Pour l'éditeur, le principe est d'utiliser des papiers composés de fibres naturelles, renouvelables, recyclables et fabriquées à partir de bois issu de forêts qui adoptent un système d'aménagement durable.
En outre, l'éditeur attend de ses fournisseurs de papier qu'ils s'inscrivent dans une démarche de certification environnementale reconnue.

CET OUVRAGE
A ÉTÉ ACHEVÉ D'IMPRIMER
SUR ROTO-PAGE
PAR L'IMPRIMERIE FLOCH
À MAYENNE EN DÉCEMBRE 2010

Dépôt légal : janvier 2011
N° d'imprimeur : 78373
36-57-0660-5/01
Imprimé en France